AFC Consultants International
H.-J. Leyrer, Otto Strecker, Anselm Elles

Erfolgsstrategien für Lebensmittel

Business-Trends • Analysen • Fallbeispiele

Die Ernährungswirtschaft
auf der Suche
nach Spitzenleistung

Bibliografische Information Der Deutschen Bibliothek

Die Deutsche Bibliothek verzeichnet diese Publikation in der Deutschen Nationalbibliografie; detaillierte bibliografische Daten sind im Internet über ‹---http://dnb.ddb.de---› abrufbar.

© 2004

DLG-Verlags-GmbH, Eschborner Landstraße 122, 60489 Frankfurt am Main
Internet: www.dlg-verlag.de, E-Mail: dlg-verlag@dlg-frankfurt.de

Alle Rechte vorbehalten. Die Vervielfältigung und Übertragung einzelner Textabschnitte, Zeichnungen und Bilder, auch für den Zweck der Unterrichtsgestaltung, gestattet das Urheberrecht nur, wenn sie mit dem Verlag vorher abgesprochen sind. Alle Informationen und Hinweise ohne jede Gewähr und Haftung.

Druck auf chlorfreiem Papier

ISBN 3-7690-0628-3

Umschlag: Ralph Stegmaier, Offenbach
Litho, Druck und Verarbeitung: Druckerei Daab, Reinheim
Printed in Germany

Vorwort

Die Ernährungswirtschaft zeichnet sich durch ein Spezifikum aus: Die konjunkturellen Schwankungen sind sehr viel weniger stark ausgeprägt als in anderen Branchen unserer Wirtschaft, denn essen und trinken müssen alle Verbraucher auch in wirtschaftlich schwierigeren Zeiten.

Bewegen sich also die Lebensmittelhersteller in einer geschützten und nicht anfälligen Zone – wohl kaum!

Die deutsche Ernährungswirtschaft ist – historisch gewachsen – durch einen hohen Anteil an mittelständischen Unternehmen gekennzeichnet. Beim Vertrieb ihrer Produkte steht sie einem hoch konzentrierten LEH als vorletztem Glied der Value Chain gegenüber, der inzwischen die nationalen Grenzen übersprungen hat und europaweit oder gar global denkt und handelt.

Man würde es sich sicher zu einfach machen, in der Konzentration das einzige Allheilmittel für das Überleben zu sehen, wenn auch unschwer zu prognostizieren ist, dass ein starker Konzentrationsprozess in der gesamten Ernährungswirtschaft eine dominierende Rolle spielen wird.

Andererseits ist es schwer vorstellbar, dass die Ernährungswirtschaft einen ähnlichen Konzentrationsgrad erreichen wird wie die LEH-Stufe. Daraus folgt, dass man nach anderen Strategien als der des puren Aufbaus einer Gegenmacht Umschau halten muss, um im Wettbewerb bestehen zu können. Größe allein ist dabei nicht notwendigerweise ein Vorteil, beispielsweise in dem bedeutenden Fleischsektor, in dem mittelständische Unternehmen erfolgreich sehr profitable Nischen besetzen.

Die deutsche Ernährungswirtschaft ist seit Jahren einem starken Veränderungsdruck ausgesetzt und muss sich in einem Markt bewegen, der als der schwierigste Lebensmittelmarkt des ganzen Globus gilt.

Behaupten kann sich nur, wer eine maximalen Übereinstimmung von eigenen Möglichkeiten, Markt- und Konkurrenzumfeld und Handelsanforderungen bzw. Anforderungen der Endkunden erlangt.

Die Entwicklung einer angepassten Unternehmensstrategie sowie deren konsequente, aber doch flexible Implementierung ist das Gebot der Stunde.

Eine zunehmende Unternehmenskonzentration auf der Abnehmerseite, eine zunehmende Zentralisierung der Einkaufsentscheidungen, nationale Aktionen und das starke Vordringen der Discount-Schiene haben in den letzten 20 bis 30 Jahren den Preis immer mehr zum wichtigsten absatzpolitischen Instrument werden lassen. Andererseits ist jedem klar, dass zufriedenstellende Margen nur über echte Produktinnovationen zu realisieren sind.

Viele mittelständische Unternehmen haben jedoch nicht die personelle und finanzielle Ausstattung, um Produktinnovationen zu entwickeln und im Markt einzuführen. Für sie bleibt oft nur die Strategie, die Regionalität von Produkten als USP und damit sowohl an emotionale Bindungen als auch an die Assoziation von regional = Frische zu appellieren. So sehr Verbraucherbefragungen die Vorliebe für regionale Produkte bestätigen, so schwierig ist es, regionale Produkte in der Menge und einheitlichen Qualität zu beschaffen, dass sie vom LEH gelistet werden. Auch hier findet man inzwischen ein sehr widersprüchliches Verhalten des LEH: Vor einigen Jahren war es noch wenig wahrscheinlich, dass in der Discount-Schiene auf die Regionalität von Produkten spezieller Wert gelegt wurde, inzwischen widmet man hier in Teilbereichen regionalen Produkten mehr Aufmerksamkeit als in der traditionellen Supermarkt-Schiene.

Ob diese Regionalität als eine spezielle Art der Produktdifferenzierung helfen kann, dem extremen Preiswettbewerb zu entgehen, ist nach Lage der Dinge noch eine offene Frage. Diese Frage beschäftigt sowohl kleinere Unternehmen als auch die Marketing-Gesellschaften der einzelnen Bundesländer und – im Rahmen des zentral-regionalen Marketing – die CMA.

Weitere Herausforderungen stellen Themenbereiche wie Qualitätssicherungssysteme, E-Business, Kooperationen oder auch Globalisierung dar, nur um einige der wichtigsten zu nennen.

Verschiedene dieser Fragestellungen sollen in diesem Buch hinterfragt und beleuchtet werden. An ausgewählten Beispielen soll demonstriert werden, wie auch in einem ausgesprochen schwierigen Umfeld Erfolgsstrategien entwickelt wurden und entwickelt werden können, welche die Grundlage für eine erfolgreiche Unternehmensentwicklung sind.

Bonn, Dezember 2003

INHALT

VORWORT   3

1 DURCH QUALITÄT ZUM ERFOLG

Nachhaltigkeit – Ein neues Leitbild setzt sich durch   12
Philip Freiherr von dem Bussche

Qualitätsmaßstäbe setzen, Beispiele aus der Arbeit der DLG   18
Dr. Peter Moog

Gütezeichen im Wandel – Von der Produktqualität zur Produktsicherheit   27
Dr. Udo Lackner

Product Recalls – Are you ready?   36
Dr. Vince Shiers

Krisenmanagement im Ernstfall – Nutzen und Wirkung von Rückholsystemen   41
Anselm Elles

Grenzüberschreitendes Qualitätsmanagement in fleischerzeugenden Ketten   48
Prof. Dr. Brigitte Petersen

2 MARKETING: NEUE HERAUSFORDERUNGEN UND ALTE WEISHEITEN

Strategieoptionen für den Mittelstand in der Ernährungsbranche   54
Dr. Hans-Joachim Leyrer

Entwicklungschancen des regionalen Gemeinschaftsmarketings   59
Dr. Christoph Kliebisch, Hermann Wanner

Regionalität als Marketinginstrument   67
Dr. Richard Balling

Markenführung in der Ernährungsbranche   81
Dr. Michael Volkmann, Matthias Wilken

Handelsmarken als strategischer Erfolgsfaktor für Hersteller   87
Josef Stollenwerk, Willi Stollenwerk

Trends im Konsumverhalten von Lebensmitteln   92
Alena Fuchs

Öko-Produkte: Der schwierige Weg aus der Krise   104
Dr. Christoph Kliebisch, Rainer Löser

Imageprofile für Spezialitäten und Lebensmittelkontrollen   113
Rainer Kühl, Hans-Georg Burger

Messebeteiligungen – mit Konzept – zum Erfolg   125
Veronika Mödinger, Alexandra Gempel

Kooperationen als Strategie für die Land- und Ernährungswirtschaft   132
Dr. Hans-Joachim Leyrer

3 BRANCHENFOKUS: DIE ZWEIGE DER ERNÄHRUNGSWIRTSCHAFT

DeutschWeinVision 2020: „Deutscher Weißwein ist Kult" 138
Dr. Rudolf Nickenig

Fusionen und Übernahmen in der Getränkeindustrie – Wer hat den größten Durst? 146
Dr. Otto A. Strecker

Internationalisierungsstrategien: Die Getränkeindustrie auf dem Weg nach Osten 151
Dr. Otto A. Strecker, Sybille Zorn

Die deutsche Milchwirtschaft – Innovatives Handeln zwischen nationalen Herausforderungen und internationalem Wettbewerb 161
Klaus A. Hein

GV-Markt: Ende der Dynamik? 173
Dr. Hans-Joachim Leyrer

Wachsende Anforderungen im Außer-Haus-Markt? 178
Dr. Michael Lendle

Markteintritt und Vertriebsaufbau in der VR China 185
Ralf Marohn

Kühlläger für die Zukunftsmärkte Russland und China 192
Ingolf Meyer

4 E-BUSINESS: VOLL IM TREND TROTZ LEERER VERSPRECHUNGEN?

Das Handy als Barcodescanner 204
Fritz Milosevic

Strategie ersetzt Euphorie: E-Commerce-Herausforderungen für die Ernährungswirtschaft 216
Dr. Otto A. Strecker

E-Procurement: Rationalisierungspotenziale in der Hotellerie und Gastronomie 223
Stefan Dinnendahl, Dr. Otto A. Strecker

VORSTELLUNG DER AUTOREN **228**

ABBILDUNGSVERZEICHNIS

Abbildung 1:	Internationale DLG-Qualitätswettbewerbe für Lebensmittel	18
Abbildung 2:	DLG-prämierte Lebensmittel	21
Abbildung 3:	DLG-Kodex System Wertschöpfungskette Fleisch	24
Abbildung 4:	Gütezeichen im Lebensmittelsektor	28
Abbildung 5:	CMA-Gütezeichen „Markenqualität aus deutschen Landen"	29
Abbildung 6:	Logo der QS Qualität und Sicherheit GmbH	30
Abbildung 7:	Organisation des Kontroll- und Sanktionswesens von QS	33
Abbildung 8:	Product Recalls	38
Abbildung 9:	Initiierung einer Rückrufaktion	46
Abbildung 10:	GIQS-Portal	50
Abbildung 11:	Internetbasiertes Kommunikationsnetz	51
Abbildung 12	HQZ-Imageanalyse in Bezug auf Fleisch	59
Abbildung 13:	Einstellungen und Erwartungen der Konsumenten gegenüber dem Herkunfts- und Qualitätszeichen	60
Abbildung 14:	Bisheriges Kontrollsystem der MBW	62
Abbildung 15:	Informations- und Berichtspflichten	65
Abbildung 16:	Grafische Neugestaltung des HQZ	66
Abbildung 17:	Bevorzugung von Nahrungsmitteln deutscher Herkunft	68
Abbildung 18:	Bedeutung bayerischer Herkunft bei verschiedenen Lebensmitteln	70
Abbildung 19:	Strategische Leistungsfaktoren zur Nutzung der Regionalität im Lebensmittelmarketing	75
Abbildung 20:	Stollenwerk in der Vier-Strategiefelder-Matrix	90
Abbildung 21:	Struktur der westdeutschen Privathaushalte nach Haushaltsgröße im Zeitablauf	93
Abbildung 22:	Entwicklungsstufen des Ökolandbaus	106
Abbildung 23:	Distributionskanäle von Ökoprodukten	109
Abbildung 24:	Eigenschaften für Kauf regionaler Spezialitäten aus Deutschland, Europa und Übersee – in Prozent	115
Abbildung 25:	Bedeutung regionaler Spezialitäten (nach Produktgruppen) – in Prozent	116
Abbildung 26:	Ranking und Profile von Einkaufsstätten für Spezialitäten – in Prozent	117
Abbildung 27:	Die Bundesländer mit den besten Spezialitäten und die beliebtesten Bundesländer	119
Abbildung 28:	Phasen des „Messeaktionsprogramms"	128
Abbildung 29:	DeutschWeinVision 2020	139

Abbildung 30:	Anzahl der Transaktionen 1990 bis Mitte 2001 nach Zielländern	155
Abbildung 31:	Das Wachstumspotenzial z.B. im Bereich Fruchtsäfte ist erheblich	157
Abbildung 32:	Anzahl der Transaktionen 1999 bis Mitte 2001	160
Abbildung 33:	Wettbewerbskräfte in der Milchwirtschaft	163
Abbildung 34:	Generische Strategietypen	168
Abbildung 35:	Marktvolumen des Außer-Haus-Verzehrs in Mrd. € in Deutschland (Essen und Getränke, ohne Care-Bereich)	173
Abbildung 36:	Essen außer Haus (außer Sozialverpflegung) – Ausgabenanteile nach Bezugsquellen	174
Abbildung 37:	Marktentwicklung Gastronomie in Mrd. €	174
Abbildung 38:	Verbreitung von GV-Handels- und Herstellermarken	180
Abbildung 39:	Handel regionaler Erzeugnisse	181
Abbildung 40:	Handel biologischer Erzeugnisse	182
Abbildung 41:	E-Commerce als Vertriebsalternative	183
Abbildung 42:	Beispiel für einen schrittweisen Markteintritt (Eigene Marktpräsenz aufbauen)	186
Abbildung 43:	Beispiel für einen schrittweisen Markteintritt (Händlersuche pro Absatzgebiet)	187
Abbildung 44:	Beispiel für eine schrittweise Erweiterung des Marktengagements	188
Abbildung 45:	Mögliche Kooperationsformen eines Engagements in China	189
Abbildung 46:	Mobile Scan Applications	204
Abbildung 47:	Konvergenzmodell	205
Abbildung 48:	Menüauswahl und Benutzeroberfläche im Szenario „Shopping"	207
Abbildung 49:	Beispiel kombinierte Preisdifferenzierung am PoS	214
Abbildung 50:	Der Otto-Supermarkt als Beispiel eines ersten Ansatzes	220
Abbildung 51:	Steigende Konzentration durch gemeinsame Beschaffungsplattformen	221
Abbildung 52:	Beschaffungsplattformen großer Food- und Konsumgüterhersteller	222
Abbildung 53:	Online-Einkaufsvolumen	225
Abbildung 54:	Verbesserungswünsche im Zusammenhang mit dem Einkauf	227

ÜBERSICHTENVERZEICHNIS

Übersicht 1:	Die Struktur des Ernährungsgewerbes (früheres Bundesgebiet und Betriebe mit mindestens 20 Beschäftigten)	54
Übersicht 2:	Chancen- und Risikopotentiale der beschriebenen Trends	103
Übersicht 3:	Vergleich ausgewählter internationaler Fachmessen der Lebensmittelindustrie	127
Übersicht 4:	Ausgewählte Beteiligungen westlicher Getränkehersteller 1990–07/2001 ohne Neugründungen	155
Übersicht 5:	Marktanteile der polnischen Fruchtsafthersteller 1998/1999	158
Übersicht 6:	Westliche Beteiligungen an polnischen Getränke-Unternehmen (ohne Brauereien), 1990–2001	158
Übersicht 7:	Westliche Beteiligungen an polnischen Brauereien, 1990–2001	159
Übersicht 8:	Lebensdauer regionaler Lieferdienste	218
Übersicht 9:	Lebensdauer bundesweiter Lieferdienste	219

1 Durch Qualität zum Erfolg

Nachhaltigkeit – Ein neues Leitbild setzt sich durch
Philip Freiherr von dem Bussche

Aus der Konferenz von Rio de Janeiro 1992 folgte mit der Agenda 21 das Postulat, Nachhaltigkeit zum Grundsatz für die Entwicklung der Welt zu erheben. Seither hat der Begriff „Nachhaltigkeit" erheblich an Popularität gewonnen und steht heute im Mittelpunkt des Interesses der Menschen, die sich beruflich oder privat mit Fragen der wirtschaftlichen Prosperität, der globalen Gerechtigkeit und der Erhaltung der natürlichen Lebensgrundlagen auseinander setzen. Die gesamte Dimension dieses Begriffes ist aber noch nicht hinreichend bekannt. In vielen Teilen der Gesellschaft ist noch nicht durchgedrungen, dass die drei Dimensionen der Nachhaltigkeit – wirtschaftlich erfolgreich, ökologisch verträglich und sozial gerecht – erst in ihrer Ausgewogenheit die Zukunftsfähigkeit der Menschheit ermöglichen.

Eine nachhaltige Entwicklung lässt sich nicht einfach vom Staat verordnen. Vielmehr müssen sich alle Akteure aus Wirtschaft und Gesellschaft dieses Themas annehmen. Ein breiter öffentlicher Dialog ist dazu notwendig. Zur Unterstützung des Nachhaltigkeitsdialoges hat die Bundesregierung den Rat für Nachhaltige Entwicklung (RNE) ins Leben gerufen und eine nationale Nachhaltigkeitsstrategie erarbeitet. Nachhaltigkeit wird nun endlich anhand von konkreten Zielvorgaben und Indikatoren diskutiert. Der Nachhaltigkeitsbegriff ist somit griffiger, zugleich aber auch streitbarer geworden. Somit bleibt auch in Zukunft der Begriff Nachhaltigkeit spannend und seine Etablierung in allen Gesellschafts- und Wirtschaftsbereichen die Grundvoraussetzung für eine globale und intergenerationelle Verbreitung von Entwicklungschancen.

10 Jahre nach Rio: Eine ernüchternde Bilanz

Die zunehmende Weltbevölkerung bringt enorme Herausforderungen an die Versorgung mit Nahrungsmitteln und den Erhalt unserer natürlichen Lebensgrundlagen mit sich. Vor diesem Hintergrund ist eine nachhaltige Entwicklung sowohl für die Industrie- als auch für die Entwicklungsländer notwendiger denn je. Wenn wir allerdings heute weltweit Bilanz ziehen, dann hat die Konferenz von Rio mehr versprochen, als bisher gehalten wurde. In vielen Bereichen, so auch in der Land- und Ernährungswirtschaft, ist die Nachhaltigkeitspolitik über erste Ansätze noch nicht hinausgekommen.

In den Industrieländern werden nach wie vor zu viele Ressourcen verbraucht, es wird zu wenig Kreislaufwirtschaft gelebt, zu viele Rohstoffe nur unzureichend genutzt und die Schadstoffemissionen sowie die Emissionen klimarelevanter Gase sind unerträglich hoch. Die negative Folge daraus wird sein, dass es langfristig zu einer globalen Klimaveränderung kommen kann, die sich nachteilig auf die Versorgung mit Nahrungsmitteln und Trinkwasser sowie auf die Gesundheit der Menschen auswirken kann. Weitere Probleme stellen die abnehmende Biodiversität und die Flächenversiegelung dar, die mit ca. 129 ha pro Tag in Deutschland erdrückend ist. Auch wenn wir mit dem Drei-Liter-Auto oder den drastisch erhöhten Effizienzen in der Landwirtschaft erste Erfolge auf dem Weg zu mehr Nachhaltigkeit erzielt haben, reichen diese aber bei weitem nicht aus. Unsere gegenwärtige Art zu leben, zu produzieren und zu konsumieren gefährdet noch immer unsere natürlichen Lebensgrundlagen.

Bei der Bekämpfung der Armut sind die wohlhabenden Länder über gute Ansätze ebenfalls nicht hinausgekommen. Nach wie vor müssen über 1,2 Mrd. Menschen von weniger als einem US $ am Tag leben. Die schlimme Armut in vielen Ländern behindert die wirtschaftliche Entwicklung und führt zu einem Raubbau an der Natur. Hier gilt es zunächst einmal die Ursachen von Armut, Hunger und Überbevölkerung zu bekämpfen. Denn erst wenn das eigene Überleben gesichert ist und ein erträgliches Einkommen erwirtschaftet wird, ist der Einzelne auch bereit, über das Wohlergehen zukünftiger Generationen nachzudenken.

Dies sind einige Beispiele bestehender Problemfelder, die allerdings deutlich machen, dass es nach wie vor noch viel zu tun gibt. Die Voraussetzung für die gewünschte nachhaltige Entwicklung ist die Bereitschaft aller Länder, einen Beitrag zur Lösung internationaler und globaler Probleme leisten zu wollen. Diesen Weg müssen wir gehen, denn zur globalen Partnerschaft gibt es keine Alternative.

Nachhaltige Lebensmittelerzeugung

Eine nachhaltige Lebensmittelerzeugung bedeutet, nachfrageorientiert ausreichend gesunde und hochwertige Lebensmittel zu erzeugen. Dabei werden Produktionsmethoden eingesetzt, die Umwelt und Tiere schützen, die energiesparend sind und unsere natürlichen Ressourcen schonen. So schafft die Land- und Ernährungswirtschaft hohe Wohlfahrtsleistungen für unsere arbeitsteilige Gesellschaft.

Diese nachhaltige Erzeugung von Nahrungsmittel ist nur dann zu gewährleisten, wenn die Grundsätze der Nachhaltigkeit von allen Beteiligten in der Lebensmittelkette umgesetzt werden. Dies beginnt bei den politischen Akteuren, die die notwendigen Rahmenbedingungen setzen. Für die Umsetzung der Nachhaltigkeitsaspekte sind die einzelnen Akteure in der Lebensmittelkette selbst verantwortlich. Zu diesen Akteuren zählt die Futtermittel-, Pflanzenschutz- und Düngemittelindustrie, die Landwirtschaft, das

Handwerk, das verarbeitende Gewerbe, der Handel und letztendlich auch der Verbraucher.

Damit die Landwirtschaft ihre Aufgabe als Nachhaltigkeitspartner im Verbund mit der Ernährungswirtschaft auch erfüllen kann, darf der Nachhaltigkeitsbegriff nicht auf ökologische und soziale Aspekte reduziert werden, sondern muss als Grundvoraussetzung die wirtschaftliche Leistungsfähigkeit der Betriebe mit berücksichtigen. Wirtschaftliche Prosperität ist ohne funktionierende Öko- und Sozialsysteme ebenso wenig denkbar, wie Ressourcen- und Tierschutz in einer dahinsiechenden Ökonomie. Wirtschaftliche Schieflage führt zum Ruin der Betriebe; damit kann Nachhaltigkeit nicht gestaltet werden.

Der ökologische Erfolg, das zweite Nachhaltigkeitskriterium, wird erzielt, wenn beispielsweise durch den Einsatz von GPS-Technik die Düngereffizienz verbessert wird oder die Eingriffsintensität der Bodenbearbeitung auf das notwendige Maß beschränkt wird. Damit wird der Boden geschützt und Diesel sowie Arbeitszeit gespart. Die soziale Seite der Nachhaltigkeit beinhaltet die gesellschaftliche Harmonie und Gerechtigkeit, sowohl innerhalb der eigenen Generation als auch gegenüber künftigen Generationen, die sich ja heute noch nicht mit einbringen können. Jeder Mensch ist daher aufgefordert, Treuhänder seiner Nachkommen zu sein.

Nachhaltigkeit nach der Zielvorgabe der Agenda 21 ist auch in der Ernährungswirtschaft erst dann erfüllt, wenn alle drei Aspekte in Einklang gebracht werden.

Think globally – act locally

Gegenwärtig bewegt sich die Landwirtschaft in einem Umfeld von WTO-Verhandlungen, Verbraucherorientierung, Umweltschutz, Lebensmittelsicherheit und EU-Erweiterung. Die Nachhaltigkeitsdebatte passt sehr gut in diesen Zusammenhang. Gewarnt sei aber vor deutschen oder europäischen Insellösungen, die auf den ersten Blick nachhaltig erscheinen, auf den zweiten, global ausgerichteten Blick, aber nicht. Es ist beispielsweise ein Missverständnis, dass der ökologische Landbau der Vorreiter der nachhaltigen Entwicklung ist, wie es in der nationalen Nachhaltigkeitsstrategie der Bundesrepublik Deutschland heißt. Dies ergibt sich schon aus dem folgenden Zusammenhang:

Die Weltbevölkerung steigt bis zum Jahr 2050 von heute 6 Mrd. Menschen auf rund 10 Mrd. Menschen an. Dies ist eine sehr sichere Prognose, wie uns die Entwicklung der Bevölkerungszahlen in den vergangenen Jahrzehnten lehrt. Unsere Landreserven für den Ackerbau sind – wenn überhaupt – nur sehr beschränkt ausdehnbar. In den nächsten

Jahren nimmt somit die kultivierte Fläche pro Kopf erheblich ab. Dies hat zur Folge, dass die Produktivität der derzeitigen Ackerbaugebiete weltweit erhöht werden muss, wenn wir nicht die Regenwälder unter den Pflug nehmen oder Hunger tolerieren wollen. Mit anderen Worten: Pro Hektar muss mehr geerntet werden als zurzeit. Somit ist es allein schon im Angesicht der steigenden Weltbevölkerung nicht nachhaltig, den ökologischen Landbau zum Nachhaltigkeitsindikator schlechthin zu erheben, denn er benötigt aufgrund geringerer Ertragskraft zwischen 30 und 80 Prozent mehr Fläche als der konventionelle Landbau, um die gleiche Nahrungsmenge zu produzieren.

Auch auf nationaler Ebene birgt die Zielsetzung „20 Prozent Anteil Ökolandbau bis zum Jahr 2010" eine erhebliche Gefahr für die landwirtschaftlichen Betriebe. Die ökologische Erzeugung spielt in Deutschland eine wichtige Rolle, eine überbetonte Förderung des Ökolandbaus über das Maß der Nachfrage hinaus führt allerdings zu fallenden Preisen, bringt die bisher erfolgreichen, wirklich marktorientierten Biolandwirte wirtschaftlich in Bedrängnis, führt sie in die Abhängigkeit vom Staat und schränkt ihre unternehmerische Freiheit ein.

Der Ökolandbau ist also nicht per se nachhaltig. Nachhaltigkeit ist nicht an ein bestimmtes Betriebssystem gebunden, sondern grundsätzlich eine Frage der Unternehmerleistung. Bei geeignetem Management kann sowohl der ökologische Landbau als auch die konventionelle Landwirtschaft nachhaltig sein. Die Zuordnung des Prädikates „nachhaltig" zu einer bestimmten Wirtschaftsweise mit einer Exklusivität wie es in der nationalen Nachhaltigkeitsstrategie geschehen ist, hat mit einer wissenschaftlichen Perspektive nichts mehr zu tun.

Eine Fokussierung auf den Ökolandbau als Nachhaltigkeitsindikator lenkt von den Potenzialen der konventionellen Landwirtschaft ab. Rund 97 Prozent der Landwirtschaft in die Schmuddelecke zu verbannen und die öffentliche Aufmerksamkeit unangemessen stark auf ein wichtiges, aber winziges Bausteinchen zu lenken, ist unverantwortlich. Nachhaltigkeit muss in erster Linie von den konventionellen Landwirten geleistet werden.

Unter Nachhaltigkeitsaspekten ebenfalls kritisch zu betrachten ist das Konzept „Aus der Region für die Region", d.h. die verbrauchernahe Erzeugung von Lebensmitteln. Wo es funktioniert und wo die Etablierung von regionalen Vermarktungssystemen sinnvoll ist, ist das Konzept unterstützenswert. Es hebt die Transparenz, es trägt zu einer stärkeren Verzahnung der Landwirtschaft mit der Gesellschaft bei. Es ist jedoch kein Allheilmittel. Wie soll ein Ballungsraum wie das Ruhrgebiet, der Großraum Berlin, das Rhein-Main-Gebiet, Hamburg oder München mit seinen real existierenden Konsumpräferenzen regional versorgt werden? Der eindeutige wissenschaftliche Beweis dafür, dass die

Förderung regionaler Kreisläufe wegen der Minderung der Transportkosten zu einer Entlastung der Umwelt führt, steht noch aus. Dagegen zeigen eine Reihe von Studien, dass in größeren überregionalen Verarbeitungs- und Vertriebsstrukturen die in der Regel höheren Transportaufwendungen durch die Abnahme des Ressourcenverbrauches aufgrund der Economies of Scale mehr als kompensiert werden. Der Verzicht auf die Vorteile der interregionalen Arbeitsteilung führt somit zu einem erhöhten Ressourcenverbrauch, sodass die Förderung regionaler Kreisläufe genau das Gegenteil von dem bewirken könnte, was man beabsichtigt.

Nachhaltigkeit bedeutet stetigen Wandel

Nachhaltigkeit ist keine Konservierung eines bestimmten Zustandes, sondern ein dynamischer Prozess, der durch die Umsetzung technischer und wissenschaftlicher Innovationen in der Praxis stetig optimiert wird. Neue wissenschaftliche Erkenntnisse und die Nutzung von biologischem, technischem und organisatorischem Fortschritt führen zu einer immer höheren Ressourceneffizienz und zu steigender Rohstoff- und Produktqualität. Dies zeigen die Entwicklungen in den letzten Jahrzehnten ganz eindeutig.

Ein hervorragendes Beispiel, wie mit technischen Innovationen nachhaltiger Pflanzenbau betrieben werden kann, zeigt die Präzisionslandwirtschaft. Diese Innovation ermöglicht eine enorme Effizienzsteigerung bei den Betriebsmitteln. Weniger Dünge- und Pflanzenschutzmittel, weniger Energieeinsatz je dt Weizen senken die Stückkosten. Andererseits bringt die zielgerichtete Applikation der Betriebsmittel eine enorme Wohlfahrt für die Umwelt. Jede Einheit an Betriebsmitteln, die in der Pflanze verarbeit wird oder die direkt mit einer Reduktion des Schaderregers verbunden ist, braucht im Ökosystem nicht abgebaut oder durchgeschleust zu werden. Diese Hochtechnologie optimiert ökologische und wirtschaftliche Leistungen. Zudem haben in den letzten Jahren Innovationen wie resistente und tolerante Sorten, neu entwickelte Pflanzenschutzmittel und bodenschonende Landmaschinen dazu beigetragen, dass die Pflanzenproduktion wesentlich umweltschonender gestaltet wird, als zu Zeiten unserer Urgroßväter.

Die grüne Gentechnik: Ein Beitrag zu mehr Nachhaltigkeit?

Die Weltbevölkerung steigt weiter an und mit ihr der Nahrungsmittelbedarf. Zudem wächst mit dem Wirtschaftswachstum und dem steigendem Einkommen auch die Nachfrage nach qualitativ höherwertigen Nahrungsmitteln sowie einer größeren Auswahl. Dem entgegen steht die begrenzte Ausdehnungsmöglichkeit der Ackerflächen. Die logische Schlussfolgerung daraus ist: Die Welt von morgen wird gezwungen sein, die vorhandenen hochproduktiven landwirtschaftlichen Nutzflächen noch intensiver und generationsbewusster als bisher zu nutzen.

Wer eine nachhaltige Lebensmittelerzeugung in Einklang mit den Bedürfnissen der Bevölkerung nach vollwertigen und preiswerten Nahrungsmitteln bringen will, darf sich dem technischen Fortschritt nicht verschließen. Eine vorherige sorgfältige Prüfung der Chancen und Risiken ist dabei eine selbstverständliche Voraussetzung. Eine unserer Schlüsseltechnologien der Zukunft ist die grüne Gentechnologie. Durch den Anbau von neuen, gentechnisch veränderten Pflanzensorten wird es möglich, Pflanzenschutzmittel gezielter anzuwenden, Ertragsausfälle mittels resistenter Pflanzen entgegenzuwirken und nährstoffarme Nahrungsmittel aufzuwerten.

Die grüne Gentechnik kann einen Beitrag zur Sicherung und Steigerung der Ernteerträge sowie zu mehr Nachhaltigkeit leisten. Es ist allerdings notwendig, dass unsere Zukunftstechnologien gefördert und in einem gesellschaftlichen Diskurs erörtert werden, anstatt sie von vornherein mit Pseudoargumenten wie „Verbraucherschutz und Gentechnik passen nicht zusammen" zu verteufeln. Bereits heute werden weltweit auf über 50 Millionen Hektar gentechnisch veränderte Pflanzen angebaut. Die befürchteten Schäden sind dabei bisher ausgeblieben.

Fazit und Ausblick

Die nachhaltige Entwicklung wird zukünftig für alle Wirtschaftszweige die „Benchmark" sein. Mit dem Kapitel 14 der Agenda 21 ist die Nachhaltigkeit für die Land- und Ernährungswirtschaft keine Utopie, sondern eine konkrete Vision, um die Ressourcen unseres Planeten zu schonen, die Bedürfnisse der verschiedenen Gesellschaften zu berücksichtigen und die Vorteile der Globalisierung zu nutzen.

Kurzfristige Beiträge zu mehr Nachhaltigkeit sind durch technische Innovationen, verbunden mit Unternehmertum zu erreichen. Langfristig werden uns allerdings nur Basisinnovationen, wie z.B. völlig neue Produktionsverfahren weiter in Richtung Nachhaltigkeit bringen. Voraussetzung ist eine anwendungsorientierte Grundlagenforschung. Dafür brauchen wir klare Zielvorgaben und innovationsfördernde Rahmenbedingungen. Diese liefern den Schlüssel zur nachhaltigen Entwicklung der Gesellschaft und die wirtschaftliche Perspektive unseres Agrarsektors.

Noch ist die nachhaltige Entwicklung keine Gewissheit, sondern Hoffnung. Diese zu verwirklichen sollte aber unser aller Anliegen sein.

Qualitätsmaßstäbe setzen, Beispiele aus der Arbeit der DLG

Dr. Peter Moog

Seit 115 Jahren fördert die Deutsche Landwirtschafts-Gesellschaft e.V. (DLG) als unabhängige Organisation aktiv die Qualität von Lebensmitteln mittels Prüfungen und Wettbewerben. Sie gilt daher auch als „das älteste Testinstitut". Etwa 20.000 Erzeugnisse von mehreren tausend Herstellern verschiedenster Produktbereiche aus dem In- und Ausland werden jährlich neutral geprüft und bewertet. Die DLG-Prüfbestimmungen und Auszeichnungen wie „DLG-prämiert" und „Deutsches Güteband Wein" setzen Qualitätsmaßstäbe. In der Lebensmittelerzeugung und in den Lebensmittelmärkten jedoch gibt es keinen Stillstand. Technische Fortschritte verändern das Angebot; veränderte Verbrauchererwartungen fordern zu Innovationen heraus. Was unter Qualität verstanden wird, muss immer wieder neu definiert werden. Daher werden auch die Qualitätsmaßstäbe der DLG permanent weiterentwickelt, um den sich wandelnden technologischen Möglichkeiten und Verbrauchererwartungen gerecht zu werden. Sie unterliegen dabei vielfältigen Einflüssen.

Internationale DLG-Qualitätswettbewerbe für Lebensmittel

- Bewertung von Lebensmitteln seit 1887
- Jährliche Untersuchung von über 20.000 Produkten aus Deutschland und anderen Ländern
- Prüfprogramm:
  Fleischerzeugnisse, Tiefkühlprodukte, Fertiggerichte, Feinkost, Backwaren, Molkereierzeugnisse, Wein, Bier, Spirituosen, Fruchtgetränke, Wasser
- Auszeichnung von Produkten überdurchschnittlicher Qualität (Zertifizierung gem. EN ISO 45011)

Abbildung 1: Internationale DLG-Qualitätswettbewerbe für Lebensmittel

So bewirken technische Fortschritte in der Regel, dass die von den Herstellern angestrebten Qualitätseigenschaften mit größerer Zuverlässigkeit erreicht werden, auf bisher übliche Lebensmittelzusätze oder Behandlungsmittel verzichtet werden kann oder verbesserte oder gar neue Produkteigenschaften möglich gemacht werden. Mehr Qualität geht auf Dauer nur mit neuen technischen Lösungen. Als wenige Beispiele sind hier ganz allgemein der umweltschonende Landbau, moderne tiergerechtere Haltungsverfahren, der verbesserte Hygienestatus von Lebensmitteln und die verbesserte Rückverfolgbarkeit entlang der Erzeugungs- und Distributionswege oder, als ein spezielles Beispiel, Fortschritte in der Emulsionstechnologie zu nennen, die dem Markt der Dessertprodukte immer neue Impulse geben. Immer sind verbessertes Wissen und Können die Voraussetzung für bessere Lösungen, mehr Sicherheit und mehr Qualität. Nach dem Grundsatz „das Bessere ist des Guten Feind" werden auch die Qualitätsmaßstäbe der DLG angezogen.

Andererseits können sich technische Fortschritte bei scharfem Preiswettbewerb bisweilen qualitätsmindernd auswirken, wenn in dessen Folge in dem Lebensmittel weniger wertvolle, bisher nicht verarbeitete Rohstoffe – Beispiel: Formfleisch – eingesetzt werden. Leider kommt es auch vor, dass manchmal Produkte mit „streckenden" Zutaten verfälscht werden – Beispiel: Zusatz von Wasser im Kochschinken. Strategien allerdings, die auf weniger Qualität setzen, führen nachhaltig nicht zum Erfolg, weder in der Prüfung durch die DLG, noch im Markt.

Aber auch ein Qualitätsvorsprung bietet kein Ruhekissen. Denn die Erwartungen der Verbraucher an die Qualität von Lebensmitteln wachsen mit den Fähigkeiten der Hersteller, bessere und verlässlichere Qualitäten in den Markt zu bringen. Beispiele sind hier der Wunsch nach länger haltbaren Lebensmitteln ohne Zusatz von Konservierungsstoffen oder die Erwartung, dass haltbare Milch keinen nennenswerten Kochgeschmack mehr aufweist. Der Verbraucher wird anspruchsvoller.

Gleichzeitig bewirken die Fortschritte in der Lebensmittelanalytik, dass immer genauer untersucht werden kann, woraus ein Lebensmittel besteht und was es enthält. Immer kleinere Spuren von Rückständen können analytisch erfasst werden. Immer größer wird die Sorge des Verbrauchers um seine Gesundheit, die er durch belastete Lebensmittel gefährdet sieht. Der Verbraucher wird kritischer. Dadurch erhalten oftmals freiwillige Beschränkungen im Sinne von „Reinheitsgeboten" bei der Auswahl der Rohstoffe und der Gestaltung der Rezepturen eine zunehmende Bedeutung. Gleichzeitig steigt das Bedürfnis nach Überschaubarkeit und Nachvollziehbarkeit von Ursprung und Erzeugung des Lebensmittels.

Und auch veränderte soziale Gegebenheiten wie die Zunahme von Klein- und Single-Haushalten haben veränderte Qualitätserwartungen zur Folge. So wird z.B. immer mehr Wert auf verzehrsfertige Produkte gelegt, die schnell und problemlos zubereitet werden können und möglichst so schmecken wie das „Original" aus „Mutters Küche" oder dem Restaurant.

Die Maßstäbe der DLG für die Qualitätsbewertung greifen diese Entwicklungen auf. Damit ist es der DLG stets gelungen, zugleich Maßstäbe für das zu setzen, was in den Lebensmittelbranchen unter Qualität verstanden wird. Die Leitsätze des Deutschen Lebensmittelbuches, die ja die „allgemeine Verkehrsauffassung" zur Beschaffenheit von Lebensmitteln beschreiben, orientieren sich daher häufig an den Standards der DLG. Und die erfolgreichsten Teilnehmer an den DLG-Qualitätswettbewerben, wie z.B. die Träger des Bundesehrenpreises bei Wein, Wurst und Backwaren, werden gemeinhin als Qualitätsführer ihrer Branchen anerkannt.

Mit ihrer Arbeit verfolgt die DLG das Ziel, im Markt ein Qualitätsniveau sichern zu helfen, das den jeweiligen Möglichkeiten guter Herstellungspraxis entspricht. Diese definiert sich von der sorgfältigen Rohstoffauswahl über die ausgewogene Zusammensetzung und fachlich einwandfreie Herstellung bis hin zum überzeugenden Genusswert. Die Qualitätswettbewerbe der DLG sollen die Hersteller dazu anreizen, diesen Maßstäben in ihrer Arbeit zu folgen und damit die Qualität der Lebensmittel im Markt hoch zu halten.

Durch ihre Auszeichnungen und die vielfältige Öffentlichkeitsarbeit macht die DLG besondere Qualitäten im Markt sichtbar. Damit leistet sie für alle Marktbeteiligten einen wertvollen Beitrag zur Förderung der Qualitätstransparenz. Gleichzeitig ermöglicht sie den Herstellern, sich mit Qualität im Markt zu profilieren. Die gemeinsamen Anstrengungen der Hersteller und der DLG dienen letztlich dem Verbraucher.

Der Slogan „DLG-prämiert. Gut einkaufen, gut essen, gut leben." bringt es auf den Punkt: Die DLG-Auszeichnung hilft dem Verbraucher, gute Lebensmittel zu finden, die, weil sie gut sind, auch gut schmecken und deshalb Freude beim Genießen vermitteln und die Lebensqualität steigern. Hinter diesem Einsatz für das Wohl der Verbraucher steht die Überzeugung, dass der Verbraucher trotz aller Sensibilität für den Preis in Sachen Qualität zunehmend kritischer und anspruchsvoller wird und dass daher durch konsequente Qualitätsorientierung ein verlässliches Fundament für den nachhaltigen Erfolg im Markt geschaffen wird.

Denn nur eine konsequente Qualitätsorientierung kann das Vertrauen der Verbraucher in das Lebensmittel und seinen Hersteller auf Dauer sichern.

Abbildung 2: DLG-prämierte Lebensmittel

Beispiel Wurst

Fleisch und Wurst führen am eindringlichsten vor Augen, wie leicht das Verbrauchervertrauen durch Zweifel an der Qualität und Sicherheit von Lebensmitteln zerstört werden kann und welche schwerwiegenden Auswirkungen dies für alle Marktbeteiligten entlang des gesamten Erzeugungsweges mit sich bringt, die diesem Vertrauensverlust nicht wirksam zu begegnen vermögen. Das Beispiel der DLG macht deutlich, wie durch treffsichere und schnelle Anpassung der Qualitätsmaßstäbe ein wirksamer Beitrag zur Krisenbewältigung geleistet werden konnte.

Unmittelbar nach dem 24.11.2000, dem Tag der Bekanntgabe des ersten originären BSE-Falles in Deutschland, machte sich die DLG daran, ihre Qualitätsmaßstäbe für prämierte Wurst und Fleischwaren gezielt zu verändern und zu erweitern, um schnell eine akzeptable Antwort auf die Sorgen und Ängste der Verbraucher beim Verzehr dieser Erzeugnisse zu finden. Die Grundsatzentscheidung dazu wurde bereits am 6.12.2000 gefällt und die inhaltliche Richtung festgelegt.

Die kurzfristig durchgeführte Marktforschung ergab sehr schnell und eindeutig, dass sich die Ängste der Verbraucher bei der Wurst auf vier Punkte konzentrierten:

- die Verarbeitung von Gewebe des Zentralen Nervensystems (ZNS),
- die Verarbeitung von Separatorenfleisch,
- die Verarbeitung von Innereien,
- die Nicht-Deklaration und die Falsch-Deklaration von Zutaten, insbesondere der Tierart.

In konsequenter Umsetzung dieser Erkenntnisse wurde festgelegt, dass DLG-prämierte Fleisch- und Wurstwaren künftig

- vom Rind nur reines Muskelfleisch enthalten,
- bei Erzeugnissen mit Innereien nur Zunge, Schweineblut oder -leber verwendet werden,
- unabhängig von der Tierart kein Gewebe des ZNS und
- kein Separatorenfleisch verarbeitet werden,
- die Tierart wahrheitsgemäß zu deklarieren ist.

Diese Festlegungen wurden als „DLG-Kodex für prämierte Wurst und Fleischwaren" mit erstmaliger Wirkung für den DLG-Qualitätswettbewerb im Februar 2001 in Kraft gesetzt. Sie ergänzen und erweitern im Sinne eines „Add on" die bei den DLG-Prämierungen angewandten Qualitätsmaßstäbe. Gleichzeitig wurden auch alle Hersteller bereits früher DLG-prämierter Wurst und Fleischwaren, deren Zwei-Jahres-Frist für die Werbung mit „DLG-prämiert" noch nicht abgelaufen war, auf die sofortige Einhaltung des DLG-Kodex für diese Erzeugnisse verpflichtet. Andernfalls musste sofort auf die Werbung mit der DLG-Prämierung verzichtet werden.

Der DLG-Kodex wurde zwischenzeitlich weiterentwickelt. Ab dem Prüfungsjahr 2002 können wieder Wurstspezialitäten prämiert werden, die aufgrund klassischer Rezepturen Rinderzunge, -leber oder Schweineherz enthalten. Gleichzeitig wurden die Qualitätsanforderungen durch Prüfung am Ende des Mindesthaltbarkeitsdatums weiter verschärft.

Da Verpflichtungen bekanntlich nur so wirksam sind, wie sie auch kontrolliert werden, wurde zu dem DLG-Kodex ein strenges Kontrollsystem eingeführt. Zusätzlich zu der üblichen Prüfung lässt die DLG ihre Proben in Screening-Tests und ggf. weiteren Analysen auf die Nichtverwendung von Gewebe des ZNS und von Separatorenfleisch sowie auf die korrekte Einhaltung der zugelassenen und angegebenen Rohstoffe untersuchen.

Bei festgestellten Verstößen gegen den DLG-Kodex wird die Prämierung versagt oder entzogen. Bei Entzug der Prämierung kann der Betrieb zusätzlich von weiteren Teilnahmen an DLG-Qualitätswettbewerben ausgeschlossen werden.

Der direkt auf die Verbraucherängste ausgerichtete Zuschnitt des „DLG-Kodex für prämierte Wurst und Fleischwaren" und seine schnelle Einführung haben sich im Markt bewährt. Der DLG-Kodex konnte als vertrauensbildende Maßnahme noch auf dem Höhepunkt der Verunsicherung wirksam werden. Die Preisträger des DLG-Qualitätswettbewerbes erhielten Infomaterial zur Aufklärung der Verbraucher, das verbreitet eingesetzt wurde. Die DLG unterstützte ihre Preisträger mit umfangreicher Pressearbeit. Zudem wurde im Sommer 2001 in über 1.000 Supermärkten einer großen bundesweit operierenden Handelskette eine spezielle Verbraucheraktion zum DLG-Kodex durchgeführt und durch einen ausführlichen Informationsbeitrag in der handelseigenen Kundenzeitschrift begleitet. Dadurch konnten gut 2 Millionen Verbraucher erreicht werden. Diese Maßnahmen wurden als vertrauensstiftend und imagebildend bewertet.

Im März 2001 veranstaltete die DLG einen Experten-Workshop mit dem Ziel, Leitlinien und Maßnahmen zur Neuorientierung beim Verbraucherschutz zu entwickeln. Es wurden Sicherheits-Schwachstellen entlang des gesamten Erzeugungsweges von Fleisch und Fleischwaren aufgezeigt und Vorschläge für umsetzbare Lösungen auf allen Erzeugungsstufen vorgestellt. Die publizierten Ergebnisse setzten Maßstäbe. Sie fanden starke Beachtung und sind zwischenzeitlich vielerorts umgesetzt worden.

Die DLG selbst entwickelte in der Folge ihr Gütezeichen für Mischfutter durch Einführung eines „DLG-Kodex für Mischfutter" zum „DLG-Gütezeichen Plus" weiter, das mit Beginn dieses Jahres im Markt etabliert werden konnte. Dabei geht es neben der ernährungsphysiologischen Qualität des Tierfutters jetzt auch verstärkt um den gesundheitlichen Verbraucherschutz. Denn seit BSE ist jedem bewusst, dass seine Gesundheit auch von der Unbedenklichkeit des Futters abhängt, das an unsere, der Lebensmittelgewinnung dienenden Nutztiere verfüttert wird. Zu der bisherigen Produktkontrolle treten Systemkontrollen in der Futtermittelherstellung und –auslieferung hinzu. Damit wurden auch hier neue und ehrgeizige Qualitätsmaßstäbe gesetzt, die den aktuellen Forderungen nach Transparenz und Sicherheit entsprechen.

In konsequenter Fortsetzung dieses Ansatzes hat die DLG im Frühjahr 2001 begonnen, DLG-Kodizes für weitere Stufen des Erzeugungsweges „from farm to fork" zu erarbeiten. Mit den dort beschriebenen Maßstäben kann künftig ein Benchmarking für den Aufbau und die Bewertung stufenübergreifender Qualitätssicherungssysteme geschaffen werden. Nicht zuletzt ist davon auszugehen, dass der Nachweis solcher stufenübergreifenden Systeme mittelfristig zur Voraussetzung für die Zulassung zur Teilnahme an einem DLG-Qualitätswettbewerb erhoben wird.

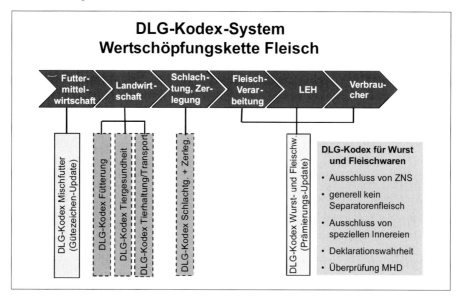

Abbildung 3: DLG-Kodex System Wertschöpfungskette Fleisch

Beispiel Wein

Das neue DLG-Qualitätskonzept „Deutsches Güteband Wein", dessen Entwicklung zu Beginn des Jahres 2000 gestartet wurde, schließt bereits eine umfassende Qualitätssicherung des gesamten Erzeugungsweges mit ein. Damit definiert es einen völlig neuen, innovativen Maßstab für Weinqualität. Ziel ist es, dass deutsche Weine, die unter der strengen, neutralen Kontrolle der DLG nach diesem Konzept erzeugt und dafür mit dem neuen Deutschen Güteband Wein ausgezeichnet wurden, ab Herbst 2002 in den Regalen ausgesuchter Lebensmittelläden stehen.

Das Qualitätskonzept ist konsequent auf die aktuellen Erwartungen des Verbrauchers ausgerichtet. So kommt es diesem heute nicht allein darauf an, dass ein Wein wie jedes andere Lebensmittel gesundheitlich unbedenklich ist und schmeckt, sondern auch darauf, wie er hergestellt wurde und dass der gesamte Erzeugungsweg nachvollziehbar und transparent ist. Dieses moderne ganzheitliche Qualitätsverständnis „von der Rebe bis ins Glas" wurde durch die DLG jetzt erstmals in ein Auszeichnungskonzept gefasst. Damit wird dem Verbraucher künftig ermöglicht, solche Weine gezielt im Markt aufzufinden und zu bezahlbaren Preisen zu erwerben.

Inhaltlich geht es zunächst um eine marktgerechte sensorische Qualität, die in neutraler Verkostung durch unabhängige DLG-Experten nachgewiesen werden muss und sich beim Verbraucher im gehobenen Preissegment als überlegen bewährt. Dazu werden von der DLG ergänzend eine Ertragsbegrenzung im Weinberg und Mindestmostgewichte vorausgesetzt, die über den gesetzlichen Forderungen liegen. Daneben werden in dem DLG-Konzept Verfahren vorgeschrieben, mit denen die im Weinberg gewachsene Qualität in der Weinbereitung bestmöglich erhalten und im fertigen Wein zur Geltung gebracht wird.

Des Weiteren sind nach dem DLG-Konzept nur Verfahren zulässig, die die Umwelt bestmöglich schonen. Das macht im Weinberg unter anderem Beschränkungen beim Einsatz von Pflanzenbehandlungsmitteln erforderlich. Im Sinne des vorsorgenden Verbraucherschutzes werden im Rahmen des DLG-Konzeptes schließlich auch bei der Weinbereitung etliche gesetzlich zulässige Verfahren und Behandlungsstoffe ausgeschlossen. Dahinter steht die konsequente Haltung, so wenig wie möglich mittels Technik und Chemie in die Natur und in den Wein einzugreifen.

Nicht zuletzt fordert das DLG-Konzept eine durchgängige Rückverfolgbarkeit des Weines von der Flasche im Regal des Lebensmittelladens bis hin zum Weinberg, aus dem er stammt. Alle Maßnahmen müssen entlang des gesamten Erzeugungsweges dokumentiert sein. Dies ist bei Winzergenossenschaften mit den zahlreichen, ihnen angeschlossenen Weinbauern mit erheblichen Aufwendungen verbunden, ist aber der Schlüssel für eine gezielte aktive Qualitätserzeugung. Die Dokumentationen sind zudem eine wichtige Voraussetzung dafür, dass die DLG den Erzeugungsweg und die Einhaltung ihrer Anforderungen wirksam kontrollieren kann.

Nur wenn alles dokumentiert ist und den strengen Anforderungen der DLG entspricht und der fertige Wein auch die Hürde der sensorischen Prüfung nimmt, kann das neue Siegel verliehen werden. Es signalisiert dem Verbraucher einen Wein, der mehr zu bieten hat: mehr Sicherheit, mehr Transparenz, mehr Genuss. Einen Wein zudem, der sich mit diesem umfassenden Qualitätsnachweis deutlich und innovativ vom üblichen Angebot abhebt. Damit bietet das neue DLG-Konzept den heimischen Erzeugern zugleich die Chance, sich mit einem eigenständigen, ehrgeizigen Profil im zunehmend schärferen Wettbewerb erfolgreich gegenüber dem ausländischen Angebot zu behaupten.

Wie die Beispiele Wurst und Wein zeigen, gelingt es der DLG immer wieder neu, Qualitätsmaßstäbe zu setzen, indem die bestehenden Maßstäbe zielorientiert erneuert werden. Lebensmittelhersteller können durch ihre Ausrichtung an den Qualitätsmaßstäben der DLG, die idealerweise durch eine Auszeichnung bzw. Zertifizierung bestätigt ist, glaubwürdig beweisen, dass ihre Erzeugnisse in wesentlichen qualitätsbestimmenden

Eigenschaften über den gesetzlichen Anforderungen ihres Produktbereiches liegen. Entsprechend den Erwartungen der Verbraucher werden dabei Fragen der Rohstoffqualität, der verwendeten Zutaten sowie die Modalitäten der Herstellung immer wichtiger. Nur wenn die veränderten Erwartungen aufgegriffen werden, werden Anforderungen zu Maßstäben. Und nur so kann eine Qualitätspolitik zu einer nachhaltigen Erfolgsstrategie werden.

Gütezeichen im Wandel –
Von der Produktqualität zur Produktsicherheit

Dr. Udo Lackner

Agrarprodukte unterscheiden sich auf der Basis von Leistungskriterien, deren Merkmale sich im Zeitverlauf verändern. Nicht epochale Innovationen mit langfristigen, kaum nachahmbaren Nutzenvorteilen, sondern oft nur kurzlebig zur Unterscheidung geeignete qualitative Merkmale prägen moderne Wettbewerbsmärkte, auf Lebensmittelmärkten traditionell Qualitätsmerkmale unter sensorischen Aspekten. Für Branchen, Produktgruppen und einzelne Agrarprodukte haben sich über die Jahre Standards herausgebildet, die bei Abnehmern und Verbrauchern Geltung erlangt haben. Bei rohstoffnahen Produkten, die nur wenig Möglichkeiten bieten, durch Design, Verpackung etc. Unterschiede zu signalisieren, greifen die Instrumente der Differenzierung einzelner Anbieter nicht. Der genetische Charakter der Produkte überwiegt. Hier hat sich dennoch ein breites Feld für das Marketing eröffnet, mit der Vermittlung von Erlebniswelten, Lifestyles, Ambiente oder auch mit Marken und Qualitätszeichen/Gütezeichen Präferenzen beim Verbraucher zu bilden.

Verbrauchereinstellungen und Verbraucherverhalten haben sich bei vielen Produkten, besonders aber bei Lebensmitteln, im Zuge der Wohlstandsanhäufung vom Versorgungsgedanken zu einer Wunschwelt von Erlebnis und Genuss gewandelt. In Genuss- und Erlebnissphären akzeptiert der Verbraucher auch kleinste Produktmängel nicht mehr. Die Rechtsprechung hat parallel dazu unterstrichen, dass Ansprüche des Verbrauchers aus Produktmängeln gegen den Anbieter mit Hilfe der Gerichte erfüllt werden können. Und der Kunde macht Gebrauch von seinem Recht. Die Initiativen des Europäischen Parlamentes sowie der Europäischen Kommission haben aktiven Verbraucherschutz als einen Kern der EU-Politik definiert mit dem Ergebnis, dass europäisches und nationales Recht stringent Produktsicherheit gerade bei Lebensmitteln auf breiter Basis verankern. Die Medien unterstützen eine drastische Sensibilisierung der Verbraucher speziell in Deutschland ebenso wie Politik und Interessensgruppen, die sich für den Verbraucher- und Umweltschutz einsetzen.

Gleichzeitig ist die Entwicklung in den Nachweis- und Analyseverfahren immer weiter fortgeschritten, sodass selbst geringste Veränderungen und/oder Mängel in Produkten erkannt werden können. Diesen Entwicklungen trägt die Marken-/Zeichenpolitik von Unternehmen wie Institutionen dynamisch Rechnung.

Im industriellen Sektor, zunehmend aber auch im Agrarsektor hat sich die Erkenntnis durchgesetzt, dass systematische Fehlervermeidung nicht nur aus Marketing-, sondern ebenso aus ökonomischer Sicht, der gebotene Weg ist. Viele Elemente der systematischen Fehlervermeidung haben ihren Ursprung in QS-Systemen der Raumfahrt- und Rüstungsindustrie, da hier Fehler zu nicht abschätzbaren Katastrophen und volkswirtschaftlichen Kosten führen. Die dort entwickelten Ideen der Qualitäts- und Produktsicherung wendet die Konsumgüterindustrie durch Nutzung individueller QM-Systeme sowie von DIN ISO Normen, HACCP-Konzepten oder Total Quality Management-Systemen praxisgerecht an.

Die Gütezeichenpolitik hat sich im Zuge der aufgezeigten Entwicklung ständig verändert. Branchenumfassende Gütezeichen haben frühzeitig auch in den Lebensmittelmärkten Einzug gehalten. Zunächst ging es darum, den Verbraucher vor Produktfälschungen und mangelhaften Produkten durch definierte Standards und deren Kontrolle am Endprodukt zu schützen. Im Lebensmittelsektor haben sich Gütezeichen auf die Absicherung sensorischer Merkmale konzentriert. Zug um Zug sind analytische Elemente der Produktsicherung hinzugekommen. Schon Ende der 40er-Jahre entstand unter der Steuerung durch den Verband der Landwirtschaftskammern das Gütezeichen „Deutsche Landwirtschaftliche Markenware".

Abbildung 4: Gütezeichen im Lebensmittelsektor

Mit der Gründung der Gesellschaft zur Absatzförderung der Landwirtschaft (GAL) wurde in den 60er-Jahren ein produktübergreifendes nationales Zeichen geschaffen: Mit „Aus deutschen Landen frisch auf den Tisch" begann eine Ära der Kommunikation zum Verbraucher für eine breite Palette land- und ernährungswirtschaftlicher Produkte. Die Herkunft stand im sich formierenden europäischen Markt im Focus dieses Zeichens; zwar nicht Gütezeichen im engeren Sinne, wegen der geschickten Kommunikation zu Warenmittlern und Verbrauchern aber als Gütezeichen verstanden.

Mit der Gründung des Absatzfonds im Jahre 1969 wurde ein neues Kapitel in der Zeichenpolitik für Lebensmittel in Deutschland aufgeschlagen. 1972 schuf die CMA das bis heute einzige nationale, produktübergreifende Gütezeichen „Markenqualität aus deutschen Landen".

Abbildung 5: CMA-Gütezeichen „Markenqualität aus deutschen Landen"

Qualität wird für das so genannte CMA-Zeichen für alle Produktbereiche der Agrarwirtschaft auf einem möglichst vergleichbar hohen Niveau definiert. Am Anfang standen sensorische Merkmale der Qualität im Vordergrund, allerdings frühzeitig mit analytischen Merkmalen gekoppelt. Das CMA-Gütezeichen wird ausschließlich neutral kontrolliert und ist auf dieser Basis vom RAL als **das** Gütezeichen für Lebensmittel anerkannt. Seit 1972 sind die dem Gütezeichen zugrunde gelegten Kriterien dynamisch immer weiter entwickelt und wesentlich verschärft worden. Die Kontrollsystematik wurde immer wieder angepasst und die klassischen Endproduktkontrollen wurden mit den Erkenntnissen moderner Prozess-Sicherung um Prozess-Kontrollen ergänzt. Heute wird das CMA-Gütezeichen von mehr als 2.500 Unternehmen auf über 11.000 Produkten genutzt, mit einem hohen Bekanntheitsgrad bei Warenmittlern und Verbrauchern.

Gerade mittelständische Unternehmen nutzen das Gütezeichen intensiv zur Markterschließung und Markterhaltung. Die Stärke des CMA-Gütezeichens hat dazu geführt, dass auch schon seit Jahren nicht deutsche Anbieter sich des CMA-Gütezeichens bedienen wollten. Dies widersprach dem Grundgedanken des Absatzfondsgesetzes. Nun stellt die absehbare Entscheidung des Europäischen Gerichtshofes die Weichen für das CMA-Gütezeichen neu: Die Öffnung des Gütezeichens wird nun durch das oberste europäische Rechtsinstitut gefordert. Demzufolge wird das CMA-Gütezeichen einerseits zukünftig ausländischen Anbietern zugänglich gemacht, wenn sie es – unter gleichen Bedingungen wie ihre deutschen Mitbewerber – nutzen wollen. Andererseits ist die dem CMA-Gütezeichen zugrunde liegende Verknüpfung von Qualität und Herkunft gemäß der Rechtsauffassung des obersten Gerichts zu entflechten. Dem wird die CMA mit entsprechenden Änderungen, aber gleichzeitiger Beibehaltung des Gütezeichen, Rechnung tragen.

Ende der 80er-Jahre reifte in Wirtschaft und CMA die Erkenntnis, dass bei Produkten wie Frischfleisch, das bis zum Verbraucher eine lange Kette von Produktion und Vermarktungsstufen durchläuft, mit der Endprodukten-Prüfung sensorischer und analytischer Merkmale die Produktsicherheit nicht zu gewährleisten ist. Dies führte 1989 zur Schaffung des Prüfsiegels, das Prozesskontrollen in den Focus der Produktsicherung gestellt hat.

Die Anforderungen des Prüfsiegels waren hoch gesteckt. Das Prüfsiegel sollte Lokomotive und Signalgeber für eine im Umbruch befindliche Branche sein; mit der Folge, dass zunächst nur ein begrenzter Teil des Fleischmarktes das Prüfsiegel nutzen konnte.

Insbesondere die lückenlose Absicherung der vertikalen Kette mit vertraglicher Bindung war für den Fleischbereich schwierig – ein Problem, das bis heute infolge der bestehenden Strukturen im Fleischsektor besteht. Im Jahre 2000, noch vor der BSE-Krise, führte dies zu Überlegungen, zwar die Grundregeln des Prüfsiegels als Absicherung aller Prozesse aufrecht zu erhalten, gleichzeitig aber durch eine neue Systematik eine breitere Einbeziehung der unterschiedlichen Stufen zu ermöglichen; mit dem Ziel, das überarbeitete Prüfsiegel im Jahr 2001 einzuführen.

Infolge der durch BSE ausgelösten Marktkrise reifte dann bei LEH und dessen Vorstufen die Erkenntnis, dass nur ein gemeinsames, von allen Stufen der Produktion und Vermarktung bis hin zum Lebensmittelhandel/Lebensmittelhandwerk getragenes System der Produktsicherung und Rückverfolgbarkeit dauerhaften Verbraucherschutz garantieren kann.

Abbildung 6: Logo der QS Qualität und Sicherheit GmbH

Zur Durchsetzung dieses Vorhabens wurde eine gemeinsame Gesellschaft gegründet, die QS Qualität und Sicherheit GmbH. In ihr haben sich Vertreter aus Verbänden und Organisationen aller an der Produktion, Verarbeitung und Vermarktung von Fleisch und Fleischwaren beteiligten Bereiche und die CMA zusammengeschlossen. Nach Fleisch und Fleischwaren werden künftig weitere Produktbereiche eingegliedert.

Gesellschafter

- Deutscher Raiffeisenverband e.V. (DRV) für die Futtermittelindustrie
- Deutscher Bauernverband e.V. (DBV) für die Landwirtschaft
- Verband der Fleischwirtschaft e.V. (VDF) für Schlachtung/Zerlegung
- Bundesverband der Deutschen Fleischwarenindustrie e.V. (BVDF) für die Fleischwarenindustrie
- Handelsvereinigung für Marktwirtschaft (HfM) für den Lebensmittelhandel

QS schreibt allen Stufen eine Dokumentation aller Produktions-, Verarbeitungs- und Verwaltungsprozesse vor.

Die wichtigsten Anforderungen an die einzelnen Stufen:

Stufe	Inhalte
Futtermittel	- Lieferanten müssen nach den Bedingungen des Futtermittelrechts anerkannt sein - Kontrollplan mit definierten Kontrollen für Grund-, Einzel- und Mischfutter - Entnahme von Rückstellproben aus jeder Produktionscharge - Ausschließliche Verwendung von Rohstoffen/Einzelfuttermitteln gemäß Positivliste - Offene Deklaration der Zusammensetzung von Mischfutter in absteigender Reihenfolge - Abnehmer erhält Lieferschein mit QS-Registrierung
Landwirtschaft	- Führung eines Bestandsregisters - Nachweis des betreuenden Tierarztes (Betreuungsvertrag) - Verzicht des Einsatzes von antibiotischen Leistungsförderern in der Mast - Vollständige Dokumentation des Medikamenteneinsatzes im Betrieb (Bestandsbuch) - Dokumentiertes QS-Eigenkontrollsystem mit je nach Tierart unterschiedlichen Schwerpunkten - Salmonellenmonitoring in Verbindung mit Schlachtbetrieben - Einhaltung der Düngeverordnung durch Vorlage des Nährstoffvergleichs

Stufe	Inhalte
Schlachtung/Zerlegung	• BSE-Tests bei Rindern entsprechend den wissenschaftlichen Erkenntnissen • Korrekte Entfernung des Risikomaterials • Nachweis über die Verwertung von Schlachtabfällen und Risikomaterial • Befunddatendokumentation und Rückmeldung an den Erzeuger • Dokumentation der Haltungs-, Tiertransport- und Betäubungsvorschriften • Regelmäßige externe Hygienekontrollen • Nachvollziehbarer Warenfluss und Herkunftssicherung
Verarbeitung	• Offenlegung aller Rezepturbestandteile gegenüber neutralen Kontrollstellen • Regelmäßige Probenziehung von Rohstoffen und Zwischenprodukten • Verzicht auf Separatorenfleisch • Verzicht auf die Verarbeitung von Gehirn und Rückenmark • Nachvollziehbarer Warenfluss
LEH	• Gesichertes QS-Eigenkontrollsystem • Chargenweise Rückverfolgbarkeit bei Frischfleisch • Nachweis der Einhaltung der Kühlkette • Regelmäßige Probenziehung durch akkreditierte Prüfinstitute

Das QS-System ist unter Einhaltung der QS-Bedingungen offen für die Einbeziehung von Anbietern aus EU-Staaten und Drittländern. Dabei werden Importprodukte in dieselbe Kontrollsystematik eingebunden wie inländische Produkte.

Abbildung 7: Organisation des Kontroll- und Sanktionswesens von QS

Die drei Stufen des Kontrollsystems für das QS-Prüfzeichen verlangen:

1. Betriebliche Eigenkontrolle:

   Der Systemteilnehmer muss ein innerbetriebliches Eigenkontrollsystem einrichten. Diese Eigenkontrolle basiert im wesentlichen auf der laufenden Dokumentation der Betriebsabläufe.

2. Neutrale Kontrolle:

   Die neutralen Kontrollstellen haben die Aufgabe, in regelmäßigen Abständen zu prüfen, ob die Systemteilnehmer die Anforderungen der QS-Kriterien einhalten. Sie prüfen die Funktionsfähigkeit der betrieblichen Eigenkontrolle durch System- und Stichprobenkontrollen. Die neutralen Kontrollinstitute sind verpflichtet, der QS GmbH die Kontrollergebnisse unverzüglich nach einer durchgeführten Kontrolle vorzulegen.

3. Kontrolle der neutralen Kontrolle:

   Sie erfolgt durch unabhängige (z.B. staatliche) Institutionen.

QS hat einen Pool mit nach DIN EN 45011 zugelassenen Kontrollinstituten eingerichtet. Systemkontrollen werden ausschließlich von Instituten aus diesem Kontrollpool durchgeführt. Die Auswahl und die Beauftragung eines Kontrollinstituts erfolgt durch die Systemteilnehmer.

Aufgabe der Kontrollinstitute ist die Überprüfung der Einhaltung der von der Gesellschaft festgelegten Vorgaben in allen Stufen der Lebensmittelkette.

Notwendige Sanktionierungsmaßnahmen werden von einem unabhängigen Sanktionsbeirat beschlossen und eingeleitet.

Für den Produktbereich Fleisch besteht ein Fachbeirat aus sechs Mitgliedern, die aus allen an der Produktionskette beteiligten Wirtschaftsstufen bis hin zum Lebensmittelhandel stammen.

Der Fachbeirat

- bestimmt Kriterien für das Prüfzeichen,
- formuliert Richtlinien über die Prüfung und Überwachung. Die Richtlinien beinhalten für den Fall des Verstoßes einen Sanktionskatalog,
- erstellt die Prüfvorgaben für die neutralen Kontrollinstitute.

Der Sanktionsbeirat ist für die Verhängung von Sanktionen (Vertragsstrafen) gemäß den vom Fachbeirat erlassenen Richtlinien zuständig. Die Umsetzung der Empfehlungen des Sanktionsbeirates obliegt der Geschäftsführung mit dem Vorsitzenden des Sanktionsbeirats.

Ein Kuratorium berät die QS-Geschäftsführung sowie den Fachbeirat in grundlegenden Fragen im Zusammenhang mit Qualität und Sicherheit von Nahrungsmitteln. Seine Mitglieder sind Persönlichkeiten des öffentlichen Lebens aus den Bereichen Finanzen, Wirtschaftswissenschaften, Marktforschung, Qualitätsmanagement, Umweltschutz, Tierschutz, Verbraucherschutz sowie der öffentlichen Verwaltung.

Die CMA ist verantwortlich für die Zeichenvergabe und die Kommunikation des Zeichens. Über Zeichenverträge ermöglicht sie den angeschlossenen Betrieben die Verwendung des QS-Zeichens.

Mit der Einführung von QS wird im Lebensmittelmarkt auf breiter Basis ein Prüfzeichen implementiert, das Basis-Absicherung für das große Angebot von zunächst Fleisch und Fleischwaren und Zug um Zug anderen Lebensmitteln wird.

Auf der Basis von QS werden Unternehmen analog zum Prüfzeichen im industriellen Sektor (Beispiele TÜV, GS) mit individuellen zusätzlichen Merkmalen der Angebotsdifferenzierung ihre Markenpolitik betreiben. Regionale Güte- und Herkunftszeichen werden QS ebenso als Basis nutzen wie die DLG für ihr DLG-Zeichen.

Die Herausforderung an einen aktiven Verbraucherschutz ist von der Agrarwirtschaft und vom LEH in ihrer Brisanz und Wertigkeit voll angenommen worden. Die Wirtschaft ist sich heute darüber im Klaren, dass QS eine Dynamik entfalten wird, die der laufenden Weiterentwicklung von Leistungskriterien, wie auch der Prüfsystematik in Übereinstimmung mit den Anforderungen und Erkenntnissen von Markt und Wissenschaft Rechnung tragen muss.

Product Recalls – Are you ready?

Dr. Vince Shiers

Last year (2002) a groundbreaking European Commission Regulation was issued which will change the nature of the food industry throughout Europe (and beyond). This paper will provide an introduction to the changing nature of food safety regulations in European and explore what makes a good (or bad) recall plan.

The question to ask yourself now and when you have finished reading this article is – is your company ready?

If you are managing a business in the food industry, you are there for one of several reasons. One of them is probably that you want to have the satisfaction of producing high quality food (or ingredients) for consumers and another is probably that like most good businesses you will want to make money. In addition to high levels of quality, to be successful, a basic requirement is that you have to make sure that your product is safe and legal. This is not straightforward especially if you operate in, source from, or export to, the European Union. In addition to national (and federal) laws there are also European directives, National, International and Trade body standards. Failure to comply with a trade standard could threaten your relationships with your customers. Failure to comply with national or European laws could threaten the existence of your business. On top of all these there is now the above mentioned (and slickly titled) European Commission "Regulation (EC) No 178/2002 laying down the general principles and requirements of food law, establishing the European Food Safety Authority and laying down procedures in matters of food safety." This provides a framework for the establishment of the European Food Safety Authority which is an EU-wide body. The primary responsibility of the Authority will be to provide independent scientific advice on all matters with a direct or indirect impact on food safety. On page 11 of this 24 page regulation, Article 19 states that "If a food business operator considers or has reason to believe that a food ... is not in compliance with the food safety requirements, it shall immediately initiate procedures to withdraw the food from the market ...". This language makes the "trigger" for recalls easier than before and therefore the frequency of recalls is likely to increase substantially.

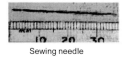
Sewing needle

What would happen then, despite all your efforts and those of your employees in reducing the risks, if one of your products reached the marketplace contaminated?

This contamination may be physical (e.g. glass, plastic, needles or even a lizard – yes it has happened) or chemical (e.g. pesticides, dioxins, illegal antibiotics, or aflatoxins – toxins formed from mould which were can also be used as chemical weapons!) or microbiological (salmonella, listeria, e-coli, or botulinum toxin – which can also used to remove wrinkles from ageing foreheads or even as a biological weapon!)

Salmonella

The contaminant may have got there by accident or your product may have been contaminated deliberately and maliciously – but what do you do next? The absolute primary focus must be on ensuring that the consumer is protected – we believe that if concentrate on that, everything else will fall into place. If you decide not to recall solely on the basis that a recall would cost too much money then your priorities are questionable and you are putting your company and your customers at unacceptable risk. Evidence suggests that what your decision is and how you follow it through can significantly impact on the future of your company. A well handled crisis situation can result in your brand being enhanced. In contrast, a badly handled recall will severely damage your company, possibly for many years – in the most extreme circumstances your business will become the target of hostile takeovers or even be forced into bankruptcy.

Let's take three well known examples from across the world – the first shows how things can get out of control if the crisis is not handled well and the second outlines the consequences if a company is not fully prepared. The final example shows what can happen if a recall is handled well:

1. Benzene in Perrier, 1990, worldwide – this story is so well known but is worth mentioning. The company initially reported that the contamination was limited to an isolated incident and 70 million bottles were recalled from USA and Canada. Then the contamination was found in Europe and a worldwide recall was initiated. The company lost consumer confidence. Five years after the event, sales were 50 percent down on the pre-incident sales figures, and even ten years later the brand had not fully recovered.

2. Snow Brand Milk Products – Japan's largest dairy company. A food safety contamination problem in June 2000 resulted in 14,000 people falling sick with food poisoning. One problem was that the contaminated batch could not be identified in order to limit the recall and so a major recall was initiated of Snow Brand Milk products across Japan. During a 3 month period it is estimated the company lost $91M. Because of the loss in confidence in the brand, sales dropped by $2b and the company, which was founded in 1925, went from making a healthy profit to making a $500M+ loss. Many people lost their jobs, executive salaries were substantially cut and Nestle Japan entered into an alliance with Snow Brand and initiated a restructuring. Less than two years later, Snow Brand Food division (a part of Snow Brand Milk) was involved in a scandal involving falsification of records on imported beef. This resulted in the President resigning and that company going into liquidation.

3. Pepsi Cola Company – contamination of drink cans with syringes, screws and a sewing needle in the early 1990s. It very soon became clear this was a series of hoaxes from consumers who were wanting to get a pay-off from Pepsi. This was well handled by Pepsi who invited news crews into their plants to demonstrate how it was almost impossible to put something in a can without it bring detected. Media managers and consumer specialists were involved and the CEO of Pepsi-Cola North America acted as company spokesman. Even during the crisis over 90 percent of consumers said they thought that Pepsi was acting responsibly and after an initial loss in sales of $25M, the company finished the summer with the highest sales in five years!

The three examples above underline the importance of knowing your systems and being ready. In fact the difference between a good and a bad recall is readiness. The result of an interesting survey was quoted in a recent edition of Forbes magazine – **89 percent of senior executives replying agreed that a crisis was inevitable and 50 percent admitted that they did not have a crisis management**, disruption or recovery plan in place!

In addition, research done by Dr Deborah Pretty, Oxford Metrica has examined the share price of companies which have experienced product recalls.

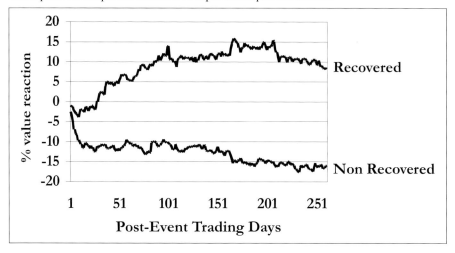

Abbildung 8: Product Recalls

It can be clearly seen that all companies suffer in the first few days, however if the company handles the situation well the company soon recovers. The same cannot be said for a badly handled recall or crisis.

Despite these data some people truly believe that "everything will be ok". An executive must be very brave to operate in this manner. So what should a company do in advance to prepare?

It is important to have a solid, tested and regularly reviewed recall plan, which would normally form part of a crisis plan. The figures quoted above show that many companies do not have a recall plan; of those that do, some will not have looked at it for some time, let alone actually tested it. One example we came across was a plan written by the technical manager of a company. He had left the company 2 years ago and no-one had looked at it since. BUT the company still thought they had a workable recall plan!

There are many components that we would recommend for an effective recall plan but there is insufficient space to cover them all here. In general, the plan must put consumer safety as a priority and it must be workable – it is no good having a generic plan which is not customised to your business. One company we worked for proudly showed us their recall plan and we carried out an assessment to test the effectiveness of their system. All went well until it became clear that the crisis management team's contact details were kept in the personnel (HR) office which was locked between 17:00 and 09:00 and at weekends. Let's hope any crisis will happen during normal working hours!

The plan must also be appropriate and current for your business – if you add a new line in your factory or even if you use a new ingredient you will need to assess whether your recall plan needs revising in much the same way that you would review your HACCP plan and process flow diagram.

Another requirement is to nominate someone within a company to coordinate a recall and be responsible for the process moving forward promptly and effectively. There can be a tendency for some companies to have too great a reliance on one individual (i.e. the quality or technical manager or even the sales manager). For example, the technical manager writes the recall plan, he is also responsible for assessing the risk, finding out which codes are affected, collecting QC data, preparing press releases and recommending to the MD whether to recall – During a recall situation it is important to carry out many of these tasks at the same time so that decisions can be made quickly. It is therefore best to assign these tasks to several people, each of whom have nominated deputies – what would you do if the recall coordinator or another key member of the recall team is on holiday or sick when a recall situation arises?

One of the services that RQA provides is to carry out "Recall Simulations". In this case, we would agree in advance a scenario. For example for a chicken processor the scenario may be that they start receiving a number of complaints from consumers about falling sick after eating the product. The RQA Europe recall specialist would then visit the company to observe and if required, facilitate the recall management team. The team would need to collect information including the quality manager would need to collect test results from microbiology lab, the sales manager may get his team to identify which batch codes were consumed by consumers who fell sick, once that was done, the factory/shift manager would need to tie up the production log with any contaminated batch codes, the marketing manager would be finalising a statement for possible press release. Once all this information has been collated, it would be presented to the executive/decision team. They would assess the information and decide if a recall is required and if so, the extent of the recall and how it will be done and who will inform the retailers, consumers, press and regulatory authorities. All this needs to be complete within a matter of hours, possibly as little as 2 hours. During the "simulation" we may introduce an escalation. For example, after one hour of deliberation and action, our recall consultant would say to the recall team that further information has been provided e.g. there has been a fatality or that someone has admitted contaminating the product as a malicious threat. This gives the company more things to think about – e.g. perhaps the contamination is not limited to the batch codes originally identified as suspect. Also at this stage, the health authorities, police and possibly private investigation specialists may be brought in.

At the end of these exercises, there would be a review of how things went well and how things could be improved. In the case of a real recall, once it is complete it is good practice to prepare a closing report, to identify corrective actions and also estimate the full costs of the recall – these can be very high and can be exceed €5M.

RQA recommends that each company should carry out a recall simulation twice per year. If you manage a food company, when was the last time you tested your recall procedure? Are you ready?

Krisenmanagement im Ernstfall – Nutzen und Wirkung von Rückholsystemen

Anselm Elles

Die Krisen im Lebensmittelhandel und -industrie haben nicht erst seit BSE und MKS zu einer erhöhten Sensibilisierung bei Verbrauchern und Lebensmittelhandel geführt. Sowohl die gesetzlichen Rahmenbedingungen, hier zuletzt die EU-Verordnung 178/2002 als auch Initiativen seitens des Handels, wie z.B. Global Food Safety Initiative, Eurep-Gap oder International Food Standard haben das Augenmerk auf die Produktqualität, ihre Einhaltung und Traceability gelenkt. Dies hat nicht nur dazu geführt, dass die Hersteller und Inverkehrbringer von Lebensmitteln stetig steigenden Qualitätsanforderungen gegenüberstehen, sondern auch restriktive gesetzliche Regelungen in der EU und im internationalen Handel die Norm sind.

In § 1 des *Gesetzes zur Haftung für fehlerhafte Produkte* (Produkthaftungsgesetz – ProdHaftG) heißt es daher unter der Überschrift „Haftung" wie folgt:

> *„Wird durch den Fehler eines Produktes jemand getötet, sein Körper oder seine Gesundheit verletzt oder eine Sache beschädigt, so ist der Hersteller des Produkts verpflichtet, dem Geschädigten den daraus entstehenden Schaden zu ersetzen."*

Auch wenn diese weitreichende und folgenschwere Haftung des Herstellers in Europa bisher keinesfalls im Zusammenhang mit vergleichbaren Präzedenzfällen US-amerikanischer Urteile zu sehen ist, so hat die jüngste Vergangenheit bewiesen, dass es sich bei den im Gesetz geforderten Ersatzansprüchen um eklatante Summen handelt, zu denen auch nicht bezifferbare Imageverluste gerechnet werden müssen.

Internationale Vergleiche ergaben, dass Rückrufaktionen in der Ernährungsindustrie

- durchschnittlich ca. 540.000 $ kosten und
- Schäden von ca. 10.000 $ bis zu 7. Mio. $ verursachen können.

In der Produktions- und Beratungspraxis hat sich daher die Implementierung von ***Krisenmanagement-*** und ***Rückholsystemen*** durchgesetzt. Derartige Systeme, die überwiegend auf den in der Praxis etablierten Qualitätssicherungs- oder HACCP-Managementsystemen aufbauen, dienen dazu, das Unternehmen für den Ernstfall vorzubereiten und Schaden von Verbrauchern vorzubeugen.

Neben der Vermeidung von Wiederholungsfällen sowie dem Schutz des Unternehmens gegen finanzielle Ansprüche dienen Rückholsystem ebenfalls

- Verbraucherschutz,
- Unternehmens- und Markenschutz,
- Corporate Standing (bleibt unbeschadet bzw. wird verbessert),
- Vertrauensverhältnis zu zuständigen Behörden,
- Minimierung von Risiko und Haftung,
- störungsfreien Unternehmensverlauf.

Wie wichtig ein gut vorbereitetes Krisenmanagement und die damit verbundene Kommunikation mit Verbrauchern und Behörden ist, haben bereits vor einigen Jahren die im voranstehenden Artikel von Vince Shiers beschriebenen Beispiele international tätiger Unternehmen gezeigt.

Beide Fälle veranschaulichen lehrbuchhaft, dass Krisenmanagement und Rückholsysteme stets folgende Voraussetzungen erfüllen müssen:

- abgestimmter und im Unternehmen implementierter Entscheidungsprozess,
- schneller und effektiver Aktionsplan,
- effektive Ressourcennutzung,
- abgestimmte und zeitnahe Kommunikation,
- unmittelbare Einbindung aller Korrekturmaßnahmen in sämtliche Betriebs- und Produktionsabläufe.

Aufgrund dieser und weiterer, nachfolgend beschriebener Voraussetzungen und Anforderungen an derartige Systeme, lassen sich Rückrufaktionen wie folgt definieren:

- *Rückrufmaßnahmen* sind abgestimmte Unternehmensaktivitäten zur Marktentnahme oder Anpassung von ausgelieferten Produkten, die nach Ansicht der zuständigen Überwachungsbehörden nicht mit gesetzlichen Auflagen oder Regularien übereinstimmen und gegen deren Inverkehrbringer entsprechende rechtliche Schritte eingeleitet werden (Produkthaftung).

Hierzu zählen ausdrücklich nicht Marktentnahmen oder Produktanpassungen am Lager, während allerdings notwendige Anpassungen, z.B. an Verpackungen, die aufgrund von Fehldruck mit nicht ordnungsgemäßen Angaben (wie z.B. Inhaltsstoffe oder Mindesthaltbarkeit) ins Outlet gelangt sind, eindeutig den Rückrufmaßnahmen zugeordnet werden.

Um den erforderlichen Aufwand des rückrufenden Unternehmens sowie die Notwendigkeit der Einbindung Dritter, wie z.B. zuständiger Behörden, zu determinieren, hat sich in der Praxis folgende Kategorisierung durchgesetzt:

- Kategorie I: Schwerwiegende Gesundheitsbeeinträchtigung oder Todesfolge
- Kategorie II: Zeitweilige oder medizinisch reversible negative Gesundheitsbeeinträchtigung oder mögliche schwerwiegende negative Gesundheitsbeeinträchtigung
- Kategorie III: Unwahrscheinliche Gesundheitsbeeinträchtigung

Es ist verständlich, dass sämtliche Fälle der Kategorie I und II außerordentlich ernst zu nehmen sind und jedes funktionsfähige Krisenmanagement- und Rückrufsystem auf diese Eventualfälle vorbereitet sein muss. Der Fall des Backwaren- und Konditorenunternehmens Coppenrath & Wiese hat im Frühjahr 2003 auf eindrucksvolle Weise vorgeführt, dass Krisenfälle stets

- unerwartet,
- zum falschen Zeitpunkt (hier freitags),
- für Unternehmen, zuständige Behörden und Politik unvorbereitet und
- mit erheblicher Aufmerksamkeit der Medien

eintreten. Gleichzeitig gilt für jedes Unternehmen, dass eine Krise so gut bewältigt hat wie es Coppenrath & Wiese gelang, dass, trotz hervorragenden Krisenmanagement, Gegendarstellungen in der Medienberichterstattung, im Gegensatz zur ersten Warnmeldung, stets auf der letzten Seite abgedruckt werden. D.h., ein jedes Unternehmen muss bei Eintritt der Krise bereits das gesamte Szenario sämtlicher möglicher Konsequenzen einschätzen und entsprechend reagieren können. Da dies leichter geplant als umgesetzt ist, haben sich in der Beratungspraxis folgende Leitsätze als realistisch erwiesen:

- Planung und Realisierbarkeit sind die wichtigsten Einflussfaktoren für die Absicherung einer erfolgreichen Rückrufaktion.
- Eine angepasste Rückrufstrategie und ein Organisationsplan gewährleisten koordinierte und erfolgversprechende Aktivitäten und vermeiden reaktive Krisenmaßnahmen.
- Angepasste Managementsysteme beinhalten u.a. Training, Dokumentation, Chargenmanagement und -kontrolle.

Die Notwendigkeit der Berücksichtigung entsprechender Leitsätze rührt daher, dass ein jedes Unternehmen im Krisenfall mit erheblichen inneren und äußeren Zwängen und Irritationen konfrontiert ist. Dies umso mehr, wenn es sich bei dem im Unternehmen implementierten System um ein rein theoretisches, bisher nicht erprobtes Krisenmanagement- und Rückrufsystem handelt.

Die in der Praxis bewährten Systeme verfügen über folgende Mindestbestandteile:

- Rückrufpolicy,
- Rückrufteam,
- Rückrufstrategie,
- Rückrufprozess.

Die Rückrufpolicy beschreibt die Möglichkeiten zur Gewinnung und Überprüfung benötigter Informationen, die eine Rückrufaktion notwendig erscheinen lassen. Entsprechende Informationen lassen sich beispielsweise wie folgt generieren:

- Verbraucher- oder Kundenreklamationen,
- Interne Schadensmeldungen,
- Androhung von Produktmanipulationen und Sabotage,
- Meldungen zuständiger Behörden,
- Informationen von Interessenverbänden.

Eine angepasste Rückrufpolicy beinhaltet die Selbstverpflichtung der Unternehmensleitung für Qualität, Sicherheit und Wirksamkeit der Produkte sowie zum Verbraucherschutz und beschreibt sämtliche Maßnahmen des Chargenmanagements sowie der Kontrollsysteme und -möglichkeiten des Unternehmens. Des Weiteren definiert sie die Verantwortlichkeiten für das Gesamtsystem und die Datenverfügbarkeit und -sicherung.

Damit, wie oben bereits erläutert, das Krisenmanagement- und Rückrufsystem nicht nur als theoretisches Gebilde existiert, sondern auch seine praktische Umsetzbarkeit erprobt ist, schreibt die Rückrufpolicy ebenfalls die Art und Weise sowie die Häufigkeit von Trainingsmaßnahmen und Probeläufen vor. Zur eindeutigen Festlegung der Verantwortlichkeiten im Unternehmen und Dritter beinhaltet die Rückrufpolicy ebenfalls

- Ablaufdiagramme und Checklisten,
- Notfallzentrum:
    - Telefon, Fax und Internet,
    - Medienmonitorring,
- Unterstützungsprozesse durch Dritte:
    - Kommunikation,

- Sicherung und Verwahrung von Produkten,
- Anpassung oder Vernichtung.

Sowohl bei Probeläufen als auch im Krisenfall kommt dem *Rückrufteam* eine erhebliche Bedeutung zu. Daher muss im Rahmen der Rückrufpolicy genau determiniert sein, welches die Mitglieder und Befugnisse des Teams sind. Je nach Unternehmensgröße und den internen Organisationsabläufen konstituiert sich das Team derartig, dass sowohl Entscheidungs- als auch Wissensträger involviert sind.

In der Regel der Fälle hat es sich als sinnvoll erwiesen, das Rückrufteam mit Außenstehenden wie z.B. Rechtsanwälten, Pressekontakten, medizinischen Sachverständigen, Labors- und Analytik sowie Logistikern zu verstärken.

Rückrufstrategien werden entwickelt, um auf alle Besonderheiten im Rahmen einer Rückrufmaßnahme zu reagieren. Je nachdem werden sie:

- vom Unternehmen entwickelt, soweit es sich um eine vom Unternehmen initiierte Rückrufmaßnahme handelt,
- von zuständiger Behörde entwickelt, soweit es sich um eine von dieser initiierte Rückrufmaßnahme handelt.

Vor Implementierung eines Krisenmanagement- und Rückholsystems sollte jedes Unternehmen, unabhängig von den zuständigen Behörden, seine eigene Rückrufstrategie entwickeln und sich diese von den zuständigen Behörden überprüfen und akzeptieren lassen. Eine angepasste Rückrufstrategie

- berücksichtigt die Ergebnisse der Evaluierung von Gesundheitsrisiken,
- ermöglicht die Produktidentifizierung und -lokalisierung,
- gibt Auskunft inwieweit Produktmängel für den Verbraucher und/oder Nutzer erkennbar sind,
- beschreibt die Verfügbarkeit nicht verkaufter/genutzter Produkte im Markt und
- gibt Aufschluss hinsichtlich weiterer Verfügbarkeit der betroffenen Produkte.

Des Weiteren wird Auskunft über den notwendigen Erreichungsgrad sämtlicher Handelsstufen und potentieller Verbraucher sowie über notwendige Maßnahmen zur Benachrichtigung von Medien und wichtigen Bevölkerungsgruppen gegeben.

Der eigentliche **Rückrufprozess**, gliedert sich wie folgt:

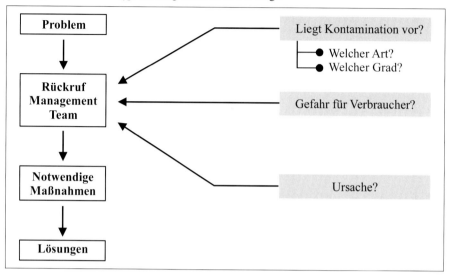

Abbildung 9: Initiierung einer Rückrufaktion

Egal, ob die Rückrufaktion vom Unternehmen oder den zuständigen Behörden eingeleitet wird, hat es sich in der **Informationsphase** als außerordentlich sinnvoll, wenn nicht sogar als notwendig erwiesen, die Behörden über

- Identität des Produkts,
- Gründe für Maßnahmen sowie Daten und Umstände die zur Entdeckung von Produktdefiziten geführt haben,
- Risikoevaluierung,
- gesamte Produktionsmenge und -periode,
- Auslieferungsmengen und Empfänger

zu informieren. Weitere Informationen sind beispielsweise Vertriebsinformationen (Anzahl, Empfänger etc.) sowie Maßnahmen in kommunikativen oder koordinativen Bereichen.

Mit den zuständigen Behörden gilt es ebenfalls ein vorbereitetes Ablaufschema abzustimmen, damit ihrerseits keine „eilfertigen" Aktionen eingeleitet oder notwendige Maßnahmen unterlassen werden.

Während der eigentlichen *Implementierungsphase* geht es dann vornehmlich darum, das betroffene Produkt zu identifizieren, den Zugriff zu gewährleisten, einbezogene Kundenkreise sowie betroffene Bevölkerungsgruppen und Behörden ausreichend über Gefahren und umgesetzte Aktivitäten zu informieren. Erst nach Absprache mit den zuständigen Behörden werden die eingeleiteten Maßnahmen beendet.

Nach Abschluss der Rückrufaktionen erfolgt in der *Berichts- und Evaluierungsphase* die Erstellung eines aussagefähigen Berichtes für die Unternehmensleitung und, soweit erforderlich, für die zuständigen Behörden. Der interne Bericht sollte in jedem Falle Auskunft über

- durchgeführte Maßnahmen,
- genutzte Ressourcen,
- gemachte Erfahrungen,
- Gesamtkosten,
- Haftung,
- Korrektur- und Präventivmaßnahmen

geben.

Auch wenn sich viele Unternehmer die Einführung eines Krisenmanagement- und Rückrufsystems als einen außerordentlich aufwendigen und statischen Vorgang vorstellen, so muss an dieser Stelle angemerkt werden, dass aufgrundlegende Erfahrungen und Instrumente des bereits existierenden Qualitätsmanagement zurückgegriffen werden kann. Des Weiteren kann sowohl die Struktur als auch die Intensität des Systems an jede Unternehmensform und -größe angepasst werden.

Grenzüberschreitendes Qualitätsmanagement in fleischerzeugenden Ketten

Prof. Dr. Brigitte Petersen

Deutsch-niederländisches Netzwerk für verbesserten Verbraucherschutz

Qualitätsmanagement ist ein unentbehrliches Instrument, die komplexen Abläufe einer Produktionskette vom Stall bis zur Theke zu steuern. In der Schweineproduktion besteht eine solche Kette aus so unterschiedlichen Gliedern wie den tierhaltenden landwirtschaftlichen Betrieben, den Schlachthöfen den fleischverarbeitenden Unternehmen und dem Handel.

Unterstützt werden diese Unternehmen durch ein Informations- und Beratungsangebot öffentlicher und privater Organisationen, das lediglich national ausgerichtet ist. Grenzüberschreitenden Produktionsketten kommt dieses Angebot also bislang nicht zugute. Dies bedeutet, dass zwar täglich eine Vielzahl von Ferkeln, Mastschweinen und Fleisch die niederländisch-deutsche Grenze passieren, nicht jedoch die begleitenden Informationen über die Lieferungen, die die Kunden dringend auf der anderen Seite der Grenzen für ihr Qualitätssicherungssystem benötigen. Hierzu zählen u.a. Daten für den Herkunftsnachweis oder aktuelle Gesundheitsdaten im Rahmen des vorbeugenden Verbraucherschutzes, z.B. Ergebnisse eines regelmäßigen Salmonellenmonitorings.

Es fehlt bis heute eine Organisationsstruktur, die einerseits die Kommunikation zwischen Kunden und Lieferanten unterstützt, andererseits die Beratungsunternehmen beiderseits der Grenze verbindet.

Herausforderung für Deutsch-Niederländische Grenzregion

Deshalb hat die Interessengemeinschaft „Grenzüberschreitende Integrierte Qualitätssicherung" GIQS e.V. am 1.3.2002 ihr erstes deutsch-niederländisches Gemeinschaftsprojekt zur Verbesserung und Harmonisierung integrierter kettenübergreifender Qualitäts- und Gesundheitsmanagementsysteme in der Schweineproduktion begonnen. Dem sind gesellschaftspolitischen Forderungen nach

- gesunden Tieren,
- verbessertem Tierschutz,
- wirtschaftlicher Produktion,
- verbesserter Lebensmittelsicherheit und schließlich
- zufriedenen Verbrauchern,

kurz gesagt nach Lebensmitteln hoher Qualität gelten beiderseits der Grenze gleichermaßen.

Als besonders große Herausforderung sehen dies die landwirtschaftlich geprägten Provinzen und Kreise der Grenzregionen zwischen den Niederlanden, Nordrhein-Westfalen und Niedersachsen an. Denn in den Euregioregionen Rhein-Waal und Gronau liegt eines der wichtigsten Zentren der Schweinefleischerzeugung in Europa.

Hier werden mehr als 16 Millionen Schweine in ca. 30.000 Betrieben gehalten. Fast 80 klein- und mittelständische Unternehmen in dieser Region haben sich auf das Schlachten und Verarbeiten von Schweinefleisch spezialisiert. Lange Zeit wurden überbetriebliche, grenzüberschreitende Innovationen im Bereich des Qualitäts- und Gesundheitsmanagements verschoben oder vermieden.

Grund: Klein- und mittelständische Unternehmen der Agrar- und Ernährungswirtschaft der Euregioregionen wären alleine nicht in der Lage, den notwendigen Abstimmungsaufwand untereinander zu erbringen.

Der im vorigen Jahr gegründete Trägerverein GIQS konnte den öffentlichen Geldgebern verdeutlichen, dass sich wichtige Aufgaben im Verbraucherschutz wie lückenlose Herkunftssicherung, die Einführung von wirksamen HACCP-Konzepten oder von Salmonellenprogrammen nicht im Alleingang einzelner Stufen oder einzelner Länder, sondern nur gemeinsam lösen lassen.

So hat ein deutsch-niederländisches Expertenteam die Initiative ergriffen, gemeinsam ein grenzüberschreitendes Forschungs- und Entwicklungsprojekt durchzuführen. Dieses erste GIQS Projekt ist das erste deutsch-niederländische Gemeinschaftsprojekt im Bereich Landwirtschaft, dass vom EU-INTERREG IIIa Programm der Euregio Rhein Waal, dem niederländischen Landwirtschaftsministerium, dem niederländischen Wirtschaftsministerium, sowie den Wirtschaftsministerien der Landesregierungen von Nordrhein Westfalen und Niedersachsen kofinanziert wird. Gelingt die grenzübergreifende Zusammenarbeit, leisten unternehmensübergreifende, eigenverantwortliche Gesundheitsmanagement-Systeme einen substanziellen Beitrag zur schrittweisen Harmonisierung und Verbesserung von Qualitätsmanagement-Systemen und letztlich zu verbessertem Verbraucherschutz.

Harmonisierung und Verbesserung bestehender Systeme

Durch dieses 36-monatige Vorhaben wird ein grenzüberschreitendes Netzwerk aufgebaut, das einen produktionsbegleitenden Informationsaustausch zwischen deutschen und niederländischen Teilnehmern an Qualitäts- und Gesundheitsmanagementsystemen in der Schweineproduktion ermöglicht.

Deutsch-niederländisches Know-how der Universitäten Bonn, Wageningen und Utrecht, der Tierärztlichen Hochschule Hannover, deutscher und niederländischer Landwirtschaftskammern und anderer Organisationen und Firmen wird gebündelt, um in den Euregioregionen Rhein-Waal und Gronau ein umfassendes Beratungsangebot für Unternehmen fleischerzeugender Ketten zu schaffen.

Vier Arbeitsgruppen mit deutschem und niederländischem Expertenwissen wurden im Bereich Schlachttier- und Fleischuntersuchung, Bestandsbetreuung, Systementwicklung und Programm-Management gebildet. Diese Arbeitsgruppen erarbeiten Konzepte und Produkte, für zunächst drei Pilotketten, die diese Ergebnisse in ihren Organisationen anwenden.

Schwerpunkt der Arbeit in den Pilotketten wird die Testung und Einführung geeigneter Identifikations- und Rückverfolgbarkeits-Systeme und Prüfstrategien sein. So kann ein Austausch der wichtigsten Vor- und Rückinformationen zwischen den einzelnen Stufen der Ketten und dem Netzwerk der Teamberatung ermöglicht werden.

Das GIQS Portal

Kern des Projektes ist der Aufbau des internetbasierten GIQS Portals bestehend aus einem operativen „GIQS backbone[1]", und dem methodischen „GIQS Leitfaden".

Abbildung 10: GIQS-Portal

---

[1] Engl. für Rückgrat – hier als EDV-Stütze der Erzeugerketten entlang des Produktionsprozesses.

Im „**GIQS backbone**" werden vorhandene Software und Datenbankangebote für Qualitäts- und Gesundheitsmanagement integriert. Er wird mit einem abgestimmten Informationsangebot für Landwirte, Tierärzte, Schlachthöfe und Beratungsorganisationen zugänglich sein und dazu beitragen,

- dass die Informationen über Schweine bei grenzüberschreitendem Handel an den Grenzen nicht mehr verloren gehen,
- dass Landwirte, Tierärzte, Berater und Schlachthöfe die Qualität der Produkte besser planen, kontrollieren und sichern können,
- dass sich unternehmensübergreifende, eigenverantwortliche Qualitäts- und Gesundheitsmanagementsysteme schneller in der Grenzregion etablieren können,
- dass Methoden und Instrumente des Qualitätsmanagements, wie Risiko- und Schwachstellenanalyse sowie Verbesserungsmanagement, die sich bereits in anderen Branchen (z.B. Automobilindustrie) bewährt haben, auch in der Fleischproduktion eingeführt werden,
- dass Lösungswege präsentiert werden, wie sich gemeinsame Qualitätsstandards in der Praxis umsetzen lassen,
- dass durch einen produktbegleitenden Informationsaustausch zwischen Kunden und Lieferanten wichtige Informationen mitgeliefert, aber auch wieder an den Lieferanten zurückgemeldet werden.

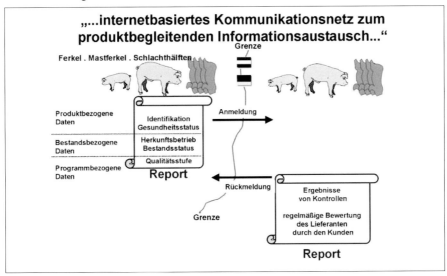

Abbildung 11: Internetbasiertes Kommunikationsnetz

Der „**GIQS Leitfaden**" bündelt die Ideen und Erfahrungen aus den Arbeitsgruppen und Pilotketten und stellt neben einer Analyse der bestehenden Systeme in Deutschland und den Niederlanden ein umfassendes praktikables Konzept für die Einführung und Verbesserung von überbetrieblichen Gesundheits- und Qualitätsmanagementsystemen in der Schweineproduktion dar.

Hierzu gehören:

- Harmonisierte Standards, um kettenübergreifend und grenzüberschreitend Handel von Qualitätsfleisch zwischen Erzeugern, Schlachtbetrieben und Handelsunternehmen zu vereinfachen und somit deren Marktposition zu verbessern.

- Harmonisierte und verbesserte Konzepte für Beratungssysteme durch die vom „GIQS backbone" unterstützte überbetriebliche Kommunikations-, Datenverarbeitungs- und Analysemöglichkeiten. Damit wird sowohl Landwirten als auch Dienstleistungsunternehmen (Tierärzten, Gesundheitsdiensten, Laboren und vielen anderen) dabei geholfen, grenzüberschreitend zu kooperieren und ihren Service anzubieten.

Als Endprodukt des Projektes steht das „GIQS Portal". Hierüber wird ein kettenübergreifendes Dienstleistungsangebot für interessierte fleischerzeugende Ketten in Deutschland und den Niederlanden angeboten. Es soll zugänglich sein für alle, die ein *überbetriebliches* kettenorientiertes Gesundheits- und Qualitätsmanagementsystem einführen oder ein vorhandenes System verbessern wollen.

Neben dem GIQS-Leitfaden entsteht über das GIQS Portal ein grenzüberschreitendes Kommunikationsnetz zwischen Lieferanten und Kunden, Produzenten und Dienstleistern, das diesen Leitfaden über den „GIQS backbone" anwendet.

Durch die Institutionalisierung der Projektarbeitsgruppen innerhalb des Vereines GIQS resultiert ein weiteres Kommunikationsnetz von Forschern, Dienstleistungsunternehmen, Produzenten und Verwaltung, offen für alle, die an der Weiterentwicklung und europaweiten Harmonisierung von betriebsübergreifendem Qualitätsmanagement in der Lebensmittelproduktion interessiert sind.

2 Marketing: Neue Herausforderungen und alte Weisheiten

Strategieoptionen für den Mittelstand in der Ernährungsbranche
Dr. Hans-Joachim Leyrer

Jeden Tag wird in der Fachpresse über neue Fusionen berichtet. Die Konzentrationswelle in der deutschen Wirtschaft wie auch grenzüberschreitend hält an.

Dies täuscht darüber hinweg, dass die deutsche Wirtschaft nach wie vor durch den Mittelstand geprägt ist. Auch die wirtschaftliche Dynamik – gemessen an der Schaffung neuer Arbeitsplätze – fand ausschließlich im Mittelstand stand.

Das was für die Gesamtwirtschaft gesagt wurde, trifft auch für die Ernährungswirtschaft zu, ja hier ist der Anteil mittelständischer Unternehmen – wie die Durchschnittswerte für Anzahl der Beschäftigten und Jahresumsatz zeigen – sogar noch ausgeprägter:

	Anzahl der Betriebe	∅ Anzahl Beschäftigte	∅ Umsatz Mio €
1980	4.712	99,3	14,3
1990	4.514	102,3	20,7
2000	5.054	92,4	20,8

Übersicht 1: Die Struktur des Ernährungsgewerbes (früheres Bundesgebiet und Betriebe mit mindestens 20 Beschäftigten)

Um den Dingen gerecht zu werden, müssen die Gesamtzahlen jedoch differenziert betrachtet werden. Die Gründung neuer Unternehmen und der Zuwachs an Beschäftigten finden in erster Linie im Dienstleistungsbereich statt. Dienstleistung heißt, flexibel und individuell auf die Wünsche der Kunden zu reagieren. Wer wäre hier besser gerüstet als kleinere Unternehmen, in denen die Entscheidungsträger sehr nahe am Kunden arbeiten und bei denen die Entscheidungswege schnell und unkompliziert sind?

Klammert man die Außer-Haus-Verpflegung aus, liegen die Dinge in der Ernährungswirtschaft anders. Hier geht es weniger um Dienstleistungen im Sinne von Service-Leistungen. Es dominiert das Warengeschäft, die damit verbundenen Dienstleistungen werden als selbstverständlich angesehen. Wo es aber um Produktion von oder Handel mit Waren geht, ist in erster Linie Masse gefragt. In der Produktion lassen sich nur im Rahmen einer Massenproduktion die erforderlichen economies of scale realisieren, im Handel (Großhandel wie Einzelhandel) sind die Einkaufskonditionen direkt vom Einkaufsvolumen abhängig – small is out. Letzteres wird besonders deutlich im deutschen Lebensmittelhandel, der inzwischen soweit konzentriert ist, dass 10 Einkaufszentralen rd. 85 Prozent des gesamten Einkaufsvolumens auf sich vereinigen. Und die nächste Konzentrationswelle auf europäischer Ebene ist bereits eingeläutet. Aber auch im Fachgroßhandel mit Frischeprodukten, der noch stark durch mittelständische Strukturen gekennzeichnet ist (Obst und Gemüse, Fleisch, Molkereiprodukte, Fisch, TK-Produkte), sind starke Konzentrationstendenzen festzustellen. Dort dominieren allerdings nicht Fusionen, sondern Kooperationen in Form von Einkaufsverbünden. Für die Anbieterseite macht dies keinen Unterschied: Sie sieht sich immer mächtiger werdenden Einkaufsstellen gegenüber, die Anzahl möglicher Geschäftspartner sinkt, die Abhängigkeit von wenigen Partnern steigt und damit die Erpressbarkeit. Die Konsequenz ist die auf allen Stufen der Ernährungswirtschaft völlig unzureichende durchschnittliche Gewinnmarge.

Welche Strategien sind für ein Unternehmen der produzierenden Ernährungswirtschaft denkbar?

Strategie Kostenführerschaft

Auch in Zukunft wird das Marktsegment der qualitativ guten Standardware die größte Bedeutung haben. Im Zuge der Lebensmittelskandale wird es zwar zu einer Anhebung des Qualitätsniveaus kommen, mit der Konsequenz, dass ehedem bessere Qualitäten zum neuen Standard werden.

Wer in diesem Marktsegment die großen Einkaufszentralen beliefern will, hat nur eine Chance: Runter mit den Kosten! Dies bedeutet höchste Produktivität (neueste Technologie und effiziente Betriebsorganisation), große Mengen und konzentrierte Produktpalette zur Vermeidung von hohen Komplexitätskosten.

Diese Strategie ist in erster Linie für die größeren der mittelständischen Unternehmen angebracht, da sie eine beträchtliche Kapitalkraft und eine entsprechende Infrastruktur verlangt.

Strategie Nischenpolitik

Viele Unternehmen der Ernährungsindustrie träumen davon, eine Nische zu finden, die ihnen ausreichende Erträge sichert und die sie aufgrund einer herausragenden Unique-Selling-Proposition (USP) weniger austauschbar macht. Die Nische kann dabei sowohl in den Produkten selbst begründet sein oder aber im Absatzweg.

Es gibt viele Beispiele, die zeigen, dass es auch relativ kleine Unternehmen schaffen können, sich mit Spezialprodukten im Markt zu behaupten. Die Herstellung solcher Produkte – oft aus dem Randsortiment – ist für größere Unternehmen mit ihrer anderen Kostenstruktur oft unrentabel.

Das Problem einer Nischenstrategie liegt oft darin, dass die Produktpalette ausufert, dass die Komplexitätskosten nicht richtig erfasst werden und dass somit Verlustbringer mitgeschleppt werden. Dies mag in bestimmten Fällen gerechtfertigt sein, weil man sein Image als Spezialist nicht aufs Spiel setzen möchte, alles hat jedoch seine Grenzen. Oft hat man den Eindruck, dass gerade kleinere Unternehmen viel zu lange an Verlustbringern festhalten. In dem sehr harten Wettbewerb und im Kampf um jeden EURO Umsatz fällt es sehr schwer, auf einzelne Produkte – solange sie noch einen gewissen Deckungsbeitrag bringen – zu verzichten. Mittel- und langfristig ist dies gefährlich. In unserer Beratungspraxis haben wir solche langjährigen Verlustbringer eigentlich in jedem Unternehmen gefunden, überwiegend weil der Mut fehlt, den notwendigen Schnitt zu machen. Weniger ist oft viel mehr!

Neben der produktbezogenen Nische findet man in der Ernährungswirtschaft vor allem die Nischenpolitik in Bezug auf den Absatzweg. Hierbei bietet sich insbesondere das Marktsegment der Großverbraucher an (Gastronomie, Kantinen, Anstalten, Caterer), die unter Einschaltung des Großhandels oder aber direkt beliefert werden. Wie bereits erwähnt, gibt es zwar auch in diesem Sektor Konzentrationstendenzen, indem sich der Großhandel zu Einkaufsverbünden zusammenschließt. Diese haben jedoch nicht die Größe und damit nicht die Einkaufsmacht der Zentralen des LEH.

Im GV-Sektor hat der Großhandel – im Vergleich zu nahezu allen anderen Sektoren – seine Bedeutung nicht nur behaupten, sondern sogar ausbauen können. Innerhalb des insgesamt dynamischen Marktes haben die C&C-Betriebe ihren Umsatz von 1992 bis 2001 nur von 10,7 auf 12,3 Mrd. Euro steigern können (der Marktanteil der Metro liet bei rd. 52 Prozent, der von REWE bei rund 16 Prozent). Demgegenüber hat der überwiegend mittelständisch geprägte GV-Zustellgroßhandel im gleichen Zeitraum seine Umsätze von 2,15 auf 4,14 Mrd. Euro erhöht (Quelle: Eurodata). Ähnliches gilt für den Fachgroßhandel mit Frischeprodukten. Ganz offensichtlich „verlangen die GV-Kunden, besonders diejenigen, die per Zustellung bedient werden, kundenindividuelle Betreuung und im Bedarfsfall ein Höchstmaß an Flexibilität bei der Belieferung" (M+M).

Die Nischenstrategie wird auch in Zukunft eine wichtige Alternative darstellen. Es wird immer Spezialprodukte geben und es wird immer Absatzwege abseits des hoch konzentrierten LEH geben. Die Nischenstrategie eignet sich speziell für kleinere Unternehmen. Die große Kunst besteht in der betriebswirtschaftlich unterlegten Bestimmung der eigenen Position und in der konsequenten Umsetzung der Strategie. Dies erfordert in aller Regel auch eine Selbstbeschränkung. Es wäre nicht das erste Mal, dass ein Unternehmen mit unzureichenden finanziellen, infrastrukturellen und personellen Mitteln eine

Wachstumsstrategie anstrebt, die – ohne sich darüber bewusst zu sein – aus der Nische führt und sich dabei eine blutige Nase holt.

Innovationsstrategie

Die Lebenszyklen von Produkten werden immer kürzer. Man schätzt, dass heute die durchschnittliche Lebensdauer eines Produktes im Ernährungsbereich nur wenige Jahre beträgt. Das heißt, jedes Unternehmen ist gezwungen, kontinuierlich nach Innovationen zu streben, wenn es nicht nur me too-Produkte herstellen will. Es gibt solche Unternehmen, die durch eine besonders intensive Innovationskraft gekennzeichnet sind, auch im Mittelstand. Kunden- und Marktnähe, eine leistungsfähige Entwicklungsabteilung und eine entsprechende Firmenkultur sind die Voraussetzungen dafür.

Einem innovativen Unternehmen gelingt es, den Pioniergewinn mitzunehmen. Bei erfolgreichen Produkten dauert es allerdings nicht lange, bis die Nachahmer aufspringen. Es kommt vor, dass Einkäufer die Produktinnovation einem Wettbewerber übergeben, mit der Aufforderung, ein vergleichbares Produkt zu entwickeln, um eine Alternative im Wareneinkauf zu haben.

Ein weiterer Vorteil der Innovationskraft besteht darin, dass nur auf diese Weise Preiserhöhungen zu realisieren sind. Alle Erfahrung lehrt, dass die höchsten Preise eines Produktes am Anfang seines Lebenszyklus zu erzielen sind. Unabhängig von Rohstoffpreiserhöhungen sind im LEH de facto keine Preiserhöhungen durchzusetzen.

Es soll nicht verkannt werden, dass die innovationsstärksten Unternehmen bei den großen Markenartikelfirmen zu finden sind, die über entsprechende Ressourcen verfügen und die auch die Mittel für die aufwendige Markteinführung haben.

Insofern muss akzeptiert werden, dass die Innovationsstrategie für mittelständische Unternehmen nur bedingt verfolgt werden kann.

Strategie Marktführerschaft

Diese Feststellung gilt in noch stärkerem Umfang für die Strategie der Marktführerschaft. Diese Strategie erfordert enorme finanzielle Aufwendungen für das Marketing. Für die Einführung eines Markenartikels auf nationalem Niveau rechnet man heute mit ungefähr 10 Mio EURO, was nur – auch unter Beachtung des Risikos im Falle eines Fehlschlags – von großen und finanzstarken Unternehmen getragen werden kann.

Hinzu kommt der eindeutige Trend im LEH, starke Handelsmarken-Programme zu etablieren, um sich im Wettbewerb zu unterscheiden und aus dem Preisvergleich herauszukommen. Dem Wunsch des LEH, Handelsmarken zu produzieren, kann sich heute kaum ein Hersteller entziehen, mit der Konsequenz, dass die Mengen für die Herstellermarken zurückgehen, mit der weiteren Konsequenz, dass es immer lermarken zurückgehen, mit der weiteren Konsequenz, dass es immer schwieriger wird, über entsprechende Stückzahlen jenes Geld zu verdienen, welches für die hohen Marketingaufwendungen erforderlich ist.

Alles in allem führt dies zu der Feststellung, dass nur sehr wenige mittelständische Unternehmen die Strategie der Marktführerschaft verfolgen können.

Fazit: Die deutsche Ernährungswirtschaft ist nach wie vor mittelständisch geprägt. Dies gilt für die Produktionsstufe, für das Handwerk, für den Fachgroßhandel und für den (relativ unbedeutend gewordenen) Facheinzelhandel. Abweichend dazu ist vor allem der LEH hoch konzentriert. Unzweifelhaft werden die Konzentrationstendenzen weiter anhalten.

Dennoch wird es für mittelständische Unternehmen auch zukünftig Marktchancen geben. Voraussetzung dazu ist, dass man sich ohne Schönfärberei und Wunschdenken über die eigene Position und über die eigenen Mittel und Möglichkeiten klar wird. Dies ist die Basis für die zu beschreitende Strategie. Für die größeren Betriebe wird dies die Kostenführerschaft sein können, für kleinere kommt eigentlich nur die Nischenstrategie infrage. Die Innovationsstrategie bzw. die Strategie der Marktführerschaft ist eher ein Weg für große Unternehmen, die über entsprechende finanzielle und personelle Ressourcen verfügen und einen möglichen Fehlschlag verkraften können.

Entwicklungschancen des regionalen Gemeinschaftsmarketings

Dr. Christoph Kliebisch, Hermann Wanner

Das Beispiel Herkunfts- und Qualitätszeichen Baden-Württemberg

Diverse Verbraucherumfragen belegen es immer wieder: Regional erzeugte Agrarprodukte und Lebensmittel rangieren in der Verbrauchergunst ganz vorne. Privatwirtschaftliche Unternehmen und staatliche Institutionen haben sich diesen Trend bereits früh zunutze gemacht und Markenprogramme mit regionalem Bezug entwickelt. Im Bereich des Gemeinschaftsmarketings für Agrarprodukte und Lebensmittel haben sich verschiedene Herkunfts- und Qualitätszeichen-Programme etabliert, die von staatlichen Institutionen wie Landwirtschaftsministerien und Landwirtschaftskammern in Zusammenarbeit mit den jeweiligen Berufsverbänden ins Leben gerufen wurden.

Zu den bekanntesten Signets des regionalen Gemeinschaftsmarketings gehört das „Herkunfts- und Qualitätszeichen für Agrarprodukte aus Baden-Württemberg" (HQZ). Mit dem HQZ-Programm unterstützt das Land Absatz- und Marktchancen von Produkten aus kontrollierter regionaler Erzeugung. Dabei steht das HQZ in 30 Produktbereichen des Agrar- und Nahrungsmittelsektors einerseits für die garantierte **Herkunft** Baden-Württembergs und andererseits je nach Produkt für eine definierte und gesicherte **Qualität** aus umweltbewusster integrierter und kontrollierter Pflanzenproduktion bzw. aus kontrollierter Tierhaltung verbunden mit einem marktstufenübergreifenden Kontrollsystem von der Primärproduktion bis in die Ladentheke.

Von den zahlreichen Parametern, die das HQZ-Programm in seiner inhaltlichen Ausgestaltung und Entwicklung seit dem Einführungsjahr 1989 geformt haben, stehen die Verbraucherwünsche sicherlich an erster Stelle. Mit Hilfe von Marktforschungsstudien werden regelmäßig die Einstellungen und Erwartungen der Konsumenten gegenüber dem Herkunfts- und Qualitätszeichen erfasst und in Form von konzeptionellen Änderungen in das HQZ-Programm eingebunden (Abbildung 13).

Abbildung 12: HQZ-Imageanalyse in Bezug auf Fleisch

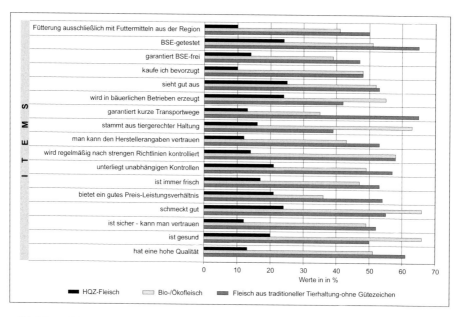

Abbildung 13: Einstellungen und Erwartungen der Konsumenten gegenüber dem Herkunfts- und Qualitätszeichen (Quelle: Eigene Darstellung in Anlehnung an ICON Brand Navigation AG, 2001)

Im Zuge der wiederholt durchgeführten Untersuchungen hat sich gezeigt, dass neben der Herkunft und verschiedenen produktgruppenspezifischen Qualitätseigenschaften dem Sicherheits- und Vertrauensaspekt eine steigende Bedeutung seitens der Verbraucher beigemessen wird. Um den Ansprüchen der Konsumenten auch in Zukunft gerecht zu werden, hat sich der Zeichenträger zu dem Schritt entschlossen, das HQZ-Konzept in Zusammenarbeit mit den Lizenznehmern und Zeichennutzern einer gründlichen Überprüfung zu unterziehen.

Die notwendige und von der Aufgabenstellung des Gemeinschaftsmarketings sinnvolle Konsequenz ist eine Konsolidierung und Weiterentwicklung des HQZ-Programms. Dazu werden in den nachfolgenden Ausführungen Änderungen der programmspezifischen Eckdaten unterbreitet und diskutiert. Einige dieser Anpassungen sind bereits vollzogen, andere sind noch in der Diskussion, da der kooperative Ansatz des Herkunfts- und Qualitätszeichens häufig für die Abstimmung mehr Zeit erfordert als es aus Sicht der schnellen Marktreaktion wünschenswert wäre.

Zunächst ist eine deskriptive Darstellung des derzeit bestehenden Herkunfts- und Qualitätszeichenprogramms erforderlich, auf der die weiterführenden Darstellungen aufbauen. Die Chancen für bestehende und potenzielle Programmteilnehmer ermöglichen einen Blick in die unmittelbare Zukunft des Herkunfts- und Qualitätszeichen.

Das System HQZ – State of the art

Die gesetzlichen Grundlagen des 1989 vom Ministerium Ernährung und Ländlicher Raum Baden-Württemberg (MLR) implementierten Herkunfts- und Qualitätszeichens wurden bereits im Jahre 1972 durch das Landwirtschafts- und Landeskulturgesetz (LLG) gelegt. Die Koordination und Entwicklung von kommunikationspolitischen Maßnahmen für das HQZ obliegt dem Zuständigkeitsbereich der 1994 gegründeten Marketing- und Absatzförderungsgesellschaft für Agrar- und Forstprodukte aus Baden-Württemberg mbH (MBW). Ergänzt werden die Marketingaktivitäten durch die Erstellung und Pflege eines produktbereichsspezifischen Kontrollsystems seitens der nach DIN EN 45011 akkreditierten Kontrollstelle ‚Qualitätssicherung' der MBW.

Der Hauptgesellschafter der MBW, das Land Baden-Württemberg, vertreten durch das MLR, ist zugleich der *Zeichenträger (ZT)* für das HQZ. Über Lizenzverträge werden die Verbände sowie die berufsständischen Organisationen als *Lizenznehmer (LN)* in das HQZ-Programm eingebunden. Sie werden dadurch legitimiert, Verarbeitern oder Endanbietern, so genannte *Zeichennutzer (ZN)*, das Recht der Zeichenverwendung zu übertragen. Die 38 Lizenznehmer (Stand Dezember 2001) sind für die ordnungsgemäße Zeichennutzung verantwortlich. Eine programmspezifische Kontrollsystematik unterstützt sie bei ihrer Aufsichtspflicht. Die Zeichennutzer erhalten durch den Abschluss von Zeichennutzungsverträgen (bisher 1691 Verträge, Stand Dezember 2001) mit den Lizenznehmern das Recht, das Herkunfts- und Qualitätszeichen Baden-Württemberg zu führen. Dieser Kontrakt ermöglicht ihnen dabei die werbliche Herausstellung ihrer Produkte mit dem HQZ-Signet. Auf der Stufe der Primärproduktion verpflichten sich die etwa 17.500 landwirtschaftlichen Erzeuger über so genannte Erzeugererklärungen zur Einhaltung der dem HQZ zugrunde liegenden Produktions- und Kontrollrichtlinien. Die Erklärungen werden einmal jährlich gegenüber den Lizenznehmern abgegeben.

Die Überwachung der produktspezifischen Anforderungen zum HQZ, für deren Einhaltung die Lizenznehmer verantwortlich sind, erfolgt über ein *mehrstufiges Kontrollkonzept*:

- *Eigenkontrolle* der Erzeuger und Zeichennutzer über entsprechende Aufzeichnungs- und Nachweispflicht.
- Kontrolle der *Erzeuger* und *Zeichennutzer* durch die Lizenznehmer oder eine von ihnen beauftragte Kontrollorganisation (z.B. Die Kontrollstelle ‚Qualitätssicherung' der MBW). Geprüft wird die Einhaltung der vertraglichen Pflichten.

- Kontrolle der **Lizenznehmer** im Auftrag des Zeichenträgers (MLR) durch die akkreditierte Kontrollstelle der ‚Qualitätssicherung' der MBW. Die vertragliche Gestaltung sowie die Umsetzung der Kontrollverpflichtung durch die LN wird geprüft. Die Kontrollstelle ‚Qualitätssicherung' der MBW berichtet direkt an das MLR bzw. an den Qualitätsbeirat, der mindestens einmal jährlich tagt.
- Kontrolle der ordnungsgemäßen Durchführung der LN-Kontrollen seitens der MBW durch das *Regierungspräsidium Stuttgart*.
- Ergänzende Kontrollen am POS über die *Zeichenverwendungskontrolle* im LEH, auf Wochenmärkten sowie in Betrieben des Ernährungshandwerks im Auftrag des MLR durch die Kontrollstelle ‚Qualitätssicherung' der MBW.

Die Umsetzung und Einhaltung der Aufgaben der LN im Rahmen der HQZ-Programmatik werden durch den ZT bzw. von ihm beauftragte Einrichtungen kontrolliert. Bis einschließlich 1995 hatten die Regierungspräsidien (RPs) diese Aufgabe übernommen. 1996 wurden die Kontrollen durch die RPs und die MBW durchgeführt. Seit 1997 ist die MBW mit den LN-Kontrollen betraut.

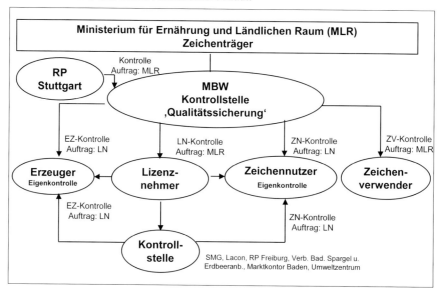

Abbildung 14: Bisheriges Kontrollsystem der MBW (Quelle: AFC Consultants International, 2002)

Der Zeichenträger des HQZ gewährt den LN über einen Lizenzvertrag das Recht der Zeichennutzung durch Dritte. In diesem Rahmen ist die Einhaltung der Bestimmungen des HQZ regelmäßig zu kontrollieren. Die Kontrollen können bisher von den LN selbst durchgeführt werden. Darüber hinaus steht es den LN frei, eine neutrale Kontrollstelle mit der Durchführung der Kontrollen zu beauftragen. Zum Teil hat die MBW mit ihrer akkreditierten Kontrollstelle diese Aufgabe übernommen. Nach Beauftragung zur ZN-Kontrolle durch die LN ist die MBW, Kontrollstelle ‚Qualitätssicherung' für die Abwicklung der Kontrolle verantwortlich. Geprüft wird, ob die Vorgaben aus dem Zeichennutzungsvertrag samt Anlagen im Betrieb erfüllt sind. Im Falle von Beanstandungen ist der LN bzw. der ZT für eine eventuelle Sanktionierung verantwortlich.

Die beteiligten Erzeuger müssen dem jeweils zuständigen LN jährlich eine Erklärung abgeben (Erzeugererklärung), in der sie versichern, dass die Anforderungen des HQZ eingehalten werden. Erfolgt keine gesonderte Anweisung durch den LN, wird der Betrieb automatisch wieder bei der jährlichen Kontrollroutine berücksichtigt. Die Häufigkeit der EZ-Kontrollen variiert je nach Produktbereich (derzeit im Bereich Frischfleisch einmal jährlich). Werden bei den Kontrollen Verstöße festgestellt, so sind die LN verpflichtet, für deren Abstellung zu sorgen und diese je nach Schwere zu sanktionieren. Die Sanktionierung erfolgt demzufolge bisher in Eigenverantwortung der LN.

Die Weiterentwicklung des HQZ-Programms

Neben der Neuausrichtung einzelner spezifischer Programmkriterien im pflanzlichen und tierischen Bereich sind es vor allem die tragenden Säulen des Systems, die einer Weiterentwicklung bedürfen:

1. das **Kontrollkonzept** unter Berücksichtigung aller Programmteilnehmer,

2. die Regelungen zur Ahndung von Verstößen im Rahmen einer **Sanktionsspezifikation** sowie

3. die Konsistenz der **Informations- und Berichtswege**.

Zu 1. Vor dem Hintergrund der aktuellen Veränderungen im Lebensmittelsektor scheint die Konsolidierung des bestehenden HQZ-Kontrollkonzepts geboten. Primäres Ziel einer Novellierung des Systems sollte es daher sein, die Programmbeteiligten wieder stärker einzubinden. Denn letztlich hängt der zukünftige Erfolg des Herkunfts- und Qualitätszeichens in erster Linie vom Involvement aller Beteiligten ab. Zu diesem Zweck wird die Stärkung der Eigenverantwortung durch die Intensivierung der Eigenkontrollsystematik aller Marktstufen in Form eines Monitoring angestrebt. Darüber hinaus besteht die Notwendigkeit, die Lizenznehmer von ihren unmittelbaren Kontrollverpflichtungen gegenüber abhängigen Programmteilnehmern (EZ/ZN) zu entbinden, um damit die Konsistenz und Glaubwürdigkeit des Kontrollsystems zu festigen. Folgerichtig sind zukünftig für ZN- und EZ-Kontrollen nur noch diejenigen Kontrollstellen vorgesehen, die eine Akkreditierung nach DIN EN 45011 vorweisen können. Nur so sind unabhängige, neutrale Kontrollen zu gewährleisten und als solche nach außen zu kommunizieren. Ferner wird durch die Standardisierung des HQZ-Kontrollkonzepts die Kompatibilität mit anderen Qualitätsprogrammen erhöht, was gerade im Rahmen der Implementierung des Q&S-Systems besondere Relevanz besitzen dürfte. Über den Ausbau der ‚Kontrolle der Kontrolle' gegenüber den LN erhält schließlich die akkreditierte Kontrollstelle ‚Qualitätssicherung' der MBW einen anderen Aufgabenschwerpunkt. Ihr operatives Geschäft wird demzufolge stärker in der Überwachung des Kontrollsystems liegen. Damit verbunden ist die Erstellung und Pflege von Pflichtenheften, die spezifisch für jeden Produktbereich angefertigt werden.

Zu 2. Mit der Anpassung der Programmkontrollen ist die Frage verbunden, welche Maßnahmen im Fall von Regelverstößen zu treffen sind. So sieht das bestehende HQZ-Konzept zwar Sanktionsmaßnahmen bei Verletzungen der produktspezifischen Bestimmungen vor. Dieses Reglement besitzt jedoch eher fakultativen Charakter. Eine Sanktionsspezifikation, die für alle Programmteilnehmer obligatorisch vorgeschrieben ist, existiert bisher nicht. Die Implementierung eines abgestuften Sanktionskonzepts, das sich an dem Prinzip der Verhältnismäßigkeit orientiert, scheint daher angeraten. Dabei werden die LN zwar auch weiterhin für die Sanktionierung der ihnen angeschlossenen ZN und EZ verantwortlich sein. Ein einheitlicher Sanktionsrahmen, ein multiples Informationswegesystem sowie das ausgebaute Überwachungskonzept seitens der MBW (‚Kontrolle der Kontrolle') erhöhen jedoch die Zuverlässigkeit des gesamten HQZ-Programms. Bei schwerwiegenden Verstößen befindet ein institutionalisierter Sanktionsbeirat über die Höhe der zu verhängenden Maßnahmen, die von einer Geldstrafe bis zum Ausschluss der Beteiligten reichen können.

Zu 3. Für die Konsistenz einer Kontroll- und Sanktionsspezifikation ist ein entsprechend angelegtes Informations- und Berichtswesen wichtige Voraussetzung.

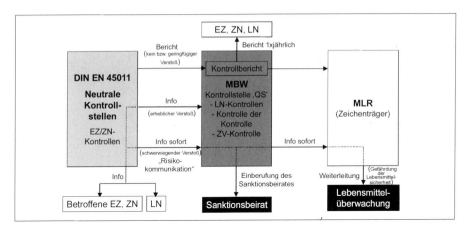

Abbildung 15: Informations- und Berichtspflichten (Quelle: AFC Consultants International GmbH, 2002)

Hinsichtlich des Informationsflusses werden zum einen Regelungen getroffen, die die Funktionsfähigkeit des Herkunfts- und Qualitätszeichensystems beispielsweise bei gesundheitlich bedenklichen Produktmängeln sowie schwerwiegenden Verstößen im Sinne einer „Risikokommunikation" sicherstellen. Zum anderen werden die Informations- und Berichtswege so angelegt, dass durch duale bzw. multiple Dokumentationskanäle die Transparenz der Kontroll- und Sanktionsspezifikation gewährleistet wird. Ein anderer Aspekt, der in dem bisherigen Berichtswesen noch nicht ausreichend berücksichtigt wurde, ist die Berichterstattung hinsichtlich einzelbetrieblicher Kontrollprotokolle und die turnusgemäße Übermittlung analytischer Gesamtübersichten. Auch diese Art der programminternen Reportage fördert letztlich die Systemtransparenz und begünstigt eine stärkere Bindung der Beteiligten an das Herkunfts- und Qualitätszeichen.

Resümee

Mit der Konsolidierung und Weiterentwicklung des Herkunfts- und Qualitätszeichens Baden-Württembergs erfolgt eine Systemanpassung, die sowohl für Programmbeteiligte als auch für die Öffentlichkeit eine notwendige Konsequenz aus den Entwicklungen der jüngeren Vergangenheit darstellt. Zugleich offenbart die Systemnovellierung ein breites Chancenpotenzial für involvierte aber auch zukünftige Teilnehmer wie Landwirte und Zeichennutzer. Versprechen doch die erörterten Innovationen eine größere Transparenz, eine höhere Kompatibilität mit anderen Kontrollsystemen, eine stärkere Glaubwürdigkeit gegenüber der Nachfrageseite und damit ein wachsendes akquisitorisches Potenzial von Produkten mit dem Herkunfts- und Qualitätszeichen.

Abbildung 16: Grafische Neugestaltung des HQZ
(Quelle: http://www.wasliegtnaeher.de, Dezember 2002)

Die inhaltliche Neuausrichtung des HQZ-Programms findet in einer optischen Weiterentwicklung des Signets ihren Niederschlag. So wird die Produktqualität durch eine entsprechende grafische Gestaltung in den Vordergrund gestellt. Der Wortlaut „Herkunft und Qualität" wird beim neuen Zeichen in „gesicherte Qualität" abgeändert. Damit wird dem Verbraucherwunsch nach gesteigerter Lebensmittelsicherheit Rechnung getragen.

Regionalität als Marketinginstrument

Dr. Richard Balling

Die wachsende Verunsicherung der Verbraucher, die zunehmende Skepsis gegenüber der Globalisierung der Märkte und einer Anonymisierung der Lebensmittel sowie eine Reihe von weiteren Faktoren haben in den letzten Jahren das Interesse an regionaler Herkunft und regionaler Verarbeitung von Lebensmitteln deutlich verstärkt. Der vorliegende Beitrag zeigt in den ersten beiden Schritten die Grundlagen für die strategische Option „Regionalität" auf, wobei insbesondere die wesentlichen Rahmenbedingungen und Voraussetzungen herausgearbeitet werden. Der Schwerpunkt soll dabei auf den verbraucherseitigen Erwartungen und Entwicklungen liegen. Darauf aufbauend werden im dritten Schritt verschiedene Optionen und Handlungsempfehlungen für die Regionalität als Marketinginstrument bei Lebensmitteln dargestellt.

Wie wirkt Regionalität? – Die Rolle der regionalen Herkunft im Kaufentscheidungsprozess

Die Bedeutung der regionalen Herkunft bei Nahrungsmitteln ist ein spezieller Aspekt der allgemeinen Herkunftsbedeutung bei Nahrungsmitteln. Wesentliche Rahmendaten ergeben sich somit aus Entwicklung und Situation der Herkunftsbedeutung bei Nahrungsmitteln im allgemeinen, die in Kapitel 2 analysiert werden sollen.

Konsumtheoretische Grundlagen und Wirkungsweisen sowie Interaktionen zwischen dem Image der Region und dem Image der regionalen Produkte wurden in den letzten Jahren von verschiedenen Autoren untersucht. Die Vielzahl der Untersuchungen in jüngerer Zeit zu diesem spezifischen Thema belegt das allgemein gestiegene Interesse an Regionalität bei Lebensmitteln.

Die Ergebnisse zur Rolle der regionalen Herkunft im Kaufentscheidungsprozess lassen sich zu folgenden Aussagen zusammenfassen:

- Mit der regionalen Herkunft werden eine Reihe von unterschiedlich bedeutsamen Inhalten zu einer für den Verbraucher leicht verständlichen und nachvollziehbaren Aussage gebündelt.
- Die regionale Herkunft wird häufig als – mehr oder weniger emotionsorientiertes – Qualitätskriterium aufgefasst.
- Regionale Herkunftsangaben können in vielen Fällen entscheidungs- und kaufrelevant für den Verbraucher sein.
- Sie können dabei sowohl für die Auswahl beim Erstkauf wie auch als wesentliches Kriterium für den Wiederkauf und den Aufbau einer dauerhaften Kundenbindung relevant sein.

Welche Einflussgrößen unter welchen Bedingungen, bei welchen Produkten und für welche Zielgruppen von besonderer Relevanz sind, sollen nachfolgend herausgearbeitet werden. Diese Einflussgrößen und ihre Ausprägung sind wichtige Entscheidungshilfen für Marketingverantwortliche in der Ernährungswirtschaft.

Wo macht die regionale Herkunft Sinn? – Voraussetzungen und Rahmenbedingungen für die Verwendung der Regionalität als Profilierungsinstrument

In der *zeitlichen Entwicklung* ist über die letzten zwei Jahrzehnte von einer wachsenden Herkunftsbedeutung bei Nahrungsmitteln für den Verbraucher auszugehen. Am Beispiel Deutschlands läßt sich diese Entwicklung über einen Zeitraum von drei Jahrzehnten ablesen (vgl. Abbildung 17).

Zwischen 1970 und 1980 hat sich die Beachtung der (deutschen) Herkunft kaum verändert. In den beiden darauffolgenden Fünfjahreszeiträumen kam es jeweils zu einem Zuwachs von sechs bzw. fünf Prozent. Eine erhebliche Zunahme ist zwischen 1990 und 1995 mit + 15 Prozent zu beobachten. In den neuen Bundesländern ist dabei die Bevorzugung deutscher Herkunft noch stärker ausgeprägt. Die Entwicklung der Jahresdaten zwischen 1995 und 1999 kann als eine Konsolidierung auf hohem Niveau gewertet werden.

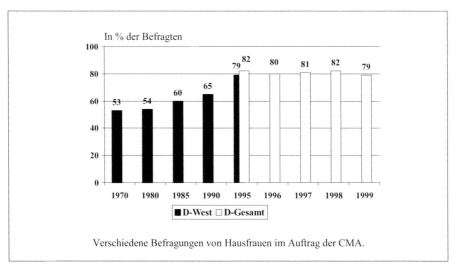

Abbildung 17: Bevorzugung von Nahrungsmitteln deutscher Herkunft (Quelle: Welzel, 1998, S. 51 und tel. Info CMA-Mafo Nov. 1999)

Diese steigende Tendenz bezüglich der Herkunftsbedeutung in den 90er-Jahren wird auch durch andere Untersuchungen bestätigt. Da wesentliche Antriebskräfte für diesen Bedeutungszuwachs – wie beispielsweise die wachsende Verbraucherverunsicherung, die Globalisierung der Märkte oder die Informationsüberlastung der Verbraucher – unvermindert weiter wirken, ist weiterhin mit einer relativ hohen Beachtung der (regionalen) Herkunft in den nächsten Jahren auszugehen.

Gebietsbezug der Herkunft „Region"

Der Begriff „regional" greift ein breites Segment aus dem Spektrum Herkunft heraus. Region ist ein Begriff mit breiter Bedeutung vom Landkreis über naturräumliche Einheiten in unterschiedlicher Größe – wie Mittelgebirge (z.B. Vogelsberg, Rhön, Bayerischer Wald) oder Täler/Flußläufe (z.B. das Altmühltal) bis hin zu Bundesländern. Alleine schon diese Bedeutungsbreite des Gebietsbezuges ist eine Ursache für unterschiedliche Resultate. Mit einigen Untersuchungsergebnissen aus diesem Bereich soll nachfolgend dieser Aspekt erläutert werden.

Bei der Beurteilung verschiedener Herkünfte ist eine Präferenz für die eigene Region, die eigene Herkunft, festzustellen. In der Literatur wird hierzu von einer „identitätsstiftenden" Wirkung der regionalen Herkunft gesprochen.

In der Tendenz steigt die Herkunftspräferenz mit zunehmender Einengung auf die eigene Herkunft des Verbrauchers. Je kleinräumiger, desto vertrauter, bekannter und erlebbarer ist die Herkunft und damit auch die herkunftsassoziierten Inhalte des Produktes. D.h. je geringer die kognitive und emotionale Distanz, desto eher kann eine glaubhafte Antwort auf die treibenden Kräfte Anonymisierung und Verunsicherung gegeben werden.

Die Präferenz hängt jedoch auch vom Image der jeweiligen Region, der positiven Assoziationskraft des jeweiligen Regionsbegriffes bzw. der entsprechenden Gebietsebene ab. So wird beispielsweise für einen Regionsbezug „Bayern" in einer Reihe von Untersuchungen eine überproportionale Präferenz festgestellt, die durch das ausgesprochen positive Image Bayerns in Bezug auf Nahrungsmittel verursacht wird.

Bedeutung nach Produktgruppen

Grundsätzlich ist zu unterscheiden zwischen einem globalen und einem produktspezifischen Herkunftseffekt. Bei Nahrungsmitteln sind zwischen Produkten und Produktgruppen relativ große Unterschiede bezüglich der Bedeutung der Herkunft festzustellen. Bei verschiedenen Untersuchungen zwischen 1996 und 1999 in Bayern hat sich mehrfach eine Reihenfolge bestätigt, die nachfolgend am Beispiel der Ergebnisse einer Erhebung von 1999 dargestellt ist (vgl. Abbildung 18).

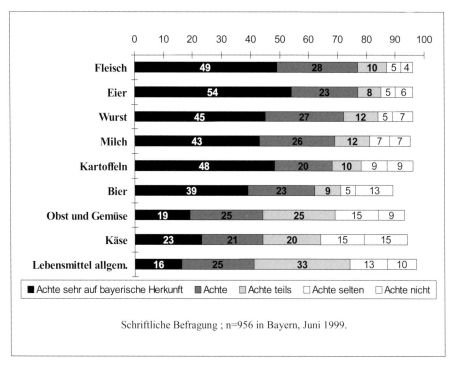

Abbildung 18: Bedeutung bayerischer Herkunft bei verschiedenen Lebensmitteln (Quelle: Eigene Erhebung)

Diese Ergebnisse zur relativen Bedeutung der regionalen Herkunft werden insbesondere durch die folgenden Faktoren beeinflusst:

- **Verarbeitungsgrad**: Vor allem bei nicht oder wenig verarbeiteten Rohwaren („landwirtschaftlichen Frischprodukten") spielt die Herkunft eine relativ große Rolle. Mit zunehmender Verarbeitung treten andere Inhalte wie Würzung, Zubereitung und/oder die summarischen Informationen einer Marke neben die Herkunft und ersetzen oder relativieren somit die Bedeutung der Herkunft.

- **Produktspezifische Verunsicherung**: Bei Produkten mit spezifischer herkunftsbezogener Sensibilisierung aufgrund wiederholter Berichterstattung in den Medien bzw. aufgrund von „Lebensmittel-Skandalen" verschiedenster Ausprägung ist ebenfalls eine relativ stärkere Bedeutung der Herkunftsinformation zu beobachten (z.B. Rindfleisch: BSE/GB – auch Wurst inzwischen im „Sog" der darüber hinaus gehenden kritischen Berichterstattung über Fleisch; Eier: „Massentierhaltung" in bestimmten Erzeugungsregionen/„Germanisierung"; Gemüse: industrielle Erzeugung/„aus Holland").

- *Regionsspezifische Produktkompetenz*: Diese resultiert aus der Verknüpfung eines (positiven) Regions-Images mit bestimmten Produkten. Beim vorliegenden Untersuchungsbeispiel Bayern macht sich diese Einflussgröße vor allem beim Produkt Bier bemerkbar, das in der Vorstellung vieler Verbraucher eng mit der Region Bayern verknüpft ist. Für Schleswig-Holstein wird beispielsweise eine relativ große Bedeutung der regionalen Herkunft bei Fisch ermittelt.

- Bei *heterogenen* Produktgruppen wie Obst und Gemüse sowie Lebensmitteln allgemein ergibt sich ein stärker differenziertes Bild mit einer relativ hohen Gewichtung von „achte teils". Bei herkunftsbezogen teilweise unterschiedlichen Präferenzen wie bei Käse und auch Bier ist eine relativ stärkere Gewichtung der Extrempositionen (also eine Tendenz zur „Polarisierung") festzustellen.

Soziodemografische Determinanten

Das *Alter* der Befragten hat einen signifikanten Einfluss auf die Bedeutung der regionalen Herkunft bei Lebensmitteln. Ältere Personengruppen haben eine deutlich stärkere Präferenz für die regionale Herkunft als jüngere. Hensche u.a. ermittelten bei ihren Verbraucherbefragungen in Nordrhein-Westfalen eine Bevorzugung der regionalen Herkunft vor allem bei den über 40-Jährigen. Wirthgen u.a. finden bei ihren Erhebungen in den Bundesländern Hessen, Thüringen und Sachsen-Anhalt ein überdurchschnittlich ausgeprägtes Image der Region und seiner Lebensmittel mit entsprechendem Einfluss auf die Kaufintensität von Regionalprodukten erst bei den Befragtengruppen über 50 Jahren.

Bei Jüngeren ist möglicherweise die Identifikation mit der eigenen Region noch nicht so ausgeprägt. Sie sind offener, eher kosmopolitisch orientiert. Die Beziehung und Bindung an die eigene Region ist (noch) nicht so eng. GERSCHAU ermittelte ebenfalls bei den über 60-Jährigen einen Rückgang der Herkunftsbeachtung, der jedoch viel stärker ausfällt und schließt daraus: „Die älteren Leute sind vermutlich eher Gewohnheitskäufer. Die Leute mittleren Alters kaufen am bewusstesten ein" . Hensche u.a. ermitteln ein unterdurchschnittliches Herkunftsinteresse erst bei der Personengruppe der über 70-jährigen.

Nach dem *Geschlecht* konnte in den eigenen Untersuchungen eine stärkere Beachtung der regionalen Herkunft durch Frauen nur tendenziell gefunden werden – ähnlich Gerschau bei ihrer bundesweiten Erhebung zur Bedeutung der Herkunft bei Lebensmitteln. Hensche u.a. ermittelten teils eine signifikant stärkere Zielgruppenrelevanz bei Frauen.

Beim „Special-Interest-Produkt Bier" war bei den eigenen Untersuchungen in Bayern sogar umgekehrt eine signifikant stärkere Beachtung der bayerischen Herkunft bei Männern gegeben.

Nach dem **Bildungsabschluss** wurden in verschiedenen eigenen Untersuchungen teils signifikante Unterschiede festgestellt. Personen mit dem Abschluss „Abitur/Hochschule" achten weniger auf die Herkunft insgesamt und auch weniger auf eine regionale Herkunft „Bayern". Andere Kenngrößen relativieren die Botschaft „Herkunft".

Auch weitere soziodemografische Faktoren wie Haushaltsgröße und das Vorhandensein von Kindern wurden in verschiedenen Untersuchungen als relevante Einflussgrößen für die Bedeutung der regionalen Herkunft ermittelt: Hensche u.a. stellten eine stärkere Sensibilisierung bei **Familien** im Vergleich zu Singles fest; auch das Vorhandensein von **Kindern** hatte bei dieser Erhebung einen signifikanten Einfluss. Eine signifikant geringere Herkunftsbedeutung bei Lebensmitteln für Singles ermittelte auch GERSCHAU. In verschiedenen eigenen Erhebungen in Bayern konnte diese Einflussgröße nur bei Detailaspekten oder als Tendenz bestätigt werden.

Einstellungen

Einstellungsdimensionen beeinflussen in erheblichem Maße die Bedeutung der regionalen Herkunft. So hat z.B. **Regionalbewusstsein** – übersteigert formuliert als Regionalismus – eine gesteigerte Beachtung der jeweiligen regionalen Herkunft, aber auch der Herkunftsbeachtung allgemein, zur Folge. Der Zusammenhang zwischen regionaler Präferenz und Herkunftsbeachtung beim Lebensmitteleinkauf wird gestützt durch die Ergebnisse eigener Erhebungen: Personen mit regionaler Präferenz beim Lebensmitteleinkauf (Bevorzugung der Herkunft „Bayern" oder „Aus der Gegend") achten beim Lebensmitteleinkauf deutlich stärker auf die „Herkunft". Eine regionale Herkunftspräferenz geht somit einher mit einer überproportionalen Herkunftsbeachtung. Je kleinräumiger die bevorzugte Herkunft, desto stärker wird auf die Herkunft geachtet bzw. umgekehrt.

Speziell in den neuen Bundesländern ist eine überproportionale Bedeutung der regionalen Herkunft zu beobachten, die u.a. mit dem Aspekt *„Erhalt von Arbeitsplätzen"* begründet ist. Die Qualität im engeren Sinne spielt also nur eine untergeordnete Rolle. Vorrangig geht es um die wirtschaftlichen Folgen des Kaufs, nämlich die Unterstützung der heimischen Wirtschaft – den Erhalt von Arbeitplätzen.

Die *„Unterstützung der heimischen Bauern"* ist eine spezifische Akzentuierung dieses Aspekts, der in Bayern sehr häufig als Präferenzmotiv für bayerische Produkte genannt wird – bei einer gleichzeitig vorhandenen sehr hohen Bereitschaft, die bayerischen Bauern zu unterstützen.

Eine wichtige Einflussgröße für die Bedeutung einer bestimmten Herkunft ist die *persönliche Identifikation mit dieser Herkunft*. Die Aussage „Wie gerne leben Sie in ..." bringt den Grad der Identifikation mit der jeweiligen Region, der eigenen Herkunft zum Ausdruck und beeinflusst die Präferenz für Produkte aus der eigenen Region (Einfluss psychografischer Merkmale wie Ethnozentrismus/Patriotismus). So bevorzugen „Sehr gern in Bayern lebende Personen" beispielsweise deutlich stärker die Herkunft „Bayern", wie die Ergebnisse verschiedener eigener Untersuchungen belegen. Da dieser Wert in Bayern im interregionalen Vergleich besonders hoch ist, resultiert daraus eine besonders positive Bewertung regionaler Produkte mit der Bezugsebene „Bayern".

Die Identifikation mit einem Regionsbegriff kann sich in **Teilgebieten** einer Region zum Teil erheblich unterscheiden. So ist bezogen auf die Region Bayern die Bevorzugung der Herkunft „Bayern" in Oberbayern signifikant höher, in Schwaben signifikant niedriger. „Aus der Gegend" wird hingegen signifikant häufiger in Schwaben genannt. In Unterfranken schließlich wird als Wunschherkunft signifikant häufiger „Deutschland" genannt.

Das Negativkriterium *„bequemer, schneller Einkauf"* bzw. umgekehrt die „Inkaufnahme längerer Absatzwege" als förderndes Einstellungsmoment für den Kauf von Produkten aus der eigenen Region wurde auch in den eigenen Untersuchungen tendenziell bestätigt: Personen mit der Herkunftspräferenz „aus der Gegend" sind deutlich eher bereit, für den Einkauf regionaler Produkte auch Umwege zu akzeptieren.

Neben dieser Vielzahl von verbraucherseitigen Voraussetzungen und Rahmenbedingungen, die wichtige Orientierungsgrößen für die Zielgruppendefinition aufzeigen, sollen nachfolgend zwei weitere Faktoren mit teils wesentlichem Einfluss auf die Implementierung der Regionalität im Marketing-Mix kurz dargestellt werden:

Im *Lebensmitteleinzelhandel* (LEH) hat der unvermindert anhaltende Verdrängungswettbewerb zu einer deutlichen Fokussierung auf das Profilierungsinstrument „Preis" geführt. Die Marktanteilsgewinne der Discounter sowie der preisaggressiven Großflächen „auf der grünen Wiese" setzen Maßstäbe und zwingen umgekehrt service- und frischeorientierte Vertriebstypen zu einer Profilschärfung. Supermarktbetreiber mit traditionell ausgeprägten Regionalstrukturen wie beispielsweise verschiedenen Edeka-Großhandlungen versuchen diese strukturellen Unterschiede gezielt zu nutzen und sich als Anbieter mit regionaler Kompetenz zu profilieren. Die Regionalität, die Herausstellung regionaltypischer Produkte und Erzeugnisse von mittelständischen Lebensmittelherstellern aus der eigenen Region, werden als wichtige Unterscheidungsmerkmale des

Sortiments und des Leistungsspektrums im Vergleich zu anderen, konkurrierenden Einkaufsstätten herausgearbeitet.

Ein weiterer Faktor ist der *gesellschaftlich-institutionelle Aspekt*. Eingebettet in das erweiterte Themenfeld der „Agenda 21" haben sich regional mit sehr unterschiedlicher Intensität und Akzentuierung Diskussionen und Aktionen um Themen wie die Wiederbelebung regionaler Kreisläufe, die Stärkung regionaler Wirtschaftskraft, Verringerung des Straßenverkehrs und Erhaltung der bäuerlichen Kulturlandschaft in der eigenen Region entwickelt. Agenda 21-Arbeitsgruppen, verschiedene Interessensgruppierungen und Verbände sowie politische Akteure propagieren Regionalität im Lebensmittelangebot. Ermöglicht werden dadurch eine positive öffentlichkeitswirksame Darstellung von entsprechenden Anbietern (z.B. Darstellung im Rahmen von Events), die Bevorzugung bei der Vergabe öffentlicher Rechte (z.B. die erleichterte oder kostenreduzierte Nutzung öffentlicher Plätze für Bauernmärkte) oder die Vergabe staatlicher Fördermittel für die Umsetzung von regionalen Vermarktungskonzepten bei Lebensmitteln (siehe z.B. die Auflage spezifischer Förderprogramme in Bayern, Nordrhein-Westfalen etc.).

Aufbauend auf diesen Voraussetzungen und Rahmendaten sollen nachfolgend verschiedene Ansatzpunkte für eine Nutzung der Regionalität im Lebensmittelmarketing aufgezeigt werden.

Wie lässt sich die regionale Herkunft als Leistungselement integrieren und kommunizieren? – Positionierung im Leistungsspektrum

Im Wesentlichen bieten sich einem Lebensmittelhersteller drei strategische Leistungsfaktoren zur Nutzung der Regionalität (siehe Abb. 3):

1. *Verarbeitungskompetenz.* Vor allem traditionelle regionaltypische Spezialitäten reduzieren die Regionalität häufig auf eine spezifische überlieferte Rezeptur und/oder ein überliefertes spezielles Verarbeitungsverfahren („Savoir Faire"). Dabei bietet sich ein breites Handlungsfeld, das begrenzt wird durch traditionelle Verfahren (viel Handarbeit etc.) einerseits und durch angepasste Verfahren (Haltbarmachung, Handling im LEH etc.) andererseits.

2. *Rohwarenherkunft.* Die Regionalität als Produktleistung kann auch die Beschränkung auf ein bestimmtes Beschaffungsgebiet betreffen. Insbesondere bei weitgehend unverarbeiteten Produkten kann die Herkunft eine besondere Rolle spielen, vor allem wenn bestimmte Erzeugungsbedingungen für die Produktwahrnehmung wichtig sind (z.B. Fleisch). Dabei reicht das Spektrum von einer großräumigen Definition, einer nur teilweisen Herkunft der verschiedenen Komponenten und ohne

spezifische Produktionsauflagen bis hin zu einer kleinräumigen Definition, einer umfassenden Rohwarenherkunft und zusätzlichen Produktionsauflagen.

3. *Absatzareal*. Regionale Vermarktung kann definiert werden im Sinne eines „Aus der Region – Für die Region", d.h. das Absatzgebiet reduziert sich auf die Erzeugungsregion. Grundsätzlich spannt sich jedoch auch hier ein breites Aktionsfeld auf. Das höchste Anspruchsniveau liegt bei einer kleinräumigen Definition und der Beschränkung ausschließlich auf die eigene Region. Demgegenüber bietet sich die Möglichkeit einer relativ großräumigen Definition, die auch benachbarte Absatzregionen mit einschließt oder sogar ganz auf die Absatzgebiet-Beschränkung verzichtet.

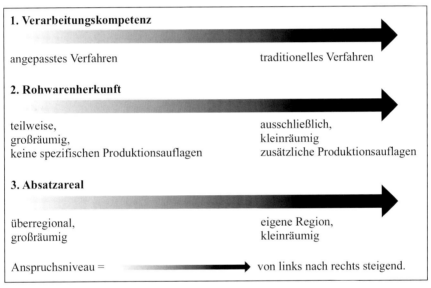

Abbildung 19: Strategische Leistungsfaktoren zur Nutzung der Regionalität im Lebensmittelmarketing (Quelle: Eigene Darstellung)

Entsprechend der Formulierung von Marketing-Strategien kann die Akzentuierung dieser drei Leistungsfaktoren der Regionalität und ihre Festlegung für die spezifische Marketingstrategie als **Definition des regionalen Strategie-Chip** verstanden werden. Die individuelle Definition der Regionalität stellt somit im Wesentlichen eine Kombination der drei spezifisch festgelegten Leistungsfaktoren dar.

Aufbauend auf der Festlegung des regionalen Strategie-Chip sollen nachfolgend die wichtigsten Ansätze zur praktischen Umsetzung der Regionalität im Marketing-Mix dargestellt werden.

Regionalität als Teil der „Markenwelt"

Die Schaffung und Positionierung eines Markenartikels wird häufig als der Königsweg im Marketing von Konsumgütern angesehen. Die besondere Wertschätzung oder sogar teilweise Alleinstellung beim Verbraucher ermöglicht den Aufbau eines akquisitorischen Potentials. Vor allem bei wenig verarbeiteten, aus Verbrauchersicht relativ homogenen Frischprodukten, die oft von kleineren und mittleren Unternehmen erzeugt und zudem meist nur in einem begrenzten Absatzgebiet vermarktet werden, ist die Realisierung eines „echten" Markenartikels jedoch schwierig. Andererseits kann gerade bei solchen Produkten die Regionalität ein zentrales Element der Markenwelt sein.

Geschützte geografische Herkunftsangaben (gemäß VO EU 2081/92)

Die EU-Verordnung 2081 sieht den Schutz von traditionellen regionaltypischen Produkten vor, die aufgrund ihrer spezifischen Verarbeitung, ihres Rufes und/oder der besonderen Produkteigenschaften in ein europäisches Register eingetragen werden. Bei der strengeren Schutzkategorie „Geschützte Ursprungsbezeichnung" (g.U.) ist eine besonders enge Verbindung des Produktes mit der regionalen Erzeugung („Lien Terroir") Voraussetzung: In der Praxis stellt meist die Rohwarenherkunft das zentrale Unterscheidungskriterium zur zweiten, weniger strengen Kategorie, der geschützten geografischen Angabe (g.g.A.) dar.

Vor allem in den romanischen Ländern Italien und Frankreich spielen diese Produkte und eine entsprechende Kennzeichnung bereits eine wichtige Rolle. Produktgruppenbezogen ist das Schutzsystem speziell bei verarbeiteten Produkten von zum Teil großer Bedeutung (Parma-Schinken, Roquefort-Käse, Bayerisches Bier), bei denen Verarbeitungs-Know-How und -Tradition eine besondere Rolle spielen.

Die Vorteile des Schutzsystems beruhen insbesondere auf dem hoheitlichen rechtlichen Schutz vor jedweden Nachahmungsversuchen und Trittbrettfahrern. Zudem wird auch bei jeglichen staatlichen Fördermaßnahmen der Mitgliedsstaaten und Regionen diesen Produkten ein Sonderstatus eingeräumt, der letztlich eine selektive, bevorzugte Förderung zur Folge hat.

Kombinierte Qualitäts- und Herkunftszeichen

Die Verbindung von Herkunftsgarantie und Qualitätsversprechen ist der Grundgedanke regionaler oder nationaler Qualitäts- und Herkunftszeichen. Beispiele in Deutschland sind das nationale CMA-Gütezeichen sowie die Qualitätszeichen verschiedener Bundesländer (Geprüfte Qualität – Bayern, Gesicherte Qualität – Baden Württemberg, Original Thüringer Qualität, Gütezeichen Schleswig-Holstein etc.). Auch in anderen Ländern haben entsprechende Zeichen einen relativ hohen Bekanntheitsgrad und große Bedeutung erlangt (z.B. Österreich: AMA-Gütezeichen, Qualität Tirol, Kärnten echt gut oder Italien: Schutzmarke Südtirol). Der Schwerpunkt liegt produktgruppenbezogen häufig bei unverarbeiteten Frischprodukten wie Frischfleisch oder Obst und Gemüse, bei denen Markenartikel weitgehend fehlen und das Herkunftsversprechen in Verbindung mit einer staatlichen Kontrollgarantie eine wichtige vertrauensbildende Funktion einnehmen kann.

Regionale Verbundkonzepte

Eine spezielle – und gleichzeitig sehr heterogene – Form der Positionierung der (regionalen) Herkunft im Angebot stellen regionale Verbundkonzepte dar (z.B. Brucker Land/Unser Land im Großraum München, Bayerwald in Ostbayern). Je nach Stringenz von Vorgaben und Umsetzung bewegt sich diese Organisationsform zwischen „Regionalmarken" und kombinierten Qualitäts- und Herkunftszeichen mit kleinräumigem Gebietsbezug. Charakteristisch sind vertikale sowie horizontale Verbundbeziehungen auf gegebenenfalls vertraglicher Basis. Neben Wirtschaftsakteuren sind dabei häufig gesellschaftliche und politische Akteure ein wesentlicher Faktor (Agenda 21-Arbeitsgruppen, Kommunalpolitiker, Verbände etc.). Dementsprechend gehen auch die Zielsetzungen weit über den reinen Wirtschaftlichkeitsaspekt hinaus: Die bereits Ende des zweiten Kapitels angesprochenen Zielsetzungen wie Wiederbelebung regionaler Kreisläufe, Stärkung regionaler Wirtschaftskraft oder Erhaltung der bäuerlichen Kulturlandschaft sind häufig wichtige Elemente. Aus rein wirtschaftlicher Betrachtung wird die langfristige Perspektive solcher umfassenden Konzepte in vielen Fällen kritisch gesehen. Produktbezogen sind solche Konzepte oft sehr breit angelegt und beziehen neben einer (umfangreichen) Lebensmittelpalette auch z.B. handwerkliche Produkte und touristische Angebote mit ein.

Gemeinsamer Auftritt unter einem Aktionsdach „Region"

Eine weit verbreitete Möglichkeit, den Herkunftsaspekt kommunikationswirksam zu nutzen, ist die gemeinsame Präsentation von Anbietern oder Produkten unter einem Aktionsdach „Herkunft/Region". Beispiele für solche Gemeinschaftsaktionen unter einem „Herkunftsdach" sind Gemeinschaftsstände auf (Fach-)Messen, Verbundaktionen im Lebensmittelhandel (z.B. Bayern-Wochen) oder Events (z.B. Südtiroler Speckfest). Die Motivation für die Beteiligung an entsprechenden Aktionen besteht im möglichen Imagetransfer des jeweiligen Herkunftsbezuges, d.h. die Anbieter wollen vom positiven Image der jeweiligen Region profitieren, indem sie mit der Region assoziiert werden.

Häufig sind auch touristische Bekanntheit – eine „Genießer-Kompetenz" – oder ein besonderes Verarbeitungs-Know-How eines Landes/einer Region wichtige Faktoren für einen solchen Imagetransfer.

Gemeinsame Auftritte unter einem „Herkunftsdach" stellen eine sehr offene Form der Partizipation am Herkunftsaspekt dar, zumal sie auch aktionsbezogen, zielgruppenbezogen oder marktarealbezogen selektiert werden können.

Verschiedene Möglichkeiten zur Implementierung der Regionalität werden in der Praxis gleichzeitig genutzt. Sie unterstreichen den Regionalitätsbezug und nutzen mögliche Synergieeffekte. So treten beispielsweise Marken mit Regionalbezug häufig auch im Rahmen von Gemeinschaftsaktionen unter dem Herkunftsdach der Region auf und/oder nutzen das Schutzsystem einer geografischen Herkunftsangabe. Das Qualitätssicherungssystem kombinierter Qualitäts- und Herkunftszeichen kann die Grundlage für regionale Verbundkonzepte sein, die gegebenenfalls um spezifische Qualitätsparameter oder einen engeren Regionsbezug ergänzt werden können. Regionale Verbundkonzepte können im Wesentlichen auf eingeführten Regionalmarken aufbauen und diese ergänzen.

Schlussfolgerungen und Zusammenfassung

Insgesamt ist eine steigende Herkunftsbedeutung bei Nahrungsmitteln zu beobachten, die aus verschiedenen Entwicklungen resultiert. Je konkreter, kleinräumiger der Herkunftsbezug (wie etwa einer überschaubaren Region), desto positiver ist dessen Assoziation, weil dann die positiven Dimensionen wie Identifikation, Überschaubarkeit und Vertrauen am ehesten realisiert werden können. Bei verschiedenem Gebietsbezug gibt es jedoch darüber hinaus weitere erhebliche Unterschiede. Gravierende Unterschiede gibt es auch nach Produktgruppen: Neben einem geringen Differenzierungsgrad – wie bei Frischwaren – beeinflusst die regionale Produktkompetenz die Bedeutung der regionalen Herkunft. Soziodemografisch sind es eher Ältere und Personen mit einem Haupt- oder Realschulabschluss, die besonders auf die regionale Herkunft achten. Bei den Einstellungen beeinflussen das Regionalbewusstsein und der Grad der Identifikation mit der jeweiligen Regionsebene die Präferenz für die regionale Herkunft.

Im Marketing-Mix kann die Regionalität sehr vielfältig genutzt werden: Als Teil der Markenwelt, geschützte geografische Herkunftsangabe, als kombiniertes Qualitäts- und Herkunftszeichen, über regionale Verbundkonzepte oder im Rahmen von gemeinsamen Auftritten unter dem Aktionsdach „Region". Häufig erfolgt eine Kombination der verschiedenen Möglichkeiten, was die Potentialausschöpfung und gleichzeitig die Glaubwürdigkeit in Bezug auf Regionalität steigern kann.

Literatur

ABSATZWIRTSCHAFT, Erfolgsfaktoren in Ostdeutschland. 5 Jahre danach. H.11, 1994, S. 40-49.

VON ALVENSLEBEN, R., Verbraucherpräferenzen für regionale Produkte: Konsumtheoretische Grundlagen. In: Dachverband Agrarforschung (Hrsg.): Regionale Vermarktungssysteme in der Land-, Ernährungs- und Forstwirtschaft, Band 30, Frankfurt a. M. 2000, S. 3-18.

VON ALVENSLEBEN, R., GERTKEN, D., Regionale Gütezeichen als Marketinginstrument bei Nahrungsmitteln. Agrarwirtschaft, Jg. 42, H.6, 1993, S. 247-251.

VON ALVENSLEBEN, R., SCHRADER, S., Consumer Attitudes towards regional Food Products. A Case Study for northern Germany. AIR-CAT Workshop „Consumer Attitudes towards typical Foods", Dijon 1998.

BALLING, R., Der Herkunftsaspekt als Erfolgsfaktor für das Lebensmittelmarketing. Berichte über Landwirtschaft, 1995, S. 83-106.

BALLING, R., Ergebnisse von Verbraucherbefragungen zur Bedeutung der regionalen Herkunft bei Nahrungsmitteln. In: Dachverband Agrarforschung (Hrsg.): Regionale Vermarktungssysteme in der Land-, Ernährungs- und Forstwirtschaft, Band 30, Frankfurt a. M. 2000, S19-37.

BAUGHN, C., YAPRAK, A., Mapping Country-of-Origin Research: Recent Developments and Emerging Avenues. In: Papadopoulos, N., Heslop, L., Product-Country-Images: Impact and Role in International Marketing. New York, London und Norwood 1993, S. 89-115.

BECKER, J., Marketing-Konzeption. 4. Auflage, München 1992.

BECKER, T., Country of Origin as a Cue for Quality and Safety of Fresh Meat. EAAE Seminar „The Socio-Economics of Origin Labelled Products in Agro-Food Supply Chains", Le Mans 1999.

BESCH, M., Regionalisierung versus Globalisierung. Agrarwirtschaft, Jg. 48, H.11, 1999, S. 393-394.

BESCH, M., PRUMMER, S., Regionale Marketingkonzepte auf einzelbetrieblicher und kooperativer Basis. Schriften der Gewisola, Bd. 33, Münster-Hiltrup 1997, S. 327-338.

GERSCHAU, M., Das Image von Lebensmitteln bayerischer Herkunft. Dissertation Weihenstephan 1989.

GORDON-SIMMONS RESEARCH, Europaweite Mehrthemenbefragung. London 1995.

HAUSLADEN, H., Regionales Marketing. Marketing der Agrar- und Ernährungswirtschaft H.16, Kiel 2001.

HENSCHE, H.U. U.A., Verbraucherpräferenzen für Nahrungsmittel aus der näheren Umgebung. Marketing der Agrar- und Ernährungswirtschaft H.7, Kiel 1993.

VAN ITTERSUM, K., The Role of Region of Origin in Consumer Decision-Making and Choice. PhD-thesis, Wageneningen Unviersity 2001.

VAN ITTERSUM, K., CANDEL, M., The Influence of the Image of a Geographical Area on the Evaluation of Food Products. AIR-CAT Workshop „Consumer Preferences for Products of the Own Region/Country and Consequences for the Food Marketing", Kiel 1998, S. 56-63.

LIEFELD, J., Emperiments on Country-of-Origin Effects: Review and Meta-Analyses of Effect-Size. In: Papadopoulos, N, Heslop, L, Product-Country Images: Impact and Role in International Marketing. New York, London und Norwood 1993, S. 117-156.

MEYER-HULLMANN, K., Lebensmittelskandale und Konsumentenreaktionen. Dissertation TU München-Weihenstephan 1998.

MÜLLER, S., KESSELMANN, P., Buy Regional: Der Stellenwert des „Made in Sachsen" für die Kaufentscheidung ostdeutscher Konsumenten. Die Betriebswirtschaft, Jg. 65, H.3, 1996, S. 363-377.

PAPADOPOULOS, N, What are Product and Country Images. Are and Are Not. In: Papadopoulos, N, Heslop, L, Product-Country Images: Impact and Role in International Marketing. New York, London und Norwood 1993, S. 3-38.

SATTLER, H., Herkunfts- und Gütezeichen im Kaufentscheidungsprozeß. Stuttgart 1991.

SKAGGS, R. U.A., Product-Country Images and International Food Marketing: Relationships and Research Needs. Agribusiness. Vol. 12, No. 6, 1996, S. 593-600.

THIEDIG, F., Spezialitäten mit geografischer Herkunftsangabe. Marketing, rechtlicher Rahmen und Fallstudien. Laufende Dissertation, Weihenstephan 2002.

VERLEGH, , P., STEENKAMP, J.-B., A Review and Meta-Analysis of Country-of-Origin Research. Journal of Economic Psychology. Jg. 20, 1999, S. 521-546.

WELZEL, F., Consumer Preferences for Food of Specific Regions/Countries in Germany. AIR-CAT Workshop „Consumer Preferences for Products of the Own Region/Country and Consequences for the Food Marketing", Kiel 1998, S. 50-55.

WIRTHGEN U.A., Die regionale Herkunft von Lebensmitteln und ihre Bedeutung für die Einkaufsentscheidung der Verbraucher. Berichte über Landwirtschaft, 1999, S. 243-261.

WIRTHGEN, B., SCHMIDT, E., GEWERT, J., Möglichkeiten und Grenzen regionaler Vermarktungskonzepte am Beispiel Minimarkthallen in loser Kooperation mit Verbrauchermärkten und Einkaufszentren. In: Landwirtschaftliche Rentenbank, Innovative Konzepte für das Marketing von Agrarprodukten und Nahrungsmitteln. Bd. 13, 1999, S. 135-178.

ZMP, Herkunftsnachweise für Rindfleisch. Bd. 23 der Materialien zur Marktberichterstattung, Bonn 1998.

Markenführung in der Ernährungsbranche

Dr. Michael Volkmann, Matthias Wilken

Definition Marke und Markenführung

Die Markenführung in der Ernährungsbranche muss sich in einem dynamischen Marktumfeld auch in näherer Zukunft komplexen Herausforderungen stellen. Ziel dieses Beitrages ist es, neben einigen aktuellen Themenbezügen, die in keinster Weise einen Anspruch auf Vollständigkeit erheben sollen, in der Markenführung einen strategischen, theoretisch fundierten und mit Beispielen unterlegten Leitfaden für die Markenführung aufzuzeigen, um auf diese Weise dem in der Ernährungsbranche tätigen Markenmanager Entscheidungshilfen an die Hand zu geben.

Als zentralen Wertschöpfern und -treibern kommt den Marken in Unternehmen eine stetig wachsende Bedeutung zu. Aus Kundenperspektive wird unter einer Marke „ein in der Psyche des Konsumenten verankertes, unverwechselbares Vorstellungsbild von einem Produkt oder einer Dienstleistung" (Meffert: Marketing, 1998, S. 785) verstanden, sodass starke Marken bei den Konsumenten klare Vorstellungen und Bilder hervorrufen. Marken signalisieren dem Kunden eine bestimmte Problemlösungskompetenz und vermitteln ihm eine spezifische Befriedigung seiner Wünsche, Bedürfnisse und Ansprüche.

Die Aufgabe der strategischen Markenführung liegt im systematischen Aufbau und der Pflege von Marken. Im Rahmen des Aufbaus einer Marke müssen Entscheidungen bzgl. der Markenpositionierung getroffen werden. Wie kann man die Marke am besten gegenüber Konkurrenzprodukten differenzieren und welche Eigenschaften des Produktes bzw. der Marke sprechen die Zielgruppe am ehesten an? Wofür soll die Marke nach dem Willen des Unternehmens stehen und welche Assoziationen sollen bei den Konsumenten hervorgerufen werden? Als zentrale Ziele der Markenführung gelten der Aufbau von Markenbekanntheit und Kaufpräferenzen mittels eines einzigartigen Markenimages.

Funktionen von Marken

Marken dienen dem Konsumenten ferner als **Orientierungshilfe** im Angebots- und Informationsdschungel der Ernährungsbranche. Sie erleichtern die **Identifikation**. Dabei wird die Kaufentscheidung u.a. durch das Markenzeichen geleitet, da hiermit dem Käufer ein bestimmtes Qualitätsversprechen abgegeben wird. So erwartet der Käufer eines „Asbach Uralt" – gemäß des Slogans „Wenn einem etwas Gutes widerfährt, ist das schon einen Asbach Uralt wert" – eine deutlich bessere Qualität als z.B. beim Kauf einer Handelsmarke. Die Marke kann als Schlüsselinformation fungieren und somit der

Wiedererkennung dienen. Dadurch wird der Such- und Entscheidungsaufwand reduziert und gleichzeitig das Kaufrisiko durch das der Marke aufgrund ihrer Bekanntheit und Reputation entgegengebrachte Vertrauen minimiert. Anstatt langen Abwägens wird die sichere, bewährte Lösung präferiert. Darüber hinaus können Marken für den Konsumenten eine **Prestige- und Imagefunktion** in seinem sozialen Umfeld erfüllen. Eine Flasche Dimple hat schließlich eine andere Ausstrahlung als eine Flasche Racke Rauchzart.

Aus Anbieterperspektive wird mit der Markenpolitik vor allem das Ziel verfolgt, eine **Differenzierung** und **Profilierung** im Wettbewerb zu realisieren, um hierdurch eine **Steigerung des Absatzes** zu erzielen. Die Marke soll **Kundenbindung** durch Wiederholungskäufe und Markentreue schaffen.

Markenstrategien

Aufgrundlage der Markenpositionierung und unter Berücksichtigung der gewünschten Markenfunktionen liegt der nächste Schritt der Markenführung in der Wahl der geeigneten Markenstrategie.

Bei der **Monomarkenstrategie** wird für jedes Produkt eines Unternehmens eine eigene Marke geschaffen. Prominente Beispiele sind im Foodsektor die Marken Duplo, Nutella und Raffaelo von Ferrero. Der Hersteller bleibt bei dieser Strategie als Marke im Hintergrund. Jeder Marke kann eine unverwechselbare Persönlichkeit verliehen werden, jedoch muss auch jede Marke die gesamten Markenaufwendungen tragen.

Im Gegensatz zur Monomarkenstrategie werden bei der **Mehrmarkenstrategie** in demselben Produktbereich mindestens zwei Marken parallel geführt. Unilever verfolgt diese Strategie im Margarinenmarkt mit den Marken Lätta, Rama und Sanella. Ziel ist eine bessere Ausschöpfung des Gesamtmarktpotenzials durch eine differenziertere Ansprache der Kundenwünsche. Eine Kannibalisierung der einzelnen unternehmenseigenen Marken wird dabei bewusst in Kauf genommen und gegenüber einer Abwanderung der Kunden zur Konkurrenz bevorzugt.

Bei der **Familienmarkenstrategie** werden mehrere Produkte einer Kategorie unter einer Marke geführt. Milka steht schon lange nicht mehr lediglich für Tafelschokolade, sondern vereint Produkte wie Lila Pause, Nussini oder I Love Milka unter der Familienmarke Milka, um diese vom produktgruppenspezifischen Markenimage von Milka profitieren zu lassen. Diese Markenstrategie setzt jedoch voraus, dass alle Produkte ein einheitliches Nutzenversprechen abgeben. Bei dieser Alternative lassen sich Kostenvorteile durch Nutzung von Synergien im Marketing-Mix realisieren. Ein Nachteil liegt in der Gefahr von negativen Ausstrahlungseffekten bei den einzelnen Produkten der Markenfamilie.

Die *Dachmarkenstrategie* fasst sämtliche Produkte eines Unternehmens zu einer Marke zusammen. Der Hersteller bzw. dessen Kompetenz, Sympathie oder das Vertrauen in ihn werden in den Vordergrund gestellt. Beispiele hierfür liefern Dr. Oetker und Pfanni. Dachmarkenkonzepte erleichtern die Einführung neuer Produkte unter der bestehenden Marke, da deren Bekanntheit und Image auf die neuen Produkte übertragen werden kann. Die Vielzahl der unter einer Dachmarke zusammengefassten Produkte erschwert jedoch eine klare Profilierung der Marke.

Die Übergänge zwischen den einzelnen Markentypen, vor allem zwischen Familien- und Dachmarkenstrategie, sind z.T. fließend. Ebenso treten immer häufiger Kombinationen der genannten Alternativen auf. So wird z.B. unter der Dachmarke Bahlsen die Familienmarke Leipniz geführt.

Besonderheiten der Markenführung in der Ernährungsbranche

Teuro-Diskussion, Kaufzurückhaltung, Konsumflaute, Discounter-Boom sowie inflationäre Produktangebote sind nur einige Begriffe, die zur Charakterisierung der derzeitigen Situation in der Ernährungsbranche herangezogen werden können. Welchen Beitrag können da Markenprogramme zur Schaffung neuer Wertschöpfung leisten?

Aufgrund des hohen akquisitorischen Potenzials von Marken sind auch die Lebensmittelhersteller bemüht, ihre Produkte als Markenartikel anzubieten. Bei überregional distribuierten, verarbeiteten Lebensmitteln ist dieses Anliegen bereits zahlreich und erfolgreich angewandt worden. Problematischer gestaltet sich hingegen die Markenbildung bei den leichtverderblichen landwirtschaftlichen Frischwaren, besonders Obst, Gemüse und Fleisch. Ursache hierfür sind einmal die fehlenden finanziellen Mittel bei den relativ kleinen Betrieben, die zum Aufbau einer starken Marke notwendig sind. Kooperationen z.B. im Sinne von Vermarktungspartnerschaften können hier einen Ausweg darstellen. Zu nennen ist in diesem Zusammenhang die CMA als nationale Institution des Gemeinschaftsmarketing, die bereits verschiedene Versuche zur Schaffung von Gemeinschaftsmarken unternommen hat. Jedoch ist die Erfolgsquote solcher Gemeinschaftsmarken bisher gering, da die notwendige sehr enge Zusammenarbeit eine große Anforderung an den oft umfangreichen Beteiligtenkreis darstellt.

Außerdem unterliegen *Frischwaren* aufgrund ihrer natürlichen Empfindlichkeit ständig Einflüssen, die zu Gewichts-, Geschmacks- oder anderen Qualitätsveränderungen führen können und damit das Angebot einer gleichbleibenden Qualität (Anforderungskriterium an Marken) gefährden. Solche produktionstechnischen Schwierigkeiten lassen sich jedoch prinzipiell durch Normierung im Herstellungsprozess (z.B. bei Eiern) minimieren. Eine Markenbildung ist daher auch – gleichwohl unter erschwerten Bedingungen – bei Frischwaren möglich. Ein anschauliches Beispiel hierfür sind Chiquita-Bananen. Neben der Produktdifferenzierung auf Ebene der Endverbraucher wird mit Markenprogrammen in der Ernährungswirtschaft häufig eine verarbeitergerichtete Profilierung angestrebt.

Eine Herausforderung für das Markenmanagement in der Ernährungsbranche ergibt sich auch aus der **Homogenität des Marktes**. Die funktionalen Leistungen der Produkte haben sich angeglichen. Mithilfe von Marken müssen daher emotionale Qualitäten generiert werden, die eine Profilierung im Wettbewerb ermöglichen. Das Image der Marke überlagert oftmals die Sachleistungen als wichtigsten Kaufgrund für die Kunden. So sind die lila Kuh, die Alpenwelt und „die zarteste Versuchung, seit es Schokolade gibt" die Alleinstellungsmerkmale von Milka, während Sprengel-Schokolade solche positiven Imageassoziation nicht beim Konsumenten wecken kann. Ein anderes Beispiel: Der deutsche Wein hat aufgrund geringerer Imagewerte beim Konsumenten das Problem, trotz oftmals mindestens ebenbürtiger Qualitätseinschätzungen, weniger Berücksichtigung zu finden als die ausländischen Konkurrenzweine. Hier besteht Handlungsbedarf. Zur Verdeutlichung des Qualitätsanspruches müssen starke Weinmarken mit den Imagekomponenten „erfrischend, trocken, fruchtig" in mittel- bis hochpreisigen Marktsegmenten aufgebaut werden.

Eine weitere Besonderheit der Markenführung in der Ernährungsbranche ergibt sich aus dem **Spannungsfeld von Hersteller- und Handelsmarken**. Aufgrund der bereits angesprochenen finanziellen Hürden beim Aufbau starker Marken sind gerade die Unternehmen der mittelständisch geprägten Ernährungsbranche häufig auf die Produktion von Handelsmarken angewiesen. Auch die *einseitige Machtverteilung* zugunsten des Handels kann die Hersteller dazu zwingen, auf die Schaffung einer eigenen Marke zu verzichten. Konsequenzen einer fehlenden eigenen Markenpersönlichkeit sind eine einseitige Abhängigkeit vom Handel, da der Lieferant aus Markengesichtspunkten austauschbar wird. Bei einer fehlenden eigenen Markierung des Produktes ist es dem Anbieter nicht mehr möglich, einen Nachfragesog über den Handel hinweg zu erzeugen, um somit eine Kundenbindung an das Unternehmen zu erlangen. Im Vergleich zu eigenen Marken verringert sich bei Handelsmarken für den Hersteller auch die Gewinnmarge aufgrund der generell niedrigeren Preise. Auf der anderen Seite verringern sich Absatzrisiko und Investitionen in Marketing und Forschung für den Hersteller, z.B. durch Übertragung der Marketingaktivitäten und Qualitätsgarantien auf den Handel. Der Hersteller profitiert am positiven Image des Handels, z.B. dessen Preisorientierung, die gerade in Zeiten einer schwächelnden Konjunktur von Konsumenten gewürdigt wird.

Handelsmarken sind oft die Konsequenz fehlgeschlagener Herstellermarkenstrategien. Wesentlich ungewöhnlicher ist dagegen der umgekehrte Schritt.

Marken sollen Vertrauen schaffen. Sie werden vom Konsumenten als Qualitätsindikator herangezogen, um Verlässlichkeit und Sicherheit zu signalisieren. Gerade in Zeiten vermehrt auftretender Skandale in der Ernährungsbranche haben Marken die Aufgabe, die Verunsicherung der Konsumenten zu beseitigen und ihnen das Vertrauen in den bedenkenlosen, gesunden Genuss deutscher Lebensmittel zurückzugeben. Marken haben per definitionem den Anspruch, eine gleichbleibende Qualität zu gewährleisten. Um dies zu erreichen, müssen auf allen Wertschöpfungsstufen integrierte Qualitätskontrollen durchgeführt werden. Kontrovers diskutiert werden in diesem Zusammenhang Gütezeichen und Prüfsiegel als Instrumente zur Qualitätssicherung.

Marken überleben im Wettbewerb nur dann, wenn sie *innovativ* sind, wenn sie ihre Produkte auf dem neuesten Stand halten, wenn sie lebendig bleiben. Marken müssen deshalb den sich ändernden Erwartungen, Ansprüchen und Wünschen der Verbraucher gerecht werden. Für eine Marke aus der Ernährungsbranche bedeutet das, Produkte anzubieten, die z.B. den Trend zur individuellen Struktur der täglichen Mahlzeiten und zu kleineren Portionen berücksichtigen. Gehen Marken nicht auf diese Entwicklungen und Fortschritte ein, riskieren sie, vom Markt verdrängt zu werden. Aber echte Innovationen sind schwierig und selten. Deshalb geht der Trend zur Veränderung des Bekannten.

Eine Möglichkeit zur Profilierung bietet sich Unternehmen in der von einer Markeninflation geprägten Ernährungsbranche auch durch die Strategie des Brand Stretching an. Dabei wird ein weiteres Produkt unter einem bestehenden Markennamen auf den Markt gebracht. Konsequenz ist eine Konzentration auf wenige Marken im Portfolio des Anbieters. Die hohen Markeneinführungskosten können hierdurch reduziert werden, da die Marke nicht erst bei Handel und Konsumenten bekannt gemacht werden muss. Dadurch sinkt auch das Floprisiko. Dies kann den Handel zu einer erhöhten Listungsbereitschaft veranlassen. Ziel ist es außerdem, das positive Image der Stammmarke auf das Erweiterungsprodukt zu übertragen. Hierdurch kann gleichzeitig im Rücktransfer eine Stärkung der Stammmarke erreicht werden. Bei Beachtung der relevanten Erfolgsfaktoren stellt das Brand Stretching eine erfolgversprechende Markenführungsstrategie in der Ernährungsbranche dar.

Literatur

AAKER, D. A.: Brand Leadership.

BALLING, R.: Gemeinschaftsmarketing für Lebensmittel; Marketing der Agrar- und Ernährungswirtschaft, Hrsg: von Alvensleben, Besch, Weindlmaier, Kiel 1997.

BECKER, J.: Einzel-, Familien- und Dachmarken als grundlegende Handlungsoptionen; in: Moderne Markenführung, Hrsg: Esch, 3. Auflage, Gießen 2001.

ESCH, F.R./WICKE, A.: Herausforderungen und Aufgaben des Markenmanagements; in: Moderne Markenführung, Hrsg: Esch, 3. Auflage, Gießen 2001.

HOMBURG, C./SCHÄFER, H.: Strategische Markenführung in dynamischer Umwelt; in: Erfolgsfaktor Marke, Hrsg: Köhler, München 2001.

KOPPELMANN, U.: Produktmarketing, Köln, 2000.

MEFFERT, H.: Marketing, Münster, 1998.

STRECKER, O./REICHERT, J./POTTEBAUM, P.: Marketing in der Agrar- und Ernährungswirtschaft, Frankfurt 1996.

ZENTES, J./SWOBODA, B.: Hersteller-Handels-Beziehungen aus markenpolitischer Sicht; in: Moderne Markenführung, Hrsg: Esch, Gießen 2001.

Handelsmarken als strategischer Erfolgsfaktor für Hersteller
Josef Stollenwerk, Willi Stollenwerk

Bei Konservenherstellern denken Verbraucher zumeist an die großen Markenhersteller. Eine der größten Erfolgsgeschichten in der Konservenindustrie schreibt jedoch ein Unternehmen, das einer breiteren Öffentlichkeit nur wenig bekannt ist. Die J. & W. Stollenwerk OHG ist in 40 Jahren von einer unbedeutenden Konservenfabrikation zu einem führenden Hersteller aufgestiegen, indem es eine konsequente Strategie der Kostenführerschaft bei hoher Qualitätsorientierung verfolgt hat und noch heute unverändert verfolgt.

Von Anfang an liegt das Augenmerk der Hersteller auf der Qualität der Ausgangsprodukte, denn es kann qualitativ nichts besseres aus der Konserve herauskommen als man hineingibt. So liegt der Ursprung der Konservenfabrik nicht überraschend in der eigenen Landwirtschaft, die noch heute eine wichtige Basis für die Qualität der Ausgangsprodukte bildet.

Als der Vater der beiden Firmengründer Hubert Stollenwerk sich im Jahr 1931 auf eine Annonce im „Rheinischen Bauern" beim Freiherrn von Loé um einen Pachtvertrag für dessen landwirtschaftliches Gut bewirbt, weiß er nicht welche Entwicklung dieser Betrieb einmal nehmen wird. Anfang der 50er-Jahre übernahmen die Söhne Josef und Willi Stollenwerk in jungen Jahren den Betrieb und suchten nach neuen Geschäftsfeldern.

Ein Nachbar, der vom Niederrhein kam, gab zusätzliche Anregungen zum Anbau von Gemüse. Das Gemüse wurde mit dem Traktor zur Versteigerung ins nahe gelegene Bedburg gefahren. Die Versteigerung war nicht nur der Ort des Absatzes, sondern vor allem Nachrichtenbörse und Informationsquelle für die jungen Gemüsebauern. Aber schon bald wandten sie sich an die Versteigerung in Köln. Dort waren die Preise besser. Die jungen Leute fielen dort positiv auf, und so wurde nach einigen Jahren Josef Stollenwerk Vorstand und Vorsitzender des Erzeugergroßmarktes.

In Köln organisierte der Großmarkt für eine Konservenfabrik Anbauverträge mit den Landwirten. Nachdem man die Vorzüge des Vertragsanbaus für die Landwirte kennengelernt hatte, begann man sich für das Geschäft einer Konservenfabrik zu interessieren. Der Bruder Willi Stollenwerk suchte sich zu Beginn der sechziger Jahre eine Konservenfabrik, in der er als Praktikant die Grundzüge des Geschäftes lernen konnte. Schon bei der Auswahl des geeigneten Betriebes galt die Regel, dass man nur von Kostenführern lernen wollte. So kamen z.B. Konservenfabriken, die einen eigenen Pförtner beschäftigten von vorne herein nicht in Frage. Mit Genehmigung des Betriebseigners wurde alles – von der Rezeptur bis zum Produktionsanlauf – notiert, um es für die Gründung eines eigenen Betriebes zu verwenden.

Mit Hilfe eines ortsansässigen Schmiedes wurde 1961 ein erster eigener Behälter zur Pasteurisation gebaut, ein erstes Kühlhaus für die landwirtschaftlichen Produkte wurde errichtet. Im Jahr darauf wurden von den Stollenwerks die ersten 34.000 Gläser von Hand abgefüllt und etikettiert. Außer Gurken wurden auch Pfirsiche in Konserven abgefüllt, die sich jedoch als schwer verkäuflich erwiesen und dem Unternehmen seinen ersten Verlust bescherten. Ein Jahr später wurden mit den ersten gebraucht gekauften Maschinen und einem Pasteurisator bereits 100.000 Gläser abgefüllt. Man setzte jetzt auf Gurken und rote Bete.

Schon damals befand sich die Konservenindustrie in der Konsolidierung und regelmäßig wurden Betriebe aufgegeben. Gegen diesen Trend konnte Stollenwerk weiter Wachstum verzeichnen. Eigene Kontakte zu Handelsunternehmen existierten bei Stollenwerk nicht. Zunächst begann man 1964 mit Hilfe von Handelsvertretern zu vermarkten, bei denen man jeweils die Lücke schloss, die die Unternehmen hinterließen, die aus dem Markt ausschieden. Mit den ersten Vertretern ergaben sich Handelsbeziehungen zu einzelnen Supermärkten, aber auch zu Handelsketten wie Kaufhof, Kaufhalle etc. Beliefert wurden die Kunden teils mit dem hofeigenen Traktor.

Bald stellte man fest, dass es nicht nur preiswerter, sondern sehr viel effektiver war, die Kundenpflege und Entwicklung in die eigene Hand zu nehmen. Dazu wurde 1967 ein Vertriebsleiter eingestellt, der über Kontakte zu weiteren Handelsunternehmen verfügte und damit das Abnehmernetz um weitere Supermarktketten erweiterte. In diese Zeit fiel auch die Anschaffung des ersten eigenen Lastwagens. Gegen jeden Trend zum Outsourcing unterhält die Firma Stollenwerk auch heute einen großen Fuhrpark, mit dem es ihr gelingt, sehr viel preiswerter auszuliefern als über Speditionen.

Als 1970 wieder einmal eine Konservenfabrik in Remscheid aufgab, wurden außer den Maschinen auch die 20 Mitarbeiter übernommen, mit deren Know-how es gelang, ein Obst-Konservengeschäft zu entwickeln. Die eigene Landwirtschaft bildete für derartige Übernahmen jeweils das Rückrat der Finanzierung. 1974 befand sich die „Rheinland Konservenfabrik" in einer wirtschaftlichen Schieflage. Die genossenschaftlichen Eigentümer suchten dringend einen neuen Unternehmer. Und als sehr viel größere Konservenhersteller zögerten, griffen die Stollenwerks zu. Mit dieser Fabrikation erweiterte sich das Produktspektrum auch um Gemüsekonserven. Weitere Käufe von Unternehmen folgten. Bei kleineren Übernahmen wurden meist die Anlagen abmontiert und in der eigenen Fabrik wieder aufgebaut. Aus Kostengründen wurden so wesentliche Teile der eigenen Produktion aus übernommenen Standorten oder aus Insolvenzen der Wettbewerber aufgebaut. Zu den wichtigsten erworbenen Werten gehörten aber auch die jeweiligen Kundenbeziehungen. Dies führte dazu, dass Stollenwerk-Konserven bald bei fast allen Lebensmitteleinzelhandelsunternehmen gelistet waren.

1984 wurde in Merzenich bei Düren neu gebaut, um mittlerweile drei Produktionsstandorte an einem zusammenzuführen. In diese Zeit fiel auch der Kauf einer Burg samt landwirtschaftlicher Flächen, zu deren Pächtern der Vater der Brüder Stollenwerk einst gehört hatte. Bereits in den siebziger Jahren waren mehrere landwirtschaftliche Betriebe in Bewirtschaftung genommen worden.

Der Niedergang der mittelständischen Konservenindustrie hielt an und Stollenwerk kaufte in Lübbenau einen Betrieb mit der Marke „Spreewaldstolz", zusätzlich die Maschinen für die Sauerkrautproduktion der Firma Appel und Frenzel und schließlich wurde 2002 noch ein Werk in Meldorf (Schleswig-Holstein) mit der Marke „Omas Krautfaß" übernommen.

Die Zahl der unterschiedlichen Produktvarianten ist immens und die 50 grünen Lastzüge mit der Werbung „Stollenwerk veredelt Gemüse und Obst" sind auf deutschen Straßen nicht zu übersehen.

Und doch ist der Name Stollenwerk-Konserven auch nach 40 Jahren eher Insidern ein Begriff. Stollenwerk setzte von Anfang an auf hohe Qualität zu niedrigsten Kosten und war damit sehr früh ein geeigneter Partner für den Discount-Handel. Diese Partnerschaft baute Stollenwerk systematisch aus und setzte statt auf eigene Marken überwiegend auf *Handelsmarken*. Trotz des Verzichtes auf die Profilierung der eigenen Marken wuchs Stollenwerk mit der zunehmenden Bedeutung des Discount-Bereichs, der heute am Ende eines langen Konsolidierungsprozesses der Konservenindustrie in Stollenwerk einen wichtigen Partner auf der Industrieseite hat.

Die Handelsmarken Stollenwerk profitieren dabei nicht nur von der Sparwelle, die Deutschlands Konsumenten erfasst hat. Auch die erhebliche Verringerung des Qualitätsabstandes zwischen Hersteller- und Handelsmarken beschleunigt den Aufstieg der No-Name-Marken. In Qualitätsvergleichen schneiden die Handelsmarken mitunter besser ab als mancher Top-Markenartikel. Und je mehr der Glanz traditioneller Marken z.B. auch durch die Reduzierung der Werbeaufwendungen in den letzten Jahren verblasst, desto leichter fällt es Einzelhändlern, Konsumenten von den Vorzügen der Handelsmarken zu überzeugen. Von Bedeutung ist für Stollenwerk auch die Auswahl der Handelspartner, denn der Kunde überträgt die Erfahrungen, die er mit dem Geschäft sammelt, zunehmend auch auf die Hausmarke.

Ermöglicht wird diese Strategie erst durch die Kombination von **Kostenführerschaft** und konstant **hoher Qualität**. Parallel zur Konservenproduktion wurden auch die landwirtschaftlichen Betriebe stetig ausgebaut. Stollenwerk gehört zu den großen landwirtschaftlichen Unternehmern in Deutschland, und kaum jemand beherrscht so effektiv das **Management der Wertschöpfungskette** vom Saatgut bis zur Auslieferung an den Lebensmittelhandel ebenso wie das **Qualitätsmanagement**, das nirgendwo so effektiv greifen kann wie auf den eigenen Betrieben, denn moderne Qualitätssicherung muss in allen Phasen der Wertschöpfungskette verankert sein und kann – wie bei Stollenwerk – dann am wirkungsvollsten umgesetzt werden, wenn das Management direkten Zugriff auf möglichst viele Einflussgrößen der Qualität hat. Hierdurch wird eine integrierte Qualitätssicherung gewährleistet, also ein Ineinandergreifen aller qualitätswirksamen Maßnahmen in den einzelnen Phasen und im gesamten Ablauf eines Erzeugnisses. Beginnen muss dieser Prozess bei der Geschäftsführung, die sich mit der Qualität identifiziert und für die Durchsetzung aller erforderlichen Maßnahmen sorgt. In einem hart umkämpften Markt kann so durch die kreative Kombination und Zusammenfassung aller Wertschöpfungsstufen in einem Hause ein entscheidender Wettbewerbsvorteil erlangt werden. Diesen Maximen hat sich Stollenwerk verpflichtet, um seinen Kunden eine konstant hohe Qualität anbieten zu können.

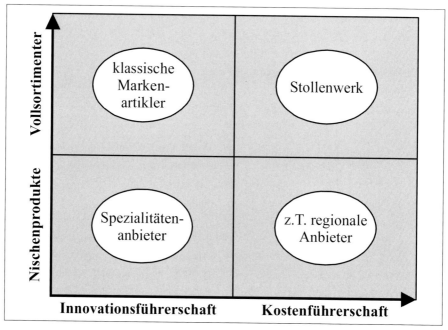

Abbildung 20: Stollenwerk in der Vier-Strategiefelder-Matrix

Anders als die klassischen Markenartikler ist das Unternehmen Stollenwerk konsequenter Kostenführer in allen Bereichen. Im Gegensatz zur eher outputorientierten Leistungsführerschaftsstrategie ist die Kostenführerschaftsstrategie darauf ausgerichtet, gegenüber den Konkurrenten zu den niedrigsten Stückkosten zu produzieren, um möglichst große Absatzmengen zu erlangen. Anders als einige regionale kostenorientierte Familienunternehmen ist Stollenwerk ein Vollsortimenter, der in der Lage ist, umfangreiche Sortimente auch in großen Stückzahlen zu liefern. Ermöglicht wird dies auch durch hohe Automationsgrade, ständige Auslastung und keine Leerkapazitäten, da der Break-Even-Punkt bei einer konsequenten Kostenführerschaftsstrategie in der Nähe vollständiger Kapazitätsauslastung liegt. Während viele Unternehmen der Verlockung unterliegen, bei dem Versuch, die Kostenführerschaft zu erlangen, an den Material- und Herstellungskosten zu sparen und damit eine verminderte Qualität ihrer Produkte in Kauf nehmen, hat Stollenwerk im Sinne einer hybriden Strategie sowohl Kostenführerschaft als auch hohe Qualität realisiert.

Es ist die Kombination dieser drei Strategiebausteine, die den Erfolg von Stollenwerk begründet: deutliche Fokussierung auf das Handelsmarkengeschäft, absolute Kostenführerschaft auch durch unorthodoxe Methoden (Integration der Landwirtschaft, Fuhrpark etc.) und zuverlässig hohe Qualität, die Stollenwerk zu einer vergleichsweise unbekannten aber umso erfolgreicheren Größe in der Ernährungsindustrie gemacht haben.

Trends im Konsumverhalten von Lebensmitteln
Alena Fuchs

Die seit Mitte der 70er-Jahre bestehende Sättigungstendenz auf vielen Märkten ist auch auf diversen Teilmärkten des Ernährungsgewerbes zu beobachten. Wachstumschancen bestehen vor allem in Märkten, die den aktuellen Trends im Konsumentenverhalten gerecht werden. Die Ausrichtung der Markenführung an zukunftsfähigen Märkten ist beispielsweise ein wesentlicher Erfolgsfaktor eines Unternehmens in der Ernährungswirtschaft.

Quantitative Trends im Konsumentenverhalten

In diesem Abschnitt wird die Entwicklung quantitativer Bestimmungsgrößen des Konsumentenverhaltens, in Bezug auf Lebensmittel, diskutiert. Diese Trends sind Erscheinungsbilder gesellschaftlicher Veränderungen und Indikatoren für Entwicklungen im potentiellen oder vorhandenen Kundensegment. Nachfolgend werden aktuelle Trends vorgestellt, auf deren Basis zukünftig relevante Zielgruppen abgeleitet werden können, die in Bezug auf ihre Größe oder aufgrund ihrer Leitfunktion in der Gesellschaft an Bedeutung gewinnen.

Die Bedeutung der „Generation 50 plus"

In der Bevölkerungsentwicklung zeichnet sich ein Trend zu einer sinkenden und alternden Bevölkerung ab. Daraus ergibt sich mittelfristig für das Konsumentenverhalten im Lebensmittelbereich eine sinkende Gesamtnachfrage.

In weniger als 20 Jahren werden über 45 Prozent der Bevölkerung älter als 50 Jahre sein. Bezogen auf das Konsumentenverhalten der Generation 50 plus, ist eine differenzierte Betrachtung einzelner Segmente nötig, da diese Trendgruppe sehr heterogen ist. Im Rahmen der Verbraucheranalyse 1999 wurde festgestellt, dass sich die Altersschwellen in Richtung der älteren Jahrgänge verschieben. Erst ab dem 60sten Lebensjahr kann eine stärker ausgeprägte Markentreue und eine Abnahme von Impulskäufen festgestellt werden. Der natürliche Alterungsprozess ist mit speziellen Bedürfnissen nach Bequemlichkeit, großer Schrift auf den Verpackungen und kleineren Portionen verbunden. Auch jüngere Menschen haben den Wunsch nach Bequemlichkeit und übersichtlichen Verpackungen (im Zeitalter des Information-Overload), sowie kleineren Portionen.

Die GfK – Marktforschungsuntersuchung „Food Trends 2001" bestätigt eine Altersabhängigkeit des Konsumverhaltens von Lebensmitteln. Die Jüngeren fordern Abwechslung, Convenience-Produkte, Kalorienarmes und „Ethnic Food". Mit zunehmendem Alter steigt das Interesse an naturbelassenen, frischen, sowie einheimischen Produkten und Hausmannskost. Bei der Analyse der Trinkgewohnheiten konnte eine Zunahme des Kaffee-, Tee- und Mineralwasserverzehrs mit dem Alter beobachtet werden.

Die Bedeutung des „situativen Einzelessers"

Die Haushaltsgröße der privaten Haushalte nimmt seit Jahrzehnten kontinuierlich ab, womit eine Zunahme der Gesamtzahl der Haushalte verbunden ist. Die Zahl der Haushalte hat sich von 1950 bis 1999 verdoppelt (SBA, 1999). Die bisherige Entwicklung der Haushaltsstruktur lässt darauf schließen, dass sich der Trend zu Ein- und Zweipersonenhaushalten fortsetzt.

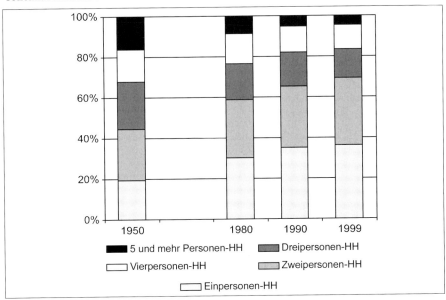

Abbildung 21: Struktur der westdeutschen Privathaushalte nach Haushaltsgröße im Zeitablauf (Quelle: SBA, 1999)

Die typische Vorstellung eines Einpersonenhaushaltes ist eng verbunden mit dem Wort **„Single"**. Seinen Ursprung hat der Begriff in den USA und kam Ende der 70er-Jahre nach Deutschland. Damals bezeichnete der Begriff eine emanzipierte Lebensform jenseits der traditionellen Familie. Die „Swinging Singles" hatten keinen festen Partner und lebten gezielt allein. In den 90er-Jahren wendete sich der Begriff zum „einsamen Karrieristen". Es wird deutlich, dass der Begriff mit Klischees belastet ist; demnach ist es nötig den Einpersonenhaushalt objektiv anhand der Statistik zu beschreiben. Das größte Segment der Einpersonenhaushalte bilden die über 65-jährigen (37,2 Prozent), die zum größten Teil verwitwet sind. Die 25- bis 45-jährigen sind ebenfalls eine stark vertretene Gruppe der Einpersonenhaushalte mit einem Anteil von 31,4 Prozent (Statistisches Jahrbuch).

Bezogen auf den Konsum von Lebensmitteln erscheint eine Differenzierung nach Einpersonenhaushalten für das Konsumentenverhalten wenig aussagefähig. Die Situation des „alleine Essens" tritt ebenso in Mehrpersonenhaushalten auf, wie sie nicht zwangsläufig bei Einpersonenhaushalten zu finden sein muss. Ein Viertel der Bundesbürger isst Mittags fast immer allein. Bei den Drei-Personen-Haushalten mit hohen Einkommen sind es sogar 34 Prozent, die Mittags fast nie oder nur manchmal mit anderen zusammen essen. Auch andere Studien bestätigen den Trend zum „situativen Einzelesser", dem es aufgrund seiner Lebensumstände nicht möglich ist, die Mahlzeiten in Gesellschaft zu verbringen.

Die Situation des „alleine Essens" ist besonders häufig unterwegs und zwischendurch, beim Alltags-Frühstück zu Hause, beim Alltags-Abendbrot zu Hause, heimlich oder auf Geschäftsreisen anzutreffen. Der Zubereitungsaufwand wird möglichst gering gehalten, indem auf Convenience-Food zurückgegriffen wird oder Reste aufgewärmt werden. Beliebt ist auch die Zubereitung von kalten Speisen (z.B. Brote) oder der Verzehr Außer-Haus (Imbiss, Fast-Food). Geschieht das „allein Essen" nebenbei (z.B. beim Arbeiten, Fernsehen, Putzen, Bummeln, Spazieren-gehen), so kann es genossen werden, da es die Möglichkeit bietet einen kurzen Moment nur den eigenen Bedürfnissen zu folgen. Das alleine Essen einer Hauptmahlzeit hingegen wird eher als Mangelerlebnis wahrgenommen, welches versucht wird zu kompensieren. Als extremste Situation sei das allein verzehrte Weihnachtsessen am Heiligabend zu nennen.

Frauenerwerbstätigkeit und Familienstruktur

Im Hinblick auf das Konsumverhalten von Lebensmitteln spielt die Rolle der Frau eine besondere Rolle. Das traditionelle Bild der Hausfrau, die für die Beköstigung der Familie zuständig ist, hat sich in den letzten Jahrzehnten im Rahmen der Emanzipation gewandelt. Aufgrund eines höheren Bildungsniveaus streben auch immer mehr Frauen die Erwerbstätigkeit an. 1972 betrug die Erwerbstätigenquote der Frauen nur 46,9 Prozent. Im Mai 2000 waren hingegen schon 57,8 Prozent der Frauen zwischen 15 und 65 Jahren erwerbstätig (Statistisches Jahrbuch 2001 und 1992).

Die Zeitbudgeterhebung 1991/92 macht deutlich, dass vor allem die Frau mehr Zeit mit der Beköstigung (Zu- und Nachbereitung von Mahlzeiten) verbringt als Männer, was darauf schließen lässt, dass die Zu- und Nachbereitung von Mahlzeiten, immer noch hauptsächlich Frauensache ist. Im Gegensatz zu 45- bis 59-jährigen Paaren, bei denen nur 18 Prozent der Männer mithelfen, wenn Gäste bekocht werden, sind es bei den unter 30-jährigen schon 45 Prozent der Männer, die mithelfen. Interessant ist die Beobachtung, dass die Eheschließung hemmend auf das haushälterische Engagement der jüngeren Männer zu wirken scheint. Dennoch zeichnet sich ein Wandel ab, der allerdings nur eine mäßig zunehmende Beteiligung des Mannes an besagten Aufgaben erkennen lässt.

Es ist zu erwarten, dass eine große Zahl an Frauen auch weiterhin in einem Spannungsfeld zwischen Berufstätigkeit und Familie steht. Diese Doppelbelastung führt zu Zeitnot, die sich im Konsum von beispielsweise Convenienceprodukten äußert.

Es ist auch zu bedenken, dass die Frau selbstständiger geworden ist und über die Rolle der Hausfrau hinaus individuelle Bedürfnisse befriedigen möchte. Die zunehmende Erwerbstätigkeit und Ausdifferenzierung der Partnerschafts- und Familienformen ermöglichen den Frauen eine größere finanzielle Unabhängigkeit, zeitliche Unabhängigkeit vom Partner oder von der Familie. Frauen haben die Möglichkeit, sich in Zukunft aufgrund der beschriebenen Entwicklungen als Konsumentinnen variantenreicher zu verhalten.

Einkommensentwicklung und Ausgaben für Lebensmittel

Das verfügbare Einkommen der privaten Haushalte ist von 1991 bis 2000 um 34 Prozent gestiegen. Die Konsumausgaben legten im selben Zeitraum um 50 Prozent zu. Allerdings nahm der Anteil der Ausgaben für Nahrungsmittel, Getränke und Tabakwaren an den Gesamtkonsumausgaben ab und beträgt 2000 ca. 16 Prozent, wohingegen die Ausgabenanteile für Wohnung, Wasser, Strom, Gas, etc. und Kraftfahrzeuge zunahmen (SBA, 2000c). Damit folgen die Ausgaben dem Engelschen Gesetz, welches besagt, dass mit steigendem Einkommen der relative Ausgabenanteil für Lebensmittel sinkt.

Die Einkommensverteilung ist keineswegs gleichmäßig und nimmt in ihrer Polarisierung zu, worauf ein zunehmender Gini-Koeffizient hindeutet (DIW, 2000). Vor allem die unterschiedlichen Einkommensniveaus zwischen Ost- und Westdeutschland bedingen vorhandene Unterschiede in den relativen Ausgaben für Lebensmittel. Nach den Ergebnissen der Einkommens- und Verbrauchsstichprobe (EVS) 1998 gibt ein Haushalt im Monat durchschnittlich 273 € für Lebensmittel und Getränke aus und 78 € in Restaurants und Gaststätten.

Folgende „Trendgruppen" zeichnen sich durch einen hohen Lebensstandard und ihre Leitbildfunktion aus: DINKs (Double Income No Kids), berufstätige Frauen mit qualifizierter Ausbildung, vermögende Etablierte im Alter zwischen 40 und 50, sowie die Generation 50 plus mit einem überdurchschnittlich hohen Einkommen.

Qualitative Trends im Konsumentenverhalten

Die bereits vorgestellten „Trendgruppen" erlauben keine detaillierten Prognosen des Kaufverhaltens, da demografische und ökonomische Merkmale nur bedingt das Konsumverhalten beeinflussen. Der Konsum dient der Befriedigung menschlicher Bedürfnisse. Werte eignen sich von allen intrapersonalen Bestimmungsfaktoren am Besten zur Trendanalyse des Konsumentenverhaltens. In Anlehnung an den Wertebegriff von Kluckhohn (1951) werden Werte als „grundlegende explizite oder implizite Konzeptionen des Wünschenswerten charakterisiert". Werte sind folglich als Hintergrundvariablen zu interpretieren, die andere Faktoren wie Einstellungen, Motive oder Emotionen steuern. Als Hauptrichtung des Wertewandels gibt Klages die Abwertung von Pflicht- und Akzeptanzwerten zugunsten von Selbstentfaltungswerten an, und erklärt damit die eine Pluralisierung der individuellen Wertsysteme, wie wir sie heute vorfinden.

Der Hybride Konsument

Die Pluralisierung der individuellen Wertsysteme führt beim Konsumenten zu vielen „Widersprüchlichkeiten", die einer „Sowohl-Als-Auch-Position" von Pflicht-/Akzeptanzwerten und Selbstentfaltungswerten gleichzusetzen ist.

Abhängig von der Konsumsituation (Produkt, Anlass, Zeitpunkt) unterscheiden sich die Verhaltensmuster der Konsumenten deutlich. Im Lebensmittelkonsum sind eine Vielzahl von Ambivalenzen zu beobachten: Die Sensibilisierung und Sublimierung des Geschmacks, der Trend zum Selbermachen gegenüber der Verwendung von Fertigprodukten, sowie der Konsum von Fast-Food gegenüber Feinschmeckergerichten. Von besonderem Interesse im Foodbereich ist das hybride Kaufverhalten hinsichtlich Qualität und Preis. Nach einer von Grey initiierten Studie sind drei Käufertypen zu unterscheiden: der klassische Schnäppchenjäger, der Qualitätskäufer und das Segment der Smart-Shopper, die sowohl preis- als auch qualitätsorientiert einkaufen, nach dem Motto: „Geld sparen = clever".

Die Konsumenten switchen je nach Produkt, Anlass oder Zeitpunkt zwischen den drei Käufertypen. Ob der Preis oder die Qualität für den Konsumenten entscheidend ist, hängt von seinem individuellen Produkt- und Kaufinvolvement ab. Das Produktinvolvement bezeichnet die Wichtigkeit des Produktes für den Erwerber. Das Kaufinvolvement wird bestimmt durch das in einer konkreten Kaufsituation subjektiv empfundene (funktionale, ökonomische oder soziale) Risiko. Sind beide Involvements in der jeweiligen Kaufsituation hoch, wird der Konsument qualitätsorientiert einkaufen. Ist entweder das Produkt- oder das Kaufinvolvement gering, wird versucht, ein qualitativ hochwertiges Produkt zu einem niedrigen Preis, im Sinne des „Smart Shoppers", zu erwerben. Sind beide Involvementarten in ihrer Bedeutung gering, werden Gattungsmarken und No-Name Produkte, also Billigwaren bevorzugt. Das Kaufverhalten gleicht dann einem Schnäppchenjäger.

Erlebnisorientierung beim Konsum von Lebensmitteln

Der Konsum von Lebensmitteln lässt sich in eine Versorgungskomponente und eine Erlebniskomponente unterteilen. Der Versorgungskonsum dient der Befriedigung alltäglicher Grundbedürfnisse, währenddessen der Erlebniskonsum den Zusatznutzen befriedigt. Der zentrale Unterscheidungsfaktor ist das emotionale Engagement. Der hohe Stellenwert der Selbstentfaltung in der heutigen Zeit, führt zu einem Genuss- und Erlebnisstreben des Konsumenten. Die Folge sind genussbetonte und hedonistische Käufe. Der Genusswert eines Lebensmittels liegt in seiner sensorischen Qualität (Form, Farbe, Geruch, Geschmack, Frische, Konsistenz, Gehalt an Genussstoffen und Präsentation). Wer es sich leisten kann, entwickelt ein individuelles Ernährungsverhalten, das nach einer Maximierung des Zusatznutzens strebt.

Der Wunsch nach Abwechslung kann auch als Erlebnisstreben interpretiert werden, denn ein zufriedenstellender Grundnutzen bietet keinen Grund für einen Wechsel des Produktes oder der Marke. Vor allem die DINKs und berufstätigen Frauen haben Spaß am Kennenlernen neuer Gerichte und Lebensmittel. Damit lässt sich auch die steigende Beliebtheit von „Ethnic Food" begründen. Besonders beliebt ist nach wie vor die italienische Küche, gefolgt von der griechischen.

Zeitstruktur in der Freizeitgesellschaft und Mahlzeitenmuster

Betrachtet man die kumulierten Arbeitsstunden der Arbeitnehmer im Inland zwischen 1991 und 2000, bei etwa gleichbleibenden Arbeitnehmerzahlen, so ist ein 6,7 prozentiger Rückgang der Arbeitsstunden zu beobachten (SBA, 2000c).

Obwohl die Arbeitszeiten heute kürzer sind, klagen 78 Prozent der Berufstätigen über subjektiv empfundene Zeitnot. „Zeit zu sparen" wird auch zur Maxime bei Alltagsaktivitäten und schlägt sich in der Esskultur nieder. Convenience-Food gewinnt im Alltag an Bedeutung und der soziale Charakter der Mahlzeiten nimmt ab. Erfolgt die Zubereitung von Mahlzeiten allerdings bewusst und mit einer Dominanz der Erlebnisorientierung, wird das Essen zelebriert, fein zubereitet – selbst gekocht oder im Schlemmerlokal verzehrt – und damit zur sinnerfüllten Freizeitbeschäftigung. Es werden nur exklusive Lebensmittel verwendet, die dazu dienen, einen bestimmten Lebensstil zu demonstrieren.

Als Folge der Flexibilisierung unserer Zeitformen, gewinnt das situative Essen/Mobil Food im Alltag an Bedeutung. Wir leben in einer „24-Stunden-Gesellschaft", in der überall gegessen wird. Die traditionellen Mahlzeitenmuster verlieren an Bedeutung und es ist eine Verschiebung der Hauptmahlzeit in den Abend zu beobachten. Darüber hinaus konnte eine Polarisierung der Essgelegenheiten ermittelt werden, die sowohl eine steigende Zahl der Häufig-Esser, als auch der Selten-Esser zur Folge hat.

Die Familienmahlzeit hat jedoch immer noch eine starke Position. Zwei Drittel aller Mahlzeiten finden im Beisein anderer Haushaltsangehöriger statt. Ehepaare ohne Kinder essen die meiste Zeit zusammen. Das Sitzen an einem Tisch bedingt allerdings nicht den Verzehr einer gemeinsamen Mahlzeit.

Gesundheitsorientierung

Die zunehmende Wellnessorientierung hat einen Wandel im Gesundheitsbewusstsein der Konsumenten nach sich gezogen. Gesundheit wird nicht mehr rein medizinisch als Gegenteil von krank sein bzw. werden verstanden, sondern eher als „physisches und psychisches Wohlbefinden" gesehen und entspricht somit dem Wellnessgedanken.

Als Ursache für den Wandel in eine Wohlfühlgesellschaft gilt unter anderem die beschriebene subjektiv empfundene Zeitnot. Nach der Mangelhypothese, die auf Inglehart zurückgeht (1977), steigt mit der Knappheit die Wertschätzung. Dabei kommt es vor allem auf die Wahrnehmung der Knappheit an. Es bleibt dahingestellt, ob es eine Entwicklung hin zu einer Wohlfühlgesellschaft gegeben hätte, wenn die Marketingmanager das Bewusstsein der Menschen nicht auf die Knappheit gelenkt hätten. Ein weiterer Grund, der im Zusammenhang mit dem Megatrend Wellness genannt wird, ist die Gesundheitsreform. Gesundheit wird nicht mehr ausschließlich an Ärzte delegiert, sie muss aktiv gelebt werden. Die Ergebnisse zahlreicher Studien bestätigen die hohe Wertschätzung der Ernährung als Gesundheitsfaktor.

Vor allem Frauen und Personen, die älter als 50 Jahre alt sind, legen im Vergleich mehr Wert auf gesunde Ernährung. Inwieweit das hohe Gesundheitsbewusstsein allerdings das Ernährungsverhalten beeinflusst, ist nur schwer zu beurteilen. Fest steht, dass das Ernährungswissen der Konsumenten durchaus beachtlich ist, auch wenn es zumeist jegliche ernährungswissenschaftliche Grundlagen verloren hat. Die mediengestützte Verbreitung von Gesundheitskonzepten führt zu vereinfachten Theorien, die selektiv interpretiert und wahrgenommen werden. Die Mehrheit der deutschen Bevölkerung sucht beim Essen eine Balance zwischen Gesundheit und den gleichzeitigen Bedürfnissen nach Wohlgeschmack und Convenience. Es gilt das Motto: Das was gesund ist, soll auch schmecken. Bei den unter 30-jährigen ist dieses selektive Gesundheitsbewusstsein ausgeprägter als bei älteren, für welche die Gesundheit in der Wertehierarchie vor Genuss steht.

Nachfolgend wird der Konsum funktioneller Lebensmittel und Bioprodukte näher beschrieben, die mit einer gesunden Ernährung im Zusammenhang stehen.

Konsum von funktionellen Lebensmitteln

Aufgrund fehlender rechtlicher Regelungen gibt es für funktionelle Lebensmittel (synonym: Functional Food) keine einheitliche Definition. Nachfolgend werden unter Functional Food Lebensmittel verstanden, die einen physiologischen oder gesundheitlichen Zusatznutzen liefern, der über die Effekte der klassischen Nährstoffe der jeweiligen Lebensmittel hinausgeht. Nach dem Lebensmittel- und Bedarfsgegenständegesetz ist es nicht erlaubt, Lebensmittel mit Aussagen zu bewerben, die auf eine Verhütung, Linderung oder Heilung von Krankheiten abzielen. Allgemeine gesundheitsbezogene Aussagen über Wirkungen von Lebensmitteln sind nach derzeitiger Rechtsauffassung aber legitim. Diese Regelung erschwert die Aufklärung der Konsumenten über die Wirkung funktioneller Lebensmittel. Die ausgelobten gesundheitsfördernden Effekte einiger Produkte sind wissenschaftlich oft nicht abgesichert. Eine positive gesundheitliche Wirkung vieler funktioneller Lebensmittel ist nur bei regelmäßigem Verzehr festzustellen; dies gilt vor allem für Probiotika und Prebiotika.

In einer 1994 veröffentlichten Studie wurden Konsumenten gefragt, welchen Zusatznutzen sie von gesunden Lebensmitteln erwarten. In Deutschland waren Produkte mit immunstärkenden Eigenschaften am gefragtesten, neben Lebensmitteln, die generell die Widerstandsfähigkeit gegen Krankheiten erhöhen und Lebensmitteln, welche die Darmgesundheit fördern. Seitdem ist das Angebot an funktionellen Lebensmitteln (z.B. LC 1, becel pro-aktiv, ACE-Getränke, mit Vitaminen, Ballaststoffen oder Omega-3-Fettsäuren angereicherte Backwaren) vielfältig geworden und der Markt bietet die unterschiedlichsten gesundheitlichen Zusatznutzen. Knapp 50 Prozent des Gesamtmarktes funktioneller Lebensmittel entfallen auf die Warengruppen Joghurt, Fruchtsaftgetränke und Getreideprodukte.

Der Anteil des Functional-Food Markts am Gesamtmarkt für Lebensmittel beläuft sich nach Angaben von ACNielsen auf 1,5 Prozent. Zuwachsraten von 10 Prozent in den letzten Jahren verdeutlichen das Wachstumspotential (SG 1, 2002, S. 41).

Laut einer Studie der Universität Kiel (1999) stehen die Verbraucher dem Angebot an funktionellen Lebensmitteln positiv gegenüber. Ältere Konsumenten sind trotz eines gesteigerten Gesundheitsbewusstseins skeptischer als die jüngeren. Sie haben Zweifel an der gesundheitlichen Wirkung. Das Hauptargument für den Kauf funktioneller Lebensmittel ist deren suggerierter Beitrag zur Prävention ernährungsbedingter Krankheiten. Unakzeptabel sind Produkte, die den Charakter von chemischer „High-Tech-Nahrung" haben, da sie das Kriterium der Natürlichkeit vermissen lassen, welches ausschlaggebend für eine gesunde Bewertung eines Lebensmittels ist.

Konsum von Bioprodukten

Bio-/Ökoprodukte haben seit 1994 einen stetigen Imageanstieg erfahren, der auf die positive Bewertung von „rückstandsfrei", „natürlich" und „gesundheitsfördernd" zurückzuführen ist. Ökoprodukte sind zu Beginn der 80er-Jahre vor dem Hintergrund der Umweltbewegung von einer konsequent umweltorientierten Bevölkerungsgruppe als Ausdruck ihrer gesellschaftspolitischen Überzeugung und Lebensweise nachgefragt worden. Seit den 90er-Jahren hingegen sinkt das Umweltbewusstsein, was ein moderates Wachstum des Marktes für Bioprodukte zur Folge hat. Die Untersuchung der Hauptmotive für den Kauf von Bioprodukten im Zeitverlauf macht deutlich, dass die Umweltschutzmotivation an Bedeutung verloren hat. Wachstumspotentiale bestehen heute, laut einer Studie der Gesamthochschule Paderborn, weitgehend bei den Gelegenheitskäufern, die ihre Kaufentscheidung oftmals situativ treffen und immer wieder neu vom Produktnutzen überzeugt werden müssen. Die Vergrößerung des Intensivkäufersegmentes wird kaum zu realisieren sein. Die Gruppe der Intensivkäufer sind nach den Ergebnissen der ZMP-Bio-Studie insbesondere Haushalte mit Kindern, die vor allem im Fachhandel Bioprodukte einkaufen.

Die BSE-Krise in Deutschland Ende 2000 hatte einen starken Nachfrageimpuls zur Folge, der auch der Agrarpolitik eine andere Richtung gab. Die Ergebnisse einer Langfriststudie der Universität Kiel lassen darauf schließen, dass die Verbraucher ein halbes Jahr nach der BSE-Krise wieder zu ihren alten Einstellungen und Verhaltensmustern zurückgekehrt sind. Allerdings ist festzustellen, dass vor allem bei den „Risikoprodukten" Fleisch und Wurstwaren und in geringem Maß auch bei Milchprodukten der Biokonsum ausgeweitet wurde. Langfristig werden sich demnach die schon seit 1984 beobachteten Trends im Konsumentenverhalten von Bioprodukten stetig fortsetzten, die nachfolgend exemplarisch beschrieben werden.

Ein Drittel der Käufer von Bioprodukten bekunden, mehr zu kaufen. Demnach ist mit einer steigenden Nachfrage nach Bioprodukten zu rechnen, die sich allerdings in ihrem Wachstum kontinuierlich vermindert. Das Potential entwickelt sich für einzelne Produkte unterschiedlich. Obst, Gemüse und Brot sind nach wie vor die Umsatzträger, allerdings mit sinkenden Wachstumsraten. Das Misstrauen gegenüber konventionell hergestellten Lebensmitteln nimmt ab und damit wird eine wichtige Triebkraft für den Konsum von Bioprodukten schwächer. Ein weiterer Faktor auf der Nachfrageseite ist die Mehrpreisakzeptanz der Käufer von Bioprodukten, die seit 1989 rückläufig ist und 1999 18 Prozent betrug. Generell gilt, dass die Preisdifferenzen zu konventionellen Lebensmitteln eher kleiner werden sollten, um einen langfristigen Markterfolg zu sichern. Es wird deutlich, dass die beobachtete Marktausweitung von Bioprodukten eher durch Aktivitäten der Anbieterseite bedingt sein muss. Sinkende Preise, eine Ausweitung der Distribution und eine Ausweitung der Sortimente, sowie eine bessere Produktqualität sind als richtungsweisende Maßnahmen zu nennen.

Convenienceorientierung

Der Begriff Convenience bedeutet soviel wie Annehmlichkeit oder Bequemlichkeit und wird vor allem im Zusammenhang mit Lebensmitteln verwendet. Damit sind im engeren Sinn „das Angebot und der bequeme Einkauf von Produkten, ..., die eine bequeme Art der Zubereitung ermöglichen und die i.d.R. in kleinen Mengen, mit dem Ziel des schnellen Verzehrs, gekauft werden" gemeint.

Die Bedeutung von Convenienceprodukten liegt in den bereits beschriebenen gesellschaftlichen Veränderungen begründet, wie der Zunahme situativer Einzelesser, die Doppelbelastung der Frau, dem Bedeutungsgewinn der Generation 50 plus und der Zeitknappheit. Die Convenienceorientierung ist allerdings auch selbstmotiviert durch das allgemeine Streben nach Vereinfachung der Lebensführung.

Die Convenienceorientierung wird auf der Ebene der Sortimente, der Remote-Ordering-Dienste und der Ebene der Handelsformen (Convenience-Shops oder C-Stores) deutlich. Der Marktanteil der Heimdienste im Bereich Tiefkühlkost beträgt mengenmäßig über 26 Prozent und wertmäßig über 34 Prozent. Noch deutlicher wird die Convenienceorientierung auf der Ebene der Handelsformen, denn 10 Prozent des Lebensmitteleinzelhandelsumsatzes entfallen auf C-Stores. Die Tendenz ist steigend, denn nach Berechnungen von Nielsen, steigerten allein die Tankstellen ihren Umsatz um 18,9 Prozent im Zeitraum von 1993 bis 1997. Im Hinblick auf die Sortimente ist ein Bedeutungszuwachs von Ready-to-eat-Produkten zu verzeichnen, die frische, vorgefertigte Produkte und Fertigmahlzeiten umfassen.

Aber auch darüber hinaus zeichnet sich ein Trend zur Bequemlichkeit in Form von bedienungsfreundlichen Verpackungen ab, die eine einfache und bequeme Handhabung ermöglichen. Zu nennen sind hier wiederverschließbare Tetrapack; Kunststoff-Kopfstehflaschen für Senf, Ketchup oder Honig; praktische Öl-Spender und Essig-Zerstäuber (der Firma Hengstenberg); wiederverschließbare Verpackungen im Süßwarenmarkt mit Klickverschluss (z.B. Air Waves) oder die leichten PET-Flaschen. Das Preisniveau spielt beim convenienceorientierten Einkauf nur eine untergeordnete Rolle, eine dadurch bedingte hohe Preisspanne macht Convenienceprodukte für Anbieter attraktiv.

Fazit

Zusammenfassend ist zu sagen, dass sich quantitative und qualitative Trends gegenseitig bedingen. Eine Zunahme der Generation 50 plus steht beispielsweise mit dem Wellnesstrend in Zusammenhang. Situative Einzelesser, eine zunehmende Frauenerwerbstätigkeit und die flexiblen Zeitstrukturen sind wesentliche Motoren einer immer stärker werdenden Convenienceorientierung.

Die Schere in der Einkommensentwicklung und ein zunehmendes Preisbewusstsein lässt Unternehmen, die sich in den Faktoren Preis und Qualität klar positionieren erfolgreich sein. Das Handelsunternehmen Aldi beispielsweise ist vor allem so erfolgreich, weil es die Mentalität der Smart-Shopper bedient. Umso wichtiger ist ein emotionaler Zusatznutzen für den Erfolg hochpreisiger Produkte. In der nachfolgenden Tabelle sind nochmals die Chancen und Risiken der beschriebenen Trends aufgeführt.

		Chancenpotential	Risikopotential
Quantitative Trends	**Generation 50 plus**	✓ Zukünftig demografisch stärkste Gruppe ✓ Mehrheitlich hohe Kaufkraft ✓ Bisher noch weitestgehend unberücksichtigt ✓ Höhere Bewertung der Gesundheit ✓ Convenience	✓ Stigmatation durch gezieltes „Senioren-Marketing" ✓ Heterogene Gruppe
	Situativer Einzelesser	✓ Spezifische Bedürfnisse nach Convenience, Portionierbarkeit, Flexibilität ✓ Mobile Food	✓ Heterogene Gruppe ✓ Marken mit kinderreichem Familienimage (z.B. Rama)
	Erwerbstätigkeit der Frau	✓ Convenience ✓ Finanzielle Unabhängigkeit ✓ Wecken und Befriedigen Individueller Wünsche der Selbstentfaltung ✓ Erweiterung des potentiellen Käufersegments um Männer	✓ Verlust traditioneller Käufersemente
	Einkommen & Ausgaben für Lebensmittel	✓ Qualitativer Konsum ✓ Neue Trendgruppen mit hohem Einkommen ✓ Bedeutungsgewinn der Niedrigpreissegments	✓ Steigende Wettbewerbsintensität auf horizontaler und vertikaler Ebene

		Chancenpotential	**Risikopotential**
Qualitative Trends	**Hybride Konsument**	✓ Qualitätsprodukte ✓ Niedrigpreisprodukte/Handelsmarken ✓ Problemlösungskompetenz durch Innovationen	✓ Positionierung über den Preis birgt Rivalitäten zwischen Handels- und Herstellermarken ✓ Marken im Mittelpreissegment bedroht ✓ Zu hohe Qualitätsforderung bei geringer Preisbereitschaft
	Erlebnisorientierung	✓ Genussmittel ✓ emotionale Konsumentenbindung (Geltungsnutzen, Selbstnutzen) ✓ Abwechslung ✓ Chance der Differenzierung vor allem für physisch homogene Güter	✓ Exkludierende Wirkung aufgrund zu starker Segmentierungskraft ✓ Innovationsdruck; Befriedigung des Erlebnisstrebens wird mit der Zeit schwerer und teurer ✓ Verlust an Überzeugungskraft
	Freizeitorientierung/ Mahlzeitenmuster	✓ Convenience ✓ Mobile Food ✓ Portionierbarkeit (Polarisierung der Essgelegenheiten) ✓ Genuss in kurzer Zeit ohne viel Aufwand	✓ Hoher Verpackungsaufwand, der negatives Umweltschutzimage suggeriert
	Gesundheit/Wellness	✓ Gesunde Produkte, die schmecken	
	• Functional Food	✓ Hohes Marktpotential ✓ Höhere Preisbereitschaft ✓ Positives Image	✓ High-Tech-Lebensmittel ✓ Mangelnde Glaubwürdigkeit der Wirkung
	• Bioprodukte	✓ Unabhängig von konventionellen Lebensmittelskandalen ✓ Gelegenheitskäufer ✓ Begrenzt höhere Preisbereitschaft	✓ Ideologische Überfrachtung ✓ Verbesserung des Images konventioneller Lebensmittel ✓ Zu geringe Preisbereitschaft
	Convenience- orientierung	✓ Convenienceprodukte die Frische und Genuss bieten ✓ „Bequeme Distributionskanäle" (C-Stores, Vending-Automaten, etc.) ✓ Hohe Preisbereitschaft	✓ Verlust von Natürlichkeit/Geschmack ✓ Geringe Glaubwürdigkeit der Wirkung

Übersicht 2: Chancen- und Risikopotentiale der beschriebenen Trends (Quelle: eigene Darstellung)

Öko-Produkte: Der schwierige Weg aus der Krise
Dr. Christoph Kliebisch, Rainer Löser

Ausgelöst durch die BSE-Krise und den damit verbundenen Amtsantritt von Renate Künast als Ministerin für Verbraucherschutz, Ernährung und Landwirtschaft (BMVEL) erhielt der ökologische Landbau zu Beginn des Jahres 2001 starken Auftrieb. Bereits in ihrer Regierungserklärung vom 8. Februar kündigte die Ministerin eine Neuausrichtung der deutschen Agrarpolitik an. Unter dem Motto „Klasse statt Masse" unterstützt sie seither mit einem ganzen Bündel an Maßnahmen den Ausbau des ökologischen Landbaus in Deutschland. Neben der Einführung eines staatlichen Öko-Siegels rief sie das „Bundesprogramm Ökologischer Landbau" ins Leben. Darüber hinaus schaffte die Verbraucherschutzministerin die Voraussetzung für eine allgemein verbesserte Förderung der ökologischen Landwirtschaft. Dies zeigt sich unter anderem in der Neuauflage des Agrarinvestitionsförderungsprogramms (AFP), das insbesondere auf die Förderung von Investitionen der artgerechten Tierhaltung, Diversifizierung landwirtschaftlicher Einkommensquellen und die biologische Landwirtschaft ausgerichtet ist. Übergeordnetes Ziel des gesamten Maßnahmenkataloges ist die Ausweitung des Ökolandbaus auf einen Marktanteil von 20 Prozent bis zum Jahr 2010.

Diese Marke scheint aus heutiger Sicht sehr hoch gesteckt. Und doch: der Markt für ökologisch erzeugte Produkte expandiert. Zwar wirtschafteten im Jahr 2001 gerade einmal 14.704 Betriebe auf 632.165 Hektar Fläche nach den Bestimmungen der EU-Öko-Verordnung (EU-VO 2092/91). Die Anzahl der Betriebe stieg jedoch gegenüber dem Vorjahr um 1.963 (13,4 Prozent, Vorjahr: 22,2 Prozent) und die ökologisch bewirtschaftete Fläche nahm im gleichen Zeitraum um 86.142 Hektar zu (15,8 Prozent, Vorjahr: 20,7 Prozent). Der Anteil an der Gesamtzahl der landwirtschaftlichen Betriebe hat 2001 ca. 3,3 Prozent (2000 ca. 2,8 Prozent), der an der Gesamtfläche 3,7 Prozent (2000 ca. 3,2 Prozent) betragen. Mit diesen Zahlen ist man jedoch noch weit von der anvisierten 20 Prozent-Marke entfernt.

Einen Dämpfer hat das Wachstum des Ökosektors durch Funde des herbiziden Wirkstoffes Nitrofen in ökologisch erzeugten Futter- und Nahrungsmitteln im Mai 2002 erhalten. Kurz- bzw. mittelfristige Absatzeinbrüche vor allem im Lebensmitteleinzelhandel waren die Folge. Vor dem Hintergrund dieser Entwicklung auf der einen und des Ausbaus des staatlichen Förderinstrumentariums zur Erhöhung des Absatzes von Ökoprodukten auf der anderen Seite befindet sich der Markt für Ökoprodukte derzeit in einer Konsolidierungsphase. Es macht daher Sinn, nachfolgend die wichtigsten marktbeeinflussenden Parameter des Ökosektors einer eingehenden Untersuchung zu unterziehen.

Entwicklung des ökologischen Landbaus in Europa

Der Ökolandbau in Europa ist seit 1985 jährlich um etwa 25 Prozent gewachsen, wenn gleich sich die Gesamtzuwachsrate der EU im Jahr 2000 deutlich abgeschwächt hat. Während 1985 lediglich 6.000 Betriebe europaweit mit nicht ganz 100.000 Hektar ökologisch bewirtschaftet wurden, hat sich die Anzahl der Betriebe bis Ende 2000 auf 140.000 Betriebe mit 4 Mio. Hektar Fläche erhöht. Neben gebietsweise starkem Engagement der Anbauverbände liegen die Hauptwachstumsfaktoren für die Expansion der ökologisch geführten Landbewirtschaftung insbesondere in der Schaffung einer Rechtsgrundlage in Form der Verordnung (EU) 2092/91 für ökologischen Landbau und Kennzeichnung sowie der Verordnung (EU) 1804/99 für tierische Produkte. Darüber hinaus führte vornehmlich eine gesteigerte Verbrauchernachfrage in Großbritannien, Skandinavien, Österreich, der Schweiz und Deutschland zu einer erhöhten Marktausdehnung für Ökoerzeugnisse. Die staatliche Durchsetzung von Agrarumweltmaßnahmen sowie Marktturbulenzen in der Produktion konventioneller Nahrungsmittel (BSE, MKS etc.) trugen ein Übriges zum Anstieg des Ökolandbaus in Europa bei. Gleichwohl ist der Stellenwert des Ökolandbaus in den einzelnen Ländern sehr unterschiedlich: Während in Österreich über 8 Prozent der Fläche ökologisch bewirtschaftet werden, liegt der Anteil in vielen EU-Mitgliedsstaaten noch unter 1 Prozent. Der Ökolandbau in Deutschland nimmt mit 3,7 Prozent Flächenanteil einen Platz im Mittelfeld ein.

Die Gründe für die zunehmende politische Unterstützung des ökologischen Landbaus seit Ende der 80er-Jahre liegen in einer wachsenden Übereinstimmung der Ziele der Agrarpolitik mit denen des Ökolandbaus, insbesondere was Umweltschutz, Lebensmittelsicherheit und Verbraucherschutz anbelangt. Durch die politische Legitimierung eines Kataloges von Agrarumweltmaßnahmen in Form der Verordnung (EU) 2078/92 und ihrer Umsetzung im Jahr 1992 wurde ein wesentlicher Meilenstein zur Förderung des ökologischen Landbaus gelegt. Von den marktunterstützenden Instrumenten der Gemeinsamen Agrarpolitik indes sind konventionell und ökologisch wirtschaftende Betriebe gleichermaßen betroffen. Zwar wirken sich die Flächenprämien tendenziell eher günstiger für Biobetriebe aus. Systembedingt niedrigerer Viehbesatz auf ökologisch bewirtschafteten Betrieben führt jedoch aufgrund der Tierhaltungsprämien pro Kopf und der Kontingentierung zu geringeren Prämiensummen als in der konventionellen Tierhaltung.

In der Auslegung des Ökolandbaus finden sich trotz der länderübergreifenden EU-Öko-Verordnung 2092/91 und der Harmonisierungsbestrebungen der Internationalen Vereinigung Ökologischer Landbauorganisationen (IFOAM) immer noch große Unterschiede in den Richtlinien der Ökoanbauverbände sowie in der Rechtsauffassung einzelner EU-Staaten. Diese Differenzen sind vornehmlich auf spezifische Umstände, Ressourcen und Bedürfnisse der einzelnen Verbände und Länder zurückzuführen. Beispielsweise bestehen in Deutschland zum Teil erhebliche Abweichungen zwischen den Anforderungen der EU-Öko-Verordnung und der Öko-Verbände. Dieses Phänomen wird insbesondere bei den Umstellungsregelungen deutlich, die sich bei den Verbandsrichtlinien auf den gesamten Betrieb beziehen, während sie im Rahmen der EU-Öko-Verordnung lediglich auf einzelne Betriebszweige angewandt werden brauchen.

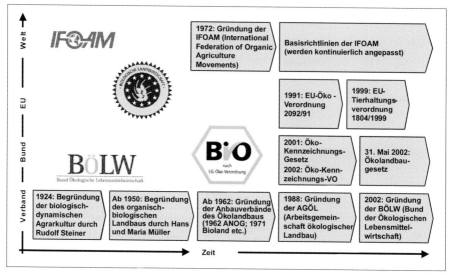

Abbildung 22: Entwicklungsstufen des Ökolandbaus (Quelle: AFC Consultants International GmbH, 2002)

Die Vermarktung ökologischer Produkte wird in Europa über die Verordnung (EU) 866/90 gefördert, wobei in einigen Ländern wie Österreich besonders hohe Präferenzen zur Erweiterung der Vermarktungsstrukturen bestehen. In der Bundesrepublik Deutschland erfährt die Absatzförderung durch die Einführung des Bio-Siegels massive Unterstützung. Dieses einheitliche Prüfsiegel wird unabhängig von einer Verbandszugehörigkeit verliehen. Maßgebend ist hierbei der Rechtstext der EU-Öko-Verordnung.

Im Zuge der BSE-Krise ist der Ökolandbau stark in das Blickfeld der Öffentlichkeit gerückt, was einen starken Anstieg des Informationsbedarfs aller Marktakteure zur Folge hat. Auf der Angebotsseite ist davon der Informations- und Beratungsbedarf der landwirtschaftlichen Erzeugerbetriebe und der nachgelagerten Marktstufen betroffen.

Diese Aufgabe wurde in der Vergangenheit vornehmlich von den ökologischen Anbauverbänden übernommen. Seit einigen Jahren jedoch zeigen in vielen Ländern staatliche Stellen Forschungsaktivitäten, deren Ergebnisse der Ausweitung des Beratungsangebotes dienen sollen. Auf der Nachfrageseite bedarf es eines umfassenden Informationsangebotes für die Verbraucher. Entsprechende Aktivitäten werden vor allem in jüngster Zeit über eine verstärkte Öffentlichkeitsarbeit und Verbraucheraufklärung, die Förderung von Marketingmaßnahmen für Bioprodukte, Öko-Aktionstage oder ähnliche Maßnahmen unterstützt. Auf Bundesebene findet diese Entwicklung ihren Niederschlag in dem vom BMVEL initiierten „Bundesprogramm Ökologischer Landbau", das bis Ende 2003 eine ganze Reihe an Maßnahmen zur Förderung des Biolandbaus vorsieht.

Wirtschaftliche Situation ökologischer Betriebe

Trotz eines deutlich niedrigeren Ertragsniveaus auf Öko-Betrieben ist deren wirtschaftliche Situation nicht gezwungenermaßen schlechter als die von konventionellen Vergleichsbetrieben. Entscheidend sind hierbei sicherlich die Absatzmengen in Verbindung mit der Realisierung höherer Erzeugerpreise. Der Preisaufschlag hängt neben der Produktgruppe bzw. dem Veredlungsgrad des Produktes in erster Linie von der erfolgreichen, strukturellen Anpassung des Unternehmens an die Grundgegebenheiten des ökologischen Landbaus durch den Betriebsleiter und vom Distributionskanal, also dem Vermarktungsweg ab. Zudem spielen die regionalen Marktbedingungen sowie der Betriebsstandort eine nicht unwesentliche Rolle. Generell lässt sich sagen: Ist der Direktvermarktungsanteil hoch, kann im Durchschnitt ein höherer Erzeugerpreis realisiert werden. Der umgekehrte Fall tritt folgerichtig dann ein, wenn große Chargen entlang der Wertschöpfungskette über den Lebensmitteleinzelhandel vermarktet werden. Allerdings können in Abhängigkeit des Standortes fehlende Verarbeitungs- und Vermarktungskapazitäten dazu führen, dass ökologisch erzeugte Produkte auf konventionellem Weg vermarktet werden müssen (z.B. Milch und Rindfleisch). Damit fällt der im Durchschnitt realisierte Preiszuschlag sehr viel niedriger aus als bei überwiegend direktvermarktenden Betrieben.

Was die Kostenstrukturen von Ökobetrieben anbelangt, stehen ökologisch geführte Betriebe besser da als vergleichbare konventionelle Betriebe. So sind die Kosten für Dünger, Pflanzenschutz und Kraftfutter in der Regel auf landwirtschaftlichen Biobetrieben niedriger, während die Aufwendungen für Saatgut und Arbeit zumeist höher ausfallen. Im Durchschnitt haben Ökobetriebe mit 10% bis 20% niedrigere Gesamtkosten als vergleichbare Betriebe aus der konventionellen Landwirtschaft. Zurückzuführen ist dieses Phänomen zumeist auf geringere variable Kosten.

Insgesamt gesehen liegt der wirtschaftliche Erfolg von Ökobetrieben und konventionell geführten Betrieben auf etwa gleichem Niveau. Zwar weist der Agrarbericht von 2001 einen für ökologisch bewirtschaftete Betriebe um 11,5% niedrigeren Gewinn als für konventionelle Betriebe aus. Tatsächlich jedoch schwanken die Gewinne der Biobetriebe ganz erheblich in Abhängigkeit des Betriebstyps und den Betriebsleiterfähigkeiten. Während ökologische Marktfruchtbetriebe aufgrund relativ hoher Preisaufschläge für pflanzliche Produkte und der Ausgestaltung der EU-Agrarpolitik im Durchschnitt ein Gewinnniveau erreichen, das über dem von konventionellen Betrieben liegt, fällt die Gewinnerwartung von Milchvieh- und Veredlungsbetrieben in Folge von vergleichsweise geringeren Erzeugerpreisen weit niedriger aus.

Markttendenzen für Öko-Produkte

Bis in jüngste Zeit wird moniert, dass eine Zersplitterung des Angebotes durch die Vielzahl an Ökoverbänden mit eigenem Warenzeichen und die ineffiziente Vermarktung über viele kleine Verarbeitungsunternehmen sowie über ein lückenhaftes Vertriebsnetz spezialisierter Groß- und Einzelhändler die Angebots- und Nachfrageausdehnung behindern. Dennoch ist nicht zu übersehen, dass die großen Verbände des ökologischen Landbaus (Bioland, Naturland, Biopark, Demeter) über zentrale Koordinationen der verbandsnahen Erzeugergemeinschaften und Verarbeiter diese Lücke zunehmend schließen. Durch die Implementierung des Bio-Siegels und die Durchführung einer Vielzahl an öffentlichkeitswirksamen Maßnahmen im Rahmen des Bundesprogramms wird diese Entwicklung von Seiten des BMVEL unterstützt. Abgezielt wird damit neben einer Angebotsausweitung im Bereich der landwirtschaftlichen Primärproduktion auf eine steigende Nachfrage der lebensmittelverarbeitenden Branche, des Handels und der Verbraucher. Zwar wird auch künftig der Absatz von Ökoprodukten über die Direktvermarktung, den Naturkosthandel sowie die Reformhäuser zunehmen. Die Absatzrelationen werden sich jedoch aller Voraussicht nach zugunsten des Lebensmitteleinzelnhandels verschieben (Abbildung 23).

Absatzkanal	Anteil	Tendenz
Lebensmitteleinzelhandel	33%	↑
Naturkostfachhandel	28%	↘
Reformhäuser	10%	→
Direktvermarktung	17%	→
Metzger und Bäcker	7%	↗
Übrige (Drogeriemärkte, Tankstellen, Kioske sowie Versender und Abodienste)	5%	↘

Abbildung 23: Distributionskanäle von Ökoprodukten (Quelle: Eigene Darstellung in Anlehnung an HAMM, 2002b, S. 162 f.)

Doch obgleich Handelsketten wie tegut bereits im Jahr 2001 einen durchaus beachtlichen Umsatzanteil mit Bioprodukten von 10 Prozent vorweisen konnten, lag das Engagement der großen Handelsketten und Discounter im selben Jahr noch bei unter zwei Prozent. Im Zuge der politisch geförderten Ausweitung des Ökomarktes sind diese Zahlen zwar weiter angestiegen, doch nach wie vor ist das Angebot an Bioprodukten und deren Präsentation im LEH sehr inhomogen. Damit verbunden sind eine Reihe von Problemen, die in der derzeitigen Marktkonsolidierung möglichst umgehend zu lösen sind. Darunter fallen:

- teilweise verhaltenes Engagement des LEHs (wenig schlüssige Vermarktungskonzepte),
- die schlechte bzw. unzureichende Erhältlichkeit von Ökoprodukten,
- ein zu geringes Angebot bzw. eine zu geringe Angebotsvielfalt,
- unzureichende Erkennbarkeit von Ökoprodukten,
- Managementfehler in der Sortimentspolitik (insbesondere im Frischebereich) und damit auftretende Qualitätsmängel,
- unzureichende Beratungs- und Servicekompetenz seitens des Verkaufspersonals,
- hohe Preise bzw. zu große Preisabstände zu Produkten konventioneller Erzeugung sowie
- Informationsdefizite auf allen Marktstufen, insbesondere auf Verbraucherseite.

Auf das unzureichende Angebot und die unbefriedigende Erhältlichkeit von Ökoprodukten reagieren die Lebensmittelketten vor allem mit dem Ausbau der eigenen Handelsmarken, wie z.B. EDEKA mit „Bio-Wertkost" oder die REWE-Handelsgruppe mit „Füllhorn". Große Unterschiede zwischen den Handelsketten sind jedoch im Engagement hinsichtlich Handelsmarkenpflege und Sortimentspolitik im Ökobereich erkennbar. Dies reicht von teilweise unzureichender Mitarbeiterschulung über das wenig passionierte Management von Öko-Frischeprodukten bis hin zu halbherzigen Aktivitäten im werblichen Bereich. In Verbindung mit Defiziten in der Logistik führen diese Faktoren zu teilweise sehr geringer Warenumschlagsfrequenz und zu langen Liegezeiten in den Regalen. Darunter leiden Qualitätseigenschaften wie Geschmack oder Frische der Produkte erheblich. Verbraucheransprüche und -wünsche werden nicht bzw. nur unzureichend erfüllt. Die Konsumenten greifen auf die konventionellen Vergleichsprodukte zurück. In der Folge bleibt die Öko-Ware in den Regalen liegen. Ein Teufelskreis, der verdeutlicht, dass im LEH noch erheblicher Handlungsbedarf besteht. Gelingt es insbesondere den großen Handelsketten die aufgezeigten Mängel zu beseitigen, wird der Ökomarkt weiterhin wachsen. Denn das Absatzpotenzial für Ökoprodukte im LEH ist bei weitem noch nicht ausgeschöpft.

Mit der gegenwärtigen und zukünftig zu erwartenden Absatzsteigerung lassen sich in Produktion, Verarbeitung und Handel Größendegressionseffekte erzielen, die im zunehmenden Wettbewerb zu einem Rückgang der Verbraucherpreise bei Ökoprodukten führen. Fraglich ist jedoch, ob die Marktbewegungen ausreichen werden, die Preisspannen zwischen Ökoerzeugnissen und konventionellen Vergleichsprodukten so weit zu verringern, dass eine nachhaltige Belebung der Nachfrage im Biosegment erreicht wird. Vielfach stellen nämlich die vergleichsweise hohen Preise von Ökoprodukten eine massive Akzeptanzbarriere für die Konsumenten dar.

Dies liegt nicht zuletzt an dem nach wie vor bestehenden Informationsdefizit auf Verbraucherebene. Vor dem Hintergrund einer massiven Unkenntnis des Ökomarktes ist es oftmals nur schwer möglich, die systembedingt höheren Preise für Ökoprodukte durchzusetzen. Darüber hinaus ist eine unzureichende Preistransparenz des Marktes für Bioerzeugnisse dem Absatzförderungsziel der Marktakteure nicht gerade förderlich. Es gilt also, vor allem auf Verbraucherseite die positiven Effekte der Ökoproduktion hervorzuheben und die höhere Preissetzung gegenüber konventionellen Vergleichsprodukten zu kommunizieren. Voraussetzung dafür ist natürlich, dass Verbraucher Ökoprodukte auch als solche erkennen können.

Ausblick

Im Zuge der BSE-Krise hat der Ökolandbau starken Auftrieb erhalten. Seit Nitrofen im Mai 2002 ist jedoch klar, dass auch der Ökomarkt von derartigen Ereignissen und seinen Konsequenzen nicht verschont bleibt. Im Zusammenhang mit dem Ausbau des staatlichen Förderinstrumentariums befindet sich der ökologische Landbau derzeit in einer Konsolidierungsphase. Die Etablierung des Bio-Siegels und die Maßnahmenvielfalt des „Bundesprogramms Ökologischer Landbau" werden die Anstrengungen zur Ausweitung des Ökomarktes unterstützen. Es wird sich jedoch erst mittel- bis langfristig zeigen, ob insbesondere die Handelsketten ihr Engagement zugunsten der Ökoprodukte beibehalten und ausbauen werden. Wesentlichen Einfluss haben hierbei:

- die zukünftige Ausgestaltung des Instrumentariums zur Förderung des Ökolandbaus,
- die Angebotsqualität und -quantität auf Erzeugerebene,
- der Ausbau der Verarbeitungskapazitäten in der Lebensmittelwirtschaft,
- das Engagement des LEHs hinsichtlich seiner Sortimentspolitik für Ökoprodukte,
- die Beseitigung der Informationsdefizite,
- die Nachfrageentwicklungen auf den nachgelagerten Marktstufen, insbesondere auf Verbraucherebene,
- die Preisentwicklung der Ökoprodukte in Relation zu den konventionellen Vergleichsprodukten.

Nicht zuletzt werden künftig Marketing-Konzepte von Direktvermarktern, Erzeugergemeinschaften/Verbänden, Herstellern und Händlern die Absatzchancen für Ökoprodukte nachhaltig erhöhen. Eines ist jedoch gewiss: Zur Ausweitung des Marktes für Ökoprodukte bedarf es der entschiedenen Initiative aller Marktakteure. Denn der Weg des Ökolandbaus aus der Nische ist steinig, langwierig und noch lange nicht abgeschlossen.

Literatur

BMVEL: Ökologischer Landbau in Deutschland, Stand: Dezember 2001. http://www.verbraucherministerium.de, 14.5.2002.

BMVEL: Agrarbericht der Bundesregierung 2001. http://www.verbraucherministerium.de/landwirtschaft/ab-2001/ab01.htm.

HAMM, U. (2002a): Wie geht es weiter mit Öko. In: DLG-Mitteilungen 4/2002, S. 76-79.

HAMM, U. (2002b): Kein Erfolg ohne Koordinierung: Perspektiven des Öko-Marktes. In: DLG (Hrsg.): Landwirtschaft in der Ernährungswirtschaft – Die neue Strategie. Frankfurt/Main: DLG-Verlag, S. 159 – 174.

http:// www.soel.de/oekolandbau/deutschland_statistik.html

http:// www.bio-siegel.de/

http:// www.bundesprogramm-oekolandbau.de/

HENSCHE, H.-U.; KIVELITZ, H. (2001): Preis und Qualität bestimmen das Kaufverhalten. In: LZ Nr. 18 vom 4. Mai 2001, S. 63.

ISERMEYER, F.; Nieberg, H.; Dabbert, S.; Heß, J.; Dosch, T.; Prinz zu Löwenstein, F. (2001): Bundesprogramm Ökologischer Landbau. Entwurf der vom BMVEL beauftragten Projektgruppe. Braunschweig, September 2001.

Lampkin, N.; Padel, S.; Foster, C. (2001): Entwicklung und politische Rahmenbedingungen des ökologischen Landbaus in Europa. In: Agrarwirtschaft 50 (2001), Heft 7, S. 390 – 394.

NIEBERG, H.; STROHM-LÖMPCKE, R. (2001): Förderung des ökologischen Landbaus in Deutschland: Entwicklung und Zukunftsaussichten. In: Agrarwirtschaft 50 (2001), Heft 7, S. 410 – 421.

OFFERMANN, F.; NIEBERG, H. (2001): Wirtschaftliche Situation ökologischer Betriebe in ausgewählten Ländern Europas: Stand, Entwicklung und wichtige Einflussfaktoren. In: Agrarwirtschaft 50 (2001), Heft 7, S. 421 – 427.

REUTER, K. (2002): Die Ökomärkte in Deutschland, Österreich und der Schweiz – Gemeinsamkeiten und Unterschiede. Arbeitsbericht der Humboldt-Universität zu Berlin, Januar 2002, S. 7.

RIPPIN, M. (2002): Die aktuelle Situation des Öko-Marktes in Deutschland. ZMP-Zentralbericht, 2.5.2002.

SPILLER, A. (2001): Preispolitik für ökologische Lebensmittel: Eine neo-institutionalistische Analyse. In: Agrarwirtschaft 50 (2001), Heft 7, S. 451 – 461.

WILLER, H. (2001): Chancen für den Ökolandbau in Deutschland und Europa. In: Zeitschrift für Ernährungsökologie, ERNO 2 (3), S. 143 – 145.

Imageprofile für Spezialitäten und Lebensmittelkontrollen

Rainer Kühl, Hans-Georg Burger

Einschätzungen zu Regionen und Ländern – Vorsicht vor einer Glaubwürdigkeits-Falle – Verbraucherbefragung im Rhein-Main-Gebiet

Mit Fragen regionaler Spezialitäten, ihren Entwicklungsmöglichkeiten und Chancen im Markt, vor allem für mittelständische Unternehmen der Ernährungswirtschaft und für das Ernährungshandwerk sowie mit den Anforderungen für eine weitere Profilierung beschäftigt sich die Deutsche Landwirtschafts-Gesellschaft (DLG) verstärkt seit fünf Jahren. Eine im Frühjahr 2000 bei der Unternehmensberatung Hirzel, Leder & Partner (Frankfurt/Main, Berlin) in Auftrag gegebene Expertise diente der Bestandsaufnahme zu Status und Entwicklungspotenzialen regionaler Spezialitäten in Deutschland. Ergänzt wurde diese Studie durch eine Verbraucher-Befragung im Rhein-Main-Gebiet, die im Auftrag der DLG vom Lehrstuhl für Betriebslehre der Ernährungswirtschaft an der Universität Gießen ebenfalls im Frühjahr 2000 durchführt wurde. Sie lieferte aufschlussreiche Hinweise zum Verbraucher- und Informationsverhalten sowie für die Entwicklung von Kommunikationskonzepten.

Die Studien ergaben, dass Spezialitäten beim Verbraucher im Trend liegen und deutsche Produkte aus den Regionen eine Renaissance erleben. Die Ergebnisse machten zugleich deutlich, dass die hohen Image-Pluspunkte für regionale Spezialitäten in Deutschland jedoch noch viel zu wenig genutzt werden. Denn viele Hersteller und Regionen haben ein zu schwaches und zu wenig ausgeprägtes Profil. Der Markt würde Chancen bieten und Spezialitäten würden zu den Produkten mit Margen gehören, die unter anderem mit gekonnten Qualitäts- und Imageprofilierungen genutzt werden könnten.

Neue Verbraucherbefragung im Sommer 2002 mit erweitertem Ansatz

Um festzustellen, ob und in welchen Punkten sich die Einschätzungen der Verbraucher zu regionalen Spezialitäten seitdem veränderten, hat die DLG im Sommer 2002 beim Lehrstuhl für Betriebslehre der Ernährungswirtschaft an der Universität Gießen eine neue Befragung von Verbrauchern im Rhein-Main-Gebiet in Auftrag gegeben. Sie wurde im Rahmen eines Marketing-Seminars durchgeführt. Die neue Befragung erhielt zugleich einen zusätzlichen hochaktuellen Akzent, denn nach BSE und MKS sowie anderen Lebensmittelskandalen haben die Aspekte Lebensmittelsicherheit und -kontrollen und die Einschätzung der Verbraucher hohe Bedeutung erlangt.

Hohe Wertschätzung für Spezialitäten

Die Ergebnisse der Befragung im Sommer 2002 belegen die weiterhin hohen Imagevorzüge und Wertschätzung für regionale Spezialitäten beim Verbraucher. Besonders ausgeprägt ist die Wertschätzung dieser Produkte bei Verbrauchern, die sehr bewusst einkaufen und eher aus gehobenen sozialen Schichten stammen. Wie die Antworten ergeben, ist die Nachfrage nach diesen Produkten umso höher, je höher das Einkommen ist. Besonders hoch ist die Nachfrage mit einem Anteil von 87 Prozent bzw. 72 Prozent bei einem monatlichen Einkommen über 3.000 € bzw. über 2.500 € pro Monat. Auch jeder zweite Befragte mit Einkommen zwischen 1.500 und 2.500 € kauft gerne Spezialitäten aus bekannten Regionen ein, während der Anteil bei Einkommen unter 500 € auf 30 Prozent zurückgeht.

Die Auswertungen weisen diesbezüglich auch auf eine Abhängigkeit vom Alter hin. Deutlich über dem Durchschnitt liegt mit 74 Prozent und 64 Prozent die Wertschätzung und Nachfrage nach regionalen Spezialitäten bei den 40- bis 60-Jährigen, durchschnittlich sind sie mit Werten zwischen 50 Prozent und 43 Prozent bei den 30- bis 40-Jährigen, den 20- bis 30-Jährigen sowie den über 60-Jährigen. Noch kaum ausgeprägt ist das Profil für regionale Erzeugnisse bei der jungen Generation der unter 20-Jährigen.

Worin liegen die Vorzüge regionaler Spezialitäten und damit ihre Marktchancen?

Der Begriff regionale Spezialitäten ist nicht eindeutig geklärt, für ihn gibt es eine Vielzahl von Definitionen und Umschreibungen. Spezialitäten sind auf jeden Fall in der Herstellung und in der Wahrnehmung mit einer bestimmten Region verbunden (FROWEIN). Wie die DLG-Verbraucherbefragung im Rhein-Main-Gebiet von 2000 ergeben hat, werden sie vor allem mit traditioneller Herstellung, sehr gutem Geschmack und hochwertiger Qualität, handwerklicher Herstellung und Heimat verbunden. Auf welche Eigenschaften legen Verbraucher heute beim Einkauf von Spezialitäten besonderen Wert, was verbinden sie mit ihnen? Stehen die genannten Aspekte weiterhin obenan? Oder haben sich Verschiebungen ergeben? Gelten die Kriterien sowohl für Spezialitäten aus deutschen Regionen wie aus anderen europäischen Ländern oder aus Übersee?

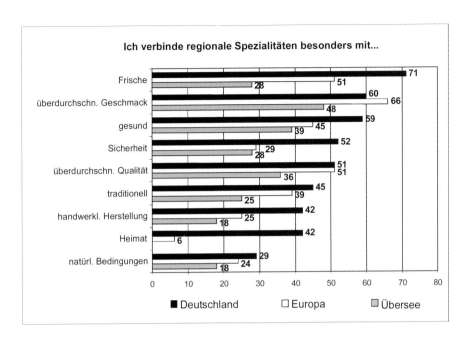

Abbildung 24: Eigenschaften für Kauf regionaler Spezialitäten aus Deutschland, Europa und Übersee – in Prozent (Quelle: DLG-Studie Rhein-Main, 10/2002)

Regionale Spezialitäten aus Deutschland besitzen beim Verbraucher hohe Imagevorzüge. Dies machen die Antworten der aktuellen Befragung von 2002 deutlich, wie Schaubild 1 zeigt. Die fünf wichtigsten Kriterien für den Kauf dieser Produkte sind „Frische", „überdurchschnittlicher Geschmack", „gesund" und „sicher" sowie „hochwertige Qualität". Mit 71 Prozent steht die „Frische" deutlich obenan gefolgt von „überdurchschnittlichem Geschmack" (60 Prozent), „gesund" (59 Prozent), „sicher" (52 Prozent) und „hohe Qualität" (51 Prozent). Neben den Eigenschaften traditionelle und handwerkliche Herstellung sowie besonderem Geschmack und Qualität spielen inzwischen die Kriterien „frisch", „gesund" und „sicher" gerade bei den regionalen Erzeugnissen eine besondere Rolle und verleihen ihnen spezielle Vorzüge. Wegen der gestiegenen Bedeutung von „Sicherheit" und „Vertrauen in die Produktionsstandards sowie in die Lebensmittelkontrollen" erhält der Faktor „Herkunft" einen Bedeutungszuwachs. Dieses Ergebnis bedeutet zugleich, dass heimische Produkte beim Verbraucher einen Vertrauensbonus genießen, den die Anbieter und Vermarkter nutzen könnten.

Die wichtigen Eigenschaften „frisch", „sicher" und „gesund" verbinden die Verbraucher mit heimischen regionalen Spezialitäten, dagegen weniger mit Spezialitäten aus europäischen und überseeischen Ländern. Für Spezialitäten aus dem Ausland stehen die Kriterien überdurchschnittlicher Geschmack und Qualität im Vordergrund. Zudem glauben die Verbraucher, dass diese Erzeugnisse eher industriell als handwerklich hergestellt sind. Dies gilt insbesondere für Spezialitäten aus Übersee.

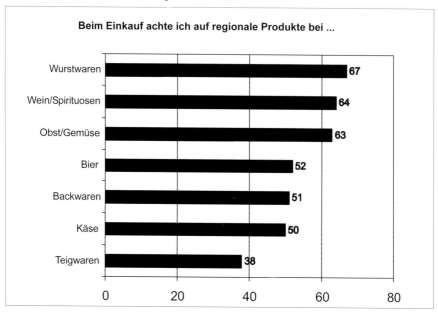

Abbildung 25: Bedeutung regionaler Spezialitäten (nach Produktgruppen)
– in Prozent –
(Quelle: DLG-Studie Rhein-Main 10/2002)

An der Spitze der Beliebtheit regionaler Spezialitäten stehen Wurstwaren (67 Prozent) vor Wein/Spirituosen (64 Prozent), den Frischeprodukten Obst und Gemüse (63 Prozent), Bier (52 Prozent), Backwaren (51 Prozent) und Käse (50 Prozent) (siehe Abbildung 25).

Einkaufsverhalten und Bedeutung von Einkaufsstätten

Zwar genießen Spezialitäten beim Verbraucher eine hohe Wertschätzung, doch der Kauf dieser Produkte ist laut DLG-Untersuchung von 2000 oft mit Hindernissen verbunden, da sie nicht allerorts und bei den gewohnten Einkaufsstätten erhältlich sind. Die Verbraucher bemängelten zudem Informationsdefizite über diese Produkte. Nach der Befragung von 2002 sind die Discounter und der Supermarkt die am stärksten genutzten Einkaufsstätten bei Lebensmitteln. Über 90% der Befragten kaufen dort wöchentlich oder mehrmals im Monat ein. Dies gilt auch für Spezialitäten aus deutschen Regionen und aus dem Ausland. Wie Abbildung 26 zeigt, kaufen 58 Prozent von ihnen diese Produkte bei ihren Einkäufen in der Woche oder am Wochenende bei Discountern und Supermärkten ein bzw. möchten sie dort erwerben. Zusammen mit denen, die dort mehrmals im Monat einkaufen, sind es 90 Prozent. D.h. ein hoher Anteil der Verbraucher erwartet diese Produkte auch dort im Angebot.

Eine besondere Position kommt inzwischen diesbezüglich dem Wochenmarkt zu. Durch sein vielerorts anziehendes Ambiente sowie seine Produktvielfalt und besondere Qualität gewinnt er immer mehr das Image als der Spezialitätenmarkt für Produkte aus verschiedenen Regionen und Ländern. Der Wochenmarkt steht beim Wochenendeinkauf hinsichtlich des Kaufs von Spezialitäten inzwischen an erster Stelle. 43 Prozent derer, die Spezialitäten einkaufen, erwerben sie am Wochenende auf dem Wochenmarkt. Die Tatsache, dass die Befragung im Sommer durchgeführt wurde, mag das Ergebnis beeinflusst haben, doch andere Untersuchungen zur Bedeutung und zu den Möglichkeiten der Wochenmärkte bestätigen den hier festgestellten Trend. Die Antworten weisen auf die Chancen für dieses Marktsegment bei einer kaufkräftigen Kundschaft hin. Sie deuten auch an, dass hier noch Marktpotentiale vorhanden sind und sich weitere Investitionen der Städte und Kommunen wie auch der Vermarkter hierin lohnen. Die Wochenmärkte entsprechen nicht nur den Verbraucherwünschen, sondern bilden längst auch eine Bereicherung für die Innenstädte.

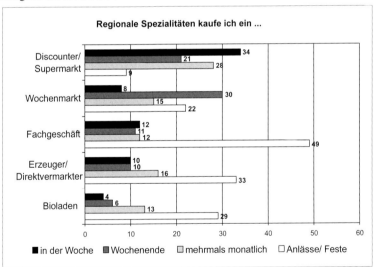

Abbildung 26: Ranking und Profile von Einkaufsstätten für Spezialitäten - in Prozent -
(Quelle: DLG-Studie Rhein-Main 10/2002)

Das Fachgeschäft nimmt für den Einkauf von Spezialitäten die dritte Position ein. 31 Prozent derer, die Spezialitäten einkaufen, erwerben sie in der Woche bzw. am Wochenende im Fachgeschäft. Bei besonderen Anlässen und Festen ist es für 59 Prozent der Befragten der Einkaufsort Nummer eins für Spezialitäten. Bei diesen speziellen Produkten aus der Heimat liegt der Erzeuger bzw. der Direktvermarkter im Ranking der Einkaufsstätten mit 25 Prozent noch vor dem Bioladen mit 18 Prozent. Dieses Ergebnis verdeutlicht, dass bei Bioprodukten nicht der Faktor regionale Spezialität im Vordergrund steht, sondern die besondere Herstellungsweise.

Das Image-Profil der Regionen für Spezialitäten

Spezialitäten verbinden die Verbraucher zunächst mit Produkten aus bestimmten deutschen Gebieten. Dass ihre Chancen im Markt erheblich vom Image der Regionen beeinflusst werden, bestätigt die neue DLG-Studie wiederum.

Als die Regionen mit dem besten Spezialitäten-Profil erweisen sich weiterhin Bayern vor der Heimatregion Hessen sowie Baden-Württemberg und Rheinland-Pfalz. An dieser Rangfolge hat sich gegenüber der Befragung des Jahres 2000 nichts geändert. Von den ostdeutschen Regionen wird Thüringen als das Land mit den besten Spezialitäten eingeschätzt. Das tatsächliche Einkaufsverhalten der Verbraucher im Rhein-Main-Gebiet bei regionalen Spezialitäten ist allerdings anders. Wie Zusatzfragen ergeben, berücksichtigen sie beim Einkauf tatsächlich zu 65 Prozent die heimischen Spezialitäten aus Hessen gefolgt von Spezialitäten aus Bayern, Baden-Württemberg und Thüringen. Dies unterstreicht, dass beim Einkauf dann letztendlich neben den Imagefaktoren der Faktor „Frische" und damit „Nähe" eine wesentliche Rolle spielen.

Wie Zusatzfragen zeigen, besteht ein Zusammenhang zwischen besonders beliebten Regionen und der Einschätzung über die besten Spezialitäten. Neben der heimatlichen Region Hessen werden besonders beliebte Regionen zugleich als diejenigen mit den besten Spezialitäten gesehen. Zu den drei beliebtesten Bundesländern gehören für die Befragten, wie der Abbildung 27 ebenfalls zu entnehmen ist, nach Hessen Bayern, Baden-Württemberg, Nordrhein-Westfalen, Rheinland-Pfalz und Schleswig-Holstein. Die beiden beliebtesten ostdeutschen Bundesländer sind Mecklenburg-Vorpommern und Thüringen. Deutlich wird daran, dass dabei vor allem auch an beliebte Urlaubsregionen gedacht wird.

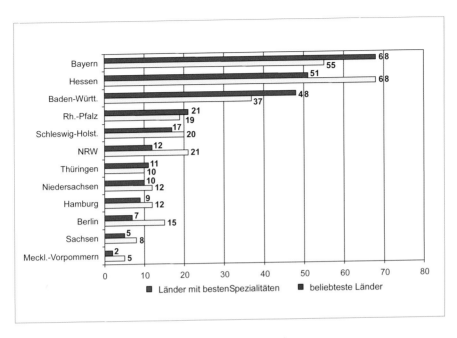

Abbildung 27: Die Bundesländer mit den besten Spezialitäten und die beliebtesten Bundesländer (Quelle: DLG-Studie Rhein-Main 10/2002)

In Europa bleibt für die Verbraucher Italien eindeutig das Spezialitätenland Nummer eins vor Frankreich und Spanien sowie Österreich und Griechenland. Auch hier haben sich gegenüber der Untersuchung von 2000 keine Änderungen ergeben. Wenn die Verbraucher internationale Spezialitäten beim Einkauf in Erwägung ziehen, denkt die Hälfte von ihnen dabei an Urlaubsländer und Reisen. Wie für die inländischen Regionen bestätigt sich auch für die europäischen Länder ein Zusammenhang zwischen dem positiven Image von Ländern und beliebten Urlaubsländern sowie der Einschätzung als Land mit den besten Spezialitäten. Auch hier erhalten Spezialitäten aus beliebten (Urlaubs-)Ländern durch das positive Imageprofil einen wirksamen Vorteil im Wettbewerb um die Gunst der deutschen Verbraucher.

Zwischen der Attraktivität von Spezialitäten und beliebten Urlaubsregionen gibt es also einen Zusammenhang, sowohl für das Inland als auch für das Ausland. Ein positives Imageprofil einer Region verleiht Spezialitäten einen deutlichen Pluspunkt beim Verbraucher und damit im Wettbewerb. Andererseits bestehen für Spezialitäten aus Regionen und Ländern, die über keinen Imagebonus oder keine besondere Beliebtheit verfügen, gravierende Wettbewerbsnachteile. Hiermit erklären sich auch Schwierigkeiten bei der Vermarktung von Produkten aus Entwicklungsländern bei unseren Verbrauchern.

Image-Profile über die Lebensmittel-Kontrollen

Die BSE-Krise und die nachfolgende MKS-Seuche haben im Winter 2000/2001 über viele Wochen und Monate hinweg die Land- und Ernährungswirtschaft in Europa in Atem gehalten. Dabei löste die BSE-Krise in Deutschland eine breite gesellschaftspolitische Debatte über die Lebensmittelproduktion aus. Fragen des Verbraucherschutzes, der Lebensmittelsicherheit mit kontrollierten Abläufen und Transparenz über Inhaltsstoffe und Herstellungsprozesse sowie der Herkunft stehen seitdem auf der Agenda in der Land- und Ernährungswirtschaft mit obenan. Um Einschätzungen zu den Lebensmittelkontrollen einundhalb Jahre nach den Krisen-Monaten und den erfolgten Maßnahmen durch die Politik und durch die Agrar- und Ernährungswirtschaft zu erhalten, wurden die Verbraucher im Rhein-Main-Gebiet im Sommer 2002 auch nach ihren Meinungen zu den Kontrollen im Inland sowie für einige ausgewählte europäische und überseeische Länder gefragt.

Da der Untersuchung der Nitrofen-Skandal vorausging, erhielten diese Fragen eine zusätzliche Aktualität. Während diese Ereignisse für die einen zeigten, dass die Kontrollen funktionieren, war der Skandal für andere ein Hinweis darauf, dass die Kontrollen nach wie vor nicht streng genug sind.

... Einschätzungen zu den Bundesländern

Die Antworten weisen darauf hin, dass 18 Monate nach der BSE-Krise das Vertrauen in die deutschen Lebensmittelkontrollen deutlich gestiegen ist. Drei Viertel der befragten Verbraucher im Rhein-Main-Gebiet bewerten die Kontrollen inzwischen mit „gut". Die positiven Werte liegen für Baden-Württemberg, Rheinland-Pfalz und Hessen mit 82 Prozent bzw. 81 Prozent über dem bundesweiten Durchschnitt. Mit 79 Prozent bzw. 78 Prozent folgen Bayern, Nordrhein-Westfalen und Schleswig-Holstein sowie die anderen westlichen Bundesländer, wobei Niedersachsen für diese das Schlusslicht bildet. Thüringen erhält mit 75 Prozent die höchsten Werte der östlichen Bundesländer, wobei diese insgesamt ein etwas geringeres Vertrauen erfahren als die westlichen Länder. Mecklenburg-Vorpommern und Brandenburg bilden das Schlusslicht, worin sich auch der vorausgegangene Nitrofen-Skandal niederschlägt.

Die Antworten verdeutlichen, dass die deutschen Verbraucher die inländischen Lebensmittelkontrollen inzwischen als gut einschätzen. Damit haben die in den vergangenen zwei Jahren ergriffenen Maßnahmen zu einer spürbaren Vertrauensstabilisierung geführt. Darüber hinaus wird zum einen ein höheres Vertrauen in die Kontrollen der heimatlichen und nahegelegenen Regionen deutlich. Die Ergebnisse weisen zum anderen auf positive wie auch negative Auswirkungen durch die Politik einzelner Bundesländer hin. Positiv beispielsweise für Nordrhein-Westfalen und eher negativ für Bayern, denn bei allen bisherigen Befragungen erzielte Bayern die besten Werte, während Nordrhein-Westfalen diesbezüglich bisher eher als profillos einzustufen war.

... Einschätzungen für ausgewählte europäische Länder und Übersee

Ähnlich positiv wie die inländischen Kontrollen werden von den Verbrauchern im Rhein-Main-Raum die Schweiz und Österreich beurteilt. Die Schweiz erreicht mit 83 Prozent den insgesamt höchsten Vertrauenswert aller abgefragten Regionen und Länder. Auch für Frankreich und die Niederlande überwiegen bei der Frage nach dem Vertrauen in die Lebensmittelkontrollen ausgewählter europäischer und überseeischer Länder mit 56 Prozent und 52 Prozent die positiven Einschätzungen, während das Vertrauen in die Lebensmittelkontrollen bei anderen Ländern weniger bzw. gering ausgeprägt ist. Zwei Drittel der Befragten halten die Kontrollen in Italien als „weniger gut", von Großbritannien und Spanien glauben dies 80 Prozent und von Griechenland 82 Prozent.

Überwiegend positiv ist auch die Meinung zum Stand und zur Verlässlichkeit der Kontrollen in den USA, mit ihren Werten liegen sie noch vor den Niederlanden. Nach dem Urteil der Verbraucher im Rhein-Main-Gebiet gehören neben Deutschland die Schweiz, Österreich, Frankreich, die USA und die Niederlande zu den fünf Ländern, denen sie in der Frage der Lebensmittelkontrollen das größte Vertrauen entgegenbringen.

Dagegen ist das Vertrauen in die Kontrollen für die Länder Argentinien und Brasilien mit 19 Prozent bzw. 10 Prozent ebenfalls niedrig. Auf gravierende Glaubwürdigkeitsprobleme weisen die Ergebnisse für osteuropäische Länder hin. Nur 4 Prozent bzw. 3 Prozent der Befragten haben eine positive Einschätzung zu den Kontrollen beispielsweise in Polen und Russland. Dieselben niedrigen Werte erhält die Region Asien.

Was besagen diese Ergebnisse den Unternehmen der Agrar- und Ernährungswirtschaft sowie dem LEH? Sie deuten darauf hin, dass in der Frage der Herkunft Brisanz stecken kann und die Unternehmen in ihren Strategien und Kommunikationsmaßnahmen die dahinter liegenden Aspekte unbedingt berücksichtigen müssen. Beim Thema Herkunft und Lebensmittelsicherheit ist für sie Vorsicht angesagt, denn es kann eine Glaubwürdigkeitsfalle drohen. Dies gilt für landwirtschaftliche Erzeuger, Lebensmittelverarbeiter und Einzelhandel hinsichtlich des Auf- und Ausbaus von Produktionskapazitäten in bestimmten Ländern und Regionen ebenso wie beim Import. Außerordentlich gering ist das Vertrauen der Verbraucher in die Verlässlichkeit von Produktion und Kontrollen in Osteuropa und Asien, dies gilt auch für einige südamerikanische Länder.

Die Ergebnisse weisen auf einen Zusammenhang zwischen höherem Vertrauen in die sichere Produktion und Kontrollen für die heimische Wirtschaft und Behörden und nahe gelegenen Regionen hin. Dies haben auch Untersuchungen in anderen Ländern ergeben. Nach einer Befragung der dänischen Verbraucher von 2001 glauben die Dänen generell, dass dänische Lebensmittel qualitativ hochwertiger sind als die meisten ausländischen Produkte. 61 Prozent der Befragten sagen zudem, dass die Kontrollen der dänischen Behörden im Bereich der landwirtschaftlichen Produktion und der Herstellung von Lebensmitteln effektiver sind als die entsprechenden Kontrollen im Ausland.

Fazit

Regionale Spezialitäten verzeichnen hohe Image-Vorteile. Doch viele Hersteller und Regionen haben nach wie vor ein zu schwaches und zu wenig ausgeprägtes Profil, um die bestehenden Chancen im Markt nutzen zu können. Aus den Ergebnissen sind folgende Schlussfolgerungen zu ziehen:

1. Es gibt einen steigenden Bedarf an Produkten aus den heimischen Regionen. Starke regionale Marken würden die vorhandenen Chancen deutlich verbessern.

2. Auf die Eigenschaften „Frische", „Geschmack", „gesund", „sicher" und „Qualität" legt der Verbraucher bei regionalen Spezialitäten besonderen Wert. Damit gewinnen die Faktoren Sicherheit, Vertrauen in die Produktionsstandards und Lebensmittelkontrollen sowie Herkunft weiter an Bedeutung.

3. Der Einzelhandel sollte sein Angebot um Produkte und Spezialitäten aus den heimischen Regionen vergrößern, denn dies wünscht der Verbraucher. Zugleich stärkt es sein Image und seine Chancen im harten Wettbewerb.

4. Die Regionen und die Hersteller müssen ihr Profil entscheidend verbessern, um die Marktchancen nutzen zu können. Es bedarf eines konsequenten Regionenmarketings sowie eines integrierten Marketing- und Kommunikationskonzeptes von Regionen und den Unternehmen der Ernährungswirtschaft.

5. Die deutschen Verbraucher schätzen die inländischen Lebensmittelkontrollen inzwischen als gut ein. Die in den vergangenen zwei Jahren ergriffenen Maßnahmen haben zu einer Vertrauensstabilisierung geführt.

6. Maßnahmen der Politik für den Verbraucherschutz wie die Lebensmittelkontrollen machen sich in den Imageprofilen von Regionen und Ländern durchaus bemerkbar. Sie können sich damit auch auf die Attraktivität von Unternehmen und ihren Produkten aus bestimmten Regionen und Ländern auswirken.

7. Vorsicht ist beim Thema Herkunft und bei der Lebensmittelsicherheit angesagt, denn es kann eine Glaubwürdigkeitsfalle drohen. Dies gilt für landwirtschaftliche Erzeuger, Lebensmittelverarbeiter und Einzelhandel sowohl hinsichtlich des Auf- und Ausbaus von Produktionskapazitäten in bestimmten Ländern und Regionen als auch beim Import. Außerordentlich gering ist das Vertrauen der Verbraucher in die Verlässlichkeit von Produktion und Kontrollen in Osteuropa und Asien, dies gilt auch bei einigen südamerikanischen Ländern.

Literatur

CLEMENS FROWEIN: Regionale Spezialitäten. Chancen für Hersteller, Handel und Verbraucher. In: Landwirtschaft in der Ernährungswirtschaft. Die neue Strategie. Hrsg. Deutsche Landwirtschafts-Gesellschaft, Frankfurt, Archiv der DLG, Bd. 96, S. 209-221, 2002.

JÖRGEN JENSEN: Ein gutes Zeugnis von der Bevölkerung. Image der Landwirtschaft in Dänemark. In: Wege zu besserem Image und Ansehen. Landwirte in der Gesellschaft: Analysen, Erfahrungen, Perspektiven. Hrsg. Deutsche Landwirtschafts-Gesellschaft, Frankfurt, S. 70/71, 2003.

Messebeteiligungen – mit Konzept – zum Erfolg
Veronika Mödinger, Alexandra Gempel

Vor dem Hintergrund einer mäßigen Auftragslage und einer schwierigen konjunkturellen Situation stellt sich der Mittelstand derzeit die Frage, ob ein „aufwändiger" Messeauftritt für das Unternehmen sinnvoll ist oder nicht doch nur zusätzliche Kosten verursacht. Zudem sind Messeteilnahmen für die beteiligten Mitarbeiter in der Regel äußerst anstrengend und sehr kraftraubend. Auch können die Erfolge eines Messeauftritts meist nicht direkt und nur sehr schwer greifbar gemessen werden. *Warum sollten sich zukunftsfähige Unternehmen dennoch eine Teilnahme an der richtigen Messe nicht entgehen lassen?*

Messeteilnahmen konkurrieren im Marketing-Mix mit anderen Maßnahmen wie Events, Werbung, Presse- und PR-Arbeit. Betrachtet man kritisch den Vorzug von Messeteilnahmen gegenüber diesen anderen Kommunikationsinstrumenten, so gilt es die drei Kriterien Kosten, Nutzen und externe Qualitätsfaktoren der Messeteilnahme genauer zu untersuchen. Während sich jedoch die Kosten im Unternehmen meist relativ einfach erfassen lassen, muss auf die frühzeitige Definition von messbaren Größen oder Kennzahlen zur Erfassung des Nutzens ein besonderes Augenmerk gelegt werden.

Der Vorteil einer jeden Messe ist es, dass sich Angebot und Nachfrage auf engstem Raum in kürzester Zeit höchstmöglich konzentrieren. Um in diesem Umfeld zu bestehen, gilt es das Ziel der Messepräsentation klar vor Augen zu behalten. Zwar sind Messen nach einer Untersuchung des Emnid-Institutes, die im Auftrag des AUMA durchgeführt wurde, zur Erreichung fast aller Ziele der Marketing-Kommunikation am besten oder zweitbesten geeignet, dennoch sind aufwendige und oft teure Messestände für die alleinige Kontaktpflege zu „Altkunden" nicht unbedingt zu empfehlen. Vielmehr eignen sich Messen zur Gewinnung von Neukunden, Präsentation neuer Produkte oder bestenfalls für beide Ziele gleichermaßen, nämlich der Einführung eines neuen Produktes für neue Kunden oder eine neue Zielgruppe. Eine weitere Besonderheit der Messe ist, dass in diesem Umfeld die Hemmschwelle zur Kontaktaufnahme auf beiden Seiten („Käufer/Verkäufer") deutlich geringer ist, als in den sonst üblichen Akquisitionssituationen. Ein zusätzlich positiver Effekt ist, dass Messekontakte „von überdurchschnittlicher geschäftlicher Substanz und Relevanz sind" (M. Huckemann, 2002).

Ein erfolgreicher Messeauftritt hängt nicht von der Unternehmensgröße, sondern von der richtigen Strategie ab. Auf dem weiteren Weg zu einer gelungenen Messeteilnahme können somit die Entscheidung für die richtige Fachmesse, die richtige Vor- und Nachbereitung der Messeteilnahme sowie die individuelle Präsentation des Unternehmens als erfolgsbestimmende Faktoren zusammengefasst werden.

Entscheidung für die richtige Fachmesse

Jährlich finden in Deutschland circa zehn überregionale Fachmessen für die Ernährungswirtschaft und ungefähr sechs Messen im Bereich Land- und Forstwirtschaft, Gartenbau, Weinbau, Fischerei und Tierhaltung statt. Die jeweilige Ausrichtung der Fachausstellungen sind ebenso wie die Größe der Ausstellungsflächen, Zahl der Aussteller und Besucherzahlen sehr unterschiedlich. Wie der nachstehende Vergleich einiger bedeutenden Fachmessen der Lebensmittelbranche zeigt, unterscheiden sich die Messen erheblich hinsichtlich ihrer Besucher- und Ausstellerstruktur ebenso wie in den Kosten der Messeteilnahme für die Unternehmen. In der letzten Zeile der Tabelle sind standardisierte Gesamtkosten für eine 50m² Messepräsentation ins Verhältnis zu den potenziell erreichbaren Messebesuchern gesetzt. Hier lässt sich deutlich erkennen, was für unterschiedliche Potenziale die einzelnen Messen haben. Stellt man eine Messepräsentation auf der ANUGA einer Teilnahme an der Internorga gegenüber, so zeigt sich, dass die Zahl der Besucherkontakte auf der Internorga bedeutend höher ist und damit eine ANUGA-Teilnahme doppelt so hohe Kosten pro Besucher hat. Untersucht man jedoch die Fachbesucherstruktur, kann festgestellt werden, dass für exportorientierte Unternehmen die ANUGA dennoch die bessere Alternative darstellt, da hier bedeutend mehr internationale Besucher zu erwarten sind. Diese Analysen können mit Hilfe der Auswertung von Fachbesucherstrukturtests noch vertieft werden.

Die Unterschiede zwischen verschiedenen Messen sowie die Eignung der jeweiligen Messe zur Erreichung der individuell definierten Unternehmensziele sollten im Vorfeld genau analysiert werden. Der Verband der deutschen Messewirtschaft AUMA bietet hierzu auf seiner Homepage (http://www.auma.de) dem Besucher kostenlos umfangreiche Informationen über die Fachbesucherstrukturen der letzten Jahre von den verschiedensten deutschen Messen. Hier sollten sich die Marketingverantwortlichen vor der Planung und Konzipierung eines Messeauftrittes über die ansprechbaren Zielgruppen sowie die Zahl und Herkunft potenzieller Kunden ausführlich informieren. Als weitere Hilfestellung zur Messeplanung und Vorbereitungen findet sich auf der AUMA Internet-Präsentation ein interaktiver Kostenkalkulator sowie Informationen über Messeförderungen durch Bund und Länder.

	ANUGA 2001	Internorga 2002	ISM 2002	Pro Wein 2002	BIO FACH 2002	Fruitlogistica 2002	Interfructa Intervitis '01
Laufzeit	5 Tage	6 Tage	4 Tage	3 Tage	4 Tage	3 Tage	5 Tage
Besucher	164.440	109.085	32.861	27.229	24.912	13.521	53.876
Anteil Fachbesucher*	93%	86%	98%	92%	94%	95%	91%
Ausländische Besucher	73.404	4.254	20.891	3.756	7.453	6.828	12.138
in Prozent	45%	4%	64%	14%	30%	50%	23%
Direktaussteller	5.583	826	1.287	2.851	1.725	824	639
Ausländischer Direktaussteller	4.319	115	1.042	2.003	1.154	604	188
in Prozent	77%	14%	81%	70%	67%	73%	29%
Vermietete Nettofläche m²	147.272	41.226	49.490	35.991	22.236	14.775	25.553
Preis pro m² Reihenstand	150 €	115 €	126 €	126 €	93 €	175 €	118 €
Besucher pro 100m² vermietete Standfläche	112	265	66	76	112	92	211
Kosten pro Besucher** (Kosten/m² zu Bes./m²)	557 €	222 €	901 €	790 €	504 €	707 €	280 €

* Nach Fachbesucherstrukturtests im Auftrag des AUMA aus den Jahren 2000 bis 2002.
* Unterstellt sind hierbei die kalkulationswerte des AUMA-Kostenkalkulators für einen 50 m² Stand auf einer internationalen Konsumgütermesse und die für die jeweilige Messe entsprechende Standmiete.

Übersicht 3: Vergleich ausgewählter internationaler Fachmessen der Lebensmittelindustrie (Eigene Darstellung nach Daten des AUMA)

Was gilt es bei der Vor- und Nachbereitung der Messen zu beachten?

Die Realität zeigt, dass Messebeteiligungen – gerade bei kleineren, mittelständischen Unternehmen – oft als isoliertes Ereignis betrachtet werden. Bei einer Messebeteiligung gilt es jedoch, nicht nur seine Produkte sowohl dem Wettbewerb als auch Neu- und Stammkunden zu präsentieren, sondern die Unternehmensstrategie sichtbar werden zu lassen, zu kommunizieren. Damit hebt sich das Unternehmen von der Konkurrenz ab und gewinnt an Profil. Marketingmaßnahmen sollten daher sowohl inhaltlich als auch zeitlich mit dem Ziel der Ausschöpfung von Synergieeffekten koordiniert werden. In diesem Fall können Budgetmittel optimal eingesetzt und genutzt werden. Der Fachverband Messe- und Ausstellungsbau e.V. (FAMAB) bringt es auf den Punkt: „Jedes Unternehmen, das bei seiner Messebeteiligung nicht nur den Messestand plant, sondern einen ganzheitlichen Messeauftritt konzipiert, ist ein Gewinner. Es ist vielen Wettbewerbern im Bereich der Kommunikation entscheidende Schritte voraus." (FAMAB Information, o.J., S. 5)

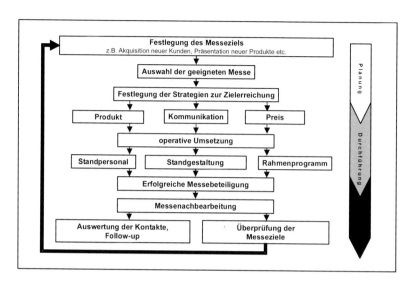

Abbildung 28: Phasen des „Messeaktionsprogramms" (Eigene Darstellung)

Grundsätzlich lässt sich ein „Messeaktionsprogramm" in drei Phasen gliedern: Planung, Durchführung und Nachbearbeitung. In der **Planungsphase** muss mit höchster Priorität das Ziel der Messeteilnahme definiert werden. Die Zielsetzung leitet sich in der Regel aus übergeordneten Marketingzielen ab und entscheidet über die Auswahl der geeigneten Messe. Jedes Ziel wirkt sich unterschiedlich auf die Präsentationsform aus: produktorientiert, kontaktorientiert oder kommunikationsorientiert. Die Wechselwirkung von Messeziel und Messepräsentation ist unverkennbar. Sehr wichtig – bereits in der Planungsphase – ist die aktive Einbindung der Mitarbeiter. Sie müssen für die Messeziele und -strategien sensibilisiert und motiviert werden, um eine erfolgreiche Umsetzung zu gewährleisten.

Aus den festgelegten Zielen sind Strategien zur Zielerreichung zu entwickeln. Zunächst muss die Frage nach den auszustellenden **Produkten** bzw. den zu präsentierenden Neuheiten geklärt werden. Unsere Erfahrung zeigt, dass vor allem kleinere Stände oft mit Produkten überladen sind. Hier gilt: „Weniger ist mehr". Immer wichtiger wird, in Zeiten von Sättigungsphasen und der Substituierbarkeit vieler Produkte, die Präsentation der **Serviceleistungen** wie Beratungen, Garantie, After Sales Service etc. Die Serviceorientierung des Unternehmens muss auch auf dem Messestand gelebt und kommuniziert werden. Bei Produkteinführungen bieten sich Messen als guter Testmarkt an. Mit direkter Rückmeldung kann die Akzeptanz neuer Produkte preisgünstig und kundenorientiert getestet werden.

Die **Preise** der Messeexponate sowie die Messerabatte und -konditionen sollten ebenfalls als ein weiterer Bestandteil festgelegt werden. Aber Messebeteiligungen können auch zur Preisfindung einen wichtigen Input liefern. Preisvergleiche können durchgeführt und Kunden befragt werden.

Der **Kommunikation** kommt bei Messen ein besonderes Augenmerk zu. Beachtet werden muss die spezielle Situation des Besuchers auf Messen, der in immer weniger verfügbarer Zeit mit immer mehr Informationen konfrontiert wird. Hier gilt es bereits im Vorfeld auf sich aufmerksam zu machen. „Wer für eine ansprechende Messe-Einladung zu geizig ist, sollte gleich zu Hause bleiben." (Huckemann/S. ter Weiler, 1998, S. 133). Eine zentrale Messebotschaft muss formuliert werden, die sich als roter Faden von der Einladung über die Anzeigenschaltung bis zum Give-away und auch in der Standgestaltung widerspiegelt. Die **Pressearbeit** vor – aber auch während – der Messe ist ein zweiter wichtiger Bestandteil der Kommunikationspolitik. Der Erfolg liegt auch hier in der professionellen Vorbereitung. Presseinformationen sollen eine sachliche Darstellung der Neuheiten enthalten und keinesfalls nur werbliche Euphorie wiedergeben. Der Lohn sind weitreichende Multiplikatoreffekte in elektronischen und Print-Medien.

Auch die Kommunikationspolitik im Anschluss an die Messe muss bereits in der Planungsphase vorbereitet werden: Vorarbeit für die Nacharbeit. Es muss vor der Messe geregelt werden, durch wen, in welcher Form und welchem Zeitrahmen die Messekontakte nachbearbeitet werden. Manches lässt sich schon im Vorfeld erledigen. „Dankeschön"-Schreiben können formuliert und dann nach der Messe personifiziert verschickt werden. Denn eine schnelle Reaktion auf den Messebesuch signalisiert den Kunden wahres Interesse.

Standgestaltung – die Visitenkarte des Unternehmens

Aufgrund der Bedeutung des Themas sollte an dieser Stelle ein weiteres mal darauf hingewiesen werden, dass die Zieldefinition die Präsentationsform und damit die **Standgestaltung** bestimmt. Das Corporate Design des Ausstellers dient als Grundlage, um die Kommunikation durch Schaffung einer ansprechenden Standatmosphäre zu optimieren. Der Stand muss zum „Hinsehen und Hingehen motivieren, weil er etwas Prägnantes hat, was die Aufmerksamkeit des Beobachters erregt, sein Interesse fesselt und aufgeschlossen macht für den Austausch von Worten ..." (Huckemann/Weiler, 1998, S. 114). Bei der Planung sollte stets darauf geachtet werden, die Präsentation des Standes aus der Sichtweise des Besuchers zu planen. Der Fachbesucher hat immer weniger Zeit, weshalb die Standgestaltung den Kundennutzen oder den USP (unique selling proposition) des Produktes kurz und prägnant kommunizieren muss. Daraus ergibt sich, dass sowohl beim Standbau als auch bei der Präsentation weniger mehr ist. Der Besucher braucht einen Blickfang, um auf das Unternehmen aufmerksam zu werden und will schnell eine klare Übersicht über die immer umfassender werdenden Ausstellungsangebote erreichen.

Die *Standbeleuchtung* muss den Stand von der oft diffusen Hallenbeleuchtung abheben. Wichtige Exponate erreichen durch zusätzliche Objektbeleuchtung besondere Aufmerksamkeit. Großzügig Platz für Kommunikation im Innenbereich – ggf. Gesprächsinseln mit Pflanzen – laden ein und verringern die Hemmschwelle den Stand zu betreten. Hierdurch wird unterschwellig auch Aufgeschlossenheit und Großzügigkeit des Unternehmens kommuniziert.

Die Praxis zeigt, dass die beste Standgestaltung nur durch die Standbesetzung zum Erfolg wird. Mit motivierten Mitarbeitern kann die Messebeteiligung auch mit Systemständen, die zu einem guten Preis-Leistungsverhältnis von den Messeveranstaltern angemietet werden können, zum Erfolg werden. Denn erst ein professionelles Auftreten des Standpersonals signalisiert den Besuchern willkommen zu sein. Dem *Standpersonal* mit direktem Besucherkontakt kommt daher eine Schlüsselfunktion zu. Fachliches Wissen ist eine Grundvoraussetzung. Darüber hinaus muss das Standpersonal leicht auf Besucher zugehen können, professionell in der Gesprächsführung, höflich, freundlich, zielstrebig und teamfähig sein. Hierzu kann eine intensive Schulung der Standmitarbeiter, die sich an dem festgelegten Messeziel orientiert, die Basis bilden. Eine Vielzahl von Unternehmen bieten qualifizierte externe Schulungen an. Allgemein gilt, dass je umfassender die Standbesatzung über die Messeziele informiert ist und je klarer die Aufgaben und Vorgaben jedes einzelnen abgesteckt sind, desto eher kann das Messeziel erreicht werden. Zur Motivation und Weiterbildung des Standpersonals während der Messe kann auch ein Rundgang durch die Messe dienen.

Als Messeregel im Umgang mit Besuchern gilt: „Besucher identifizieren, qualifizieren, nach der Messe weiterbearbeiten" (Clausen/Schreiber, 2000, S. 94). Auch hier muss wieder das festgelegte Ziel als Basis genutzt werden. Sind neue Kontakte das Ziel, muss die Gesprächsdauer mit bestehenden Kunden minimiert werden. Diese Verhaltensweise, die vor allem seitens des Vertriebs ungewohnt und kritisch aufgenommen wird, muss von den Führungskräften demonstrativ auf dem Stand vorgelebt werden. Experten empfehlen generell, die Dauer und Anzahl der Kontakte im Vorfeld festzulegen. Das Verhalten des Personals und seine Art der Präsentation der Produkte sind gelebte Unternehmenskultur und ausschlaggebend für nachfolgende Kontakte.

Rahmenprogramme zur Attraktivitätssteigerung und Heraushebung des Standes in der Vielzahl der Messepräsenzen werden immer wichtiger. Diese können – je nach Budget – von der kleinen, kostengünstigen Sonderproduktpräsentation bis hin zur Veranstaltung mit Event-Charakter reichen. Der Messeauftritt sollte als Plattform für den Gedankenaustausch unterschiedlicher Multiplikatoren genutzt werden. Dies kann beispielsweise in Form eines Symposiums, eines Workshops oder einer „Get together" Veranstaltung am Abend realisiert werden. Es wird zudem die Aufmerksamkeit der Medien geweckt, was zu kostenlosen Werbeeffekten durch die Berichterstattung führen kann.

Um eine *effektive Nacharbeit* und konkrete Aussagen über den Messeerfolg machen zu können, ist die Erfassung der Besucherkontakte – auf vorbereiteten standardisierten Formularen – unabdingbar. Ziel eines jeden positiven Kontaktes muss ein erneuter Kontakt im Anschluss an die Messe sein. Erst intensive Messenacharbeit stellt den Erfolg der Messe nachhaltig sicher. Die Realität stellt sich oftmals anders dar: wertvolle Kontakte werden zu spät oder gar nicht verfolgt. Bereits in der Planungsphase sollte definiert werden, in welcher Form die Messekontakte nachbearbeitet werden. Eine ABC-Analyse und Qualifizierung der Kunden ermöglicht eine differenzierte Ansprache je nach Wichtigkeit durch einen Besuch, Telefon, Fax- oder Briefmailing. Bedenkt man, dass in vielen Branchen der Interessent sechs- bis achtmal angesprochen werden muss, ehe es zu einem Abschluss kommt, kann der Kontakt auf einer Messe nur der Anfang eines intensiven Geschäftskontaktes sein.

Abschließend muss schließlich noch eine Überprüfung der Messeziele erfolgen. Konkret messbare Angaben (wie z.B. die Zahl der Neukontakte oder die durchschnittliche Dauer eines Kontaktes) sind nötig, um den Erfolg einer Messe messbar zu machen und bilden zugleich den Grundstock für eine erneute Messebeteiligung.

Eine erfolgreiche Messebeteiligung ist also keine Hexerei und muss auch nicht zwangsläufig extrem kostspielig sein. Wichtig ist es, die Messebeteiligung langfristig zu planen und in ein umfassendes Marketingkonzept einzubinden. Nachdem die Entscheidung für eine Messe gefallen ist, muss das verfügbare Budget für die gesamte Präsentation inklusive Vor- und Nachbereitung definiert werden. Dann kann entschieden werden, ob eher in einen aufwendigeren Standbau investiert wird oder die Besucher durch einen interessanten oder witzigen Aufhänger angesprochen werden. Give-aways, Rahmenprogramm oder Einladungen zum Catering auf der Messe durch Werbedamen können effiziente Alternativen zur einer kostspieligen Standbaulösung sein. Wichtig ist, dass insgesamt die Präsentation nachvollziehbar auf die Ziele der Messeteilnahme ausgerichtet ist. Die Umsetzung muss professionell und stimmig bis in die Details von der Vorwerbung bis zum Standpersonal und zur Nachbereitung der Messekontakte erfolgen.

Viel Spass und Erfolg bei Ihrem nächsten Messeauftritt wünschen Ihnen, Alexandra Gempel und Veronika Mödinger, DLG-Agriservice GmbH Bonn.

Kooperationen als Strategie für die Land- und Ernährungswirtschaft
Dr. Hans-Joachim Leyrer

Kooperation kommt aus dem Lateinischen und bedeutet schlicht und einfach „Zusammenarbeit". Zu einer Kooperation kommt es in aller Regel dann, wenn man ein bestimmtes Ergebnis erreichen will, das man allein nicht, nicht so gut oder nicht so effizient erreichen könnte.

Man möchte diese Zusammenarbeit jedoch so gestalten, dass man selbstständig bleibt, woraus folgt, dass die Kooperation immer nur auf einzelne Funktionen eines Unternehmens beschränkt ist. Hierin liegt der große Unterschied zur Fusion, die alle Unternehmensbereiche erfasst – die rechtliche und wirtschaftliche Selbstständigkeit der fusionierenden Unternehmen wird aufgegeben.

Die Notwendigkeit zur Kooperation ist logischerweise für jene Unternehmen am wichtigsten, die relativ klein sind und für bestimmte Funktionsbereiche oder Geschäftsfelder die kritische Größe nicht erreichen, die unter Kostengesichtspunkten oder unter Marktaspekten erforderlich ist.

Insofern ist es nicht verwunderlich, dass man speziell in der Landwirtschaft und im Handwerk ausgeprägte Kooperationen findet. In abgeschwächter Form gilt dies auch für die deutsche Ernährungswirtschaft, die traditionell mittelständisch geprägt ist.

Speziell in der Landwirtschaft sind hier an erster Stelle die Genossenschaften zu nennen, die als Selbsthilfeeinrichtungen für Bezug von Betriebsmitteln und Absatz der erzeugten landwirtschaftlichen Produkte gegründet wurden. Diese Einrichtungen sind untrennbar mit dem Namen Friedrich Wilhelm Raiffeisen verbunden, der Mitte des 19. Jahrhunderts die ersten Darlehenskassenvereine ins Leben gerufen hat. Wenig später hat Schulze-Delitzsch Ähnliches für den gewerblichen Sektor initiiert.

Die Genossenschaften haben vor allem seit dem 2. Weltkrieg eine starke und stetige Aufwärtsentwicklung zu verzeichnen. Dazu haben vor allem der starke genossenschaftliche Verbund beigetragen, der notwendige strukturelle Veränderungen initiiert, unterstützt und begleitet hat, der bei Nachfolgefragen in der Geschäftsführung – das große Problem des privaten Mittelstandes – helfend eingegriffen hat und der sich auch bei Finanzierungsfragen vorteilhaft ausgewirkt hat. Hinzu kamen steuerliche Vorteile für die Genossenschaften.

Diese Rahmenbedingungen haben dazu geführt, dass der Marktanteil der Genossenschaften in vielen Sektoren des landwirtschaftsnahen Bereichs (Bezug von Dünger, Saatgut, Pflanzenschutzmittel, Absatz von Getreide und Ölsaaten, Schlachtbetriebe,

Molkereien) regionale Marktanteile von z.T. weit über 50 Prozent erreicht hat. Dies gilt auch – bezogen auf den Großhandelsmarkt – für die Vermarktung von Obst, Gemüse und Zierpflanzen.

Dass dabei vor allem die Hauptgenossenschaften die Rechtsform einer AG angenommen haben, ist kein Widerspruch – diese Unternehmen sind nach wie vor genossenschaftlich geprägt.

Im Bereich des Ernährungshandwerks haben die Bäkos (Bäckereigenossenschaften) eine ähnlich starke Marktstellung erlangt, wogegen die Fleischergenossenschaften nie eine entsprechende Bedeutung erlangen konnten und außerdem, im Zuge der Aufgabe des Schlachtens durch die handwerklichen Metzger, diese noch weiter zurückgegangen ist.

Eine weitere Form der Kooperation im landwirtschaftlichen Bereich sind die Erzeugergemeinschaften, die als Folge des Marktstrukturgesetzes ab 1969 unter Einsatz erheblicher Fördermittel entstanden sind. Als Ziel dieses Gesetzes sollte die Marktposition der Landwirtschaft gestärkt werden. Es sollte der sog. dritte Weg neben dem Absatz an Genossenschaften und Privatfirmen geschaffen werden. Es braucht wohl nicht besonders betont zu werden, dass die traditionellen Partner diesen neuen Gebilden eher ablehnend gegenüberstanden. Zum Teil wurde dieses Problem – nicht ganz im Sinne des Gesetzes – sehr elegant dadurch gelöst, dass Vertreter von Genossenschaften die Geschäftsführung von Erzeugergemeinschaften übernommen haben.

Ein Teil der Erzeugergemeinschaften ist nach Auslaufen der Förderung auch wieder verschwunden bzw. hat die Aktivitäten sehr stark zurückgefahren. Immerhin gab es im Jahre 1997 jedoch 1225 anerkannte Erzeugergemeinschaften. Anzahlmäßig am bedeutendsten waren die Sektoren:

Qualitätsgetreide	367,
Schlachtvieh und Ferkel	211,
Wein- und Traubenmost	204,
Milch	118.

Die Spannbreite der Erzeugergemeinschaften ist außerordentlich groß. Sie reicht von einer kleinen Einheit, die ehrenamtlich oder in Nebentätigkeit von einem der Mitglieder geführt wird, bis zu Unternehmen mit über 50 Millionen Euro Jahresumsatz. Beispiele für Letztere sind die EGO Erzeugergemeinschaft Osnabrück eG oder die großen anerkannten EOs im Obst- und Gemüsebereich (Pfalzmarkt, Centralmarkt Bonn-Roisdorf, beide in der Rechtsform einer Genossenschaft oder Elbe-Obst in der Rechtsform eines w.V.).

Die größte Bedeutung haben die Erzeugergemeinschaften in den Fällen erlangt, in denen es darum geht, eine Qualitätsproduktion nach bestimmten Regeln sicherzustellen. Hier fungieren die EGs als Relaisstationen zwischen Erzeugern und Abnehmer. Sie sind der Verhandlungspartner für die Vereinbarungen über die Anbauregeln, über Anbauplan, über die Auswahl des einzusetzenden Saatguts, über Ernteplan und über das System für die Vergütung (Preis, Qualitätszu- und abschläge, Zahlungsmodalitäten). Überall dort, wo die Sicherstellung einer Qualitätsproduktion enge Abstimmungen zwischen den Erzeugern und den Abnehmern erfordert, sind heute meistens EGs zu finden. Häufige Beispiele hierfür sind Qualitätsgetreide, Ferkel oder Verarbeitungsgemüse.

Ein besonderer Vorteil der Erzeugergemeinschaften liegt darin, dass sie wettbewerbsrechtlich besser gestellt sind. § 100 Abs. 1 GWB bestimmt, dass § 1 GWB (Verbot wettbewerbsbeschränkender Vereinbarungen und Verhaltensweisen) für Erzeugervereinigungen und deren Zusammenschlüsse nicht relevant ist, soweit sie ohne Preisbindung die Erzeugung oder den Absatz landwirtschaftlicher Produkte betreffen. Für anerkannte Erzeugergemeinschaften gilt außerdem die Sonderregelung des § 11 MStrG. Erzeugergemeinschaften dürfen Absatzabsprachen treffen und die Märkte nach Ort, Zeitpunkt und Warengruppe aufteilen. Nach § 11 Abs. 2 MStrG darf eine anerkannte Vereinigung von Erzeugergemeinschaften ihre Mitglieder bei der Preisbildung beraten und zu diesem Zweck gegenüber ihren Mitgliedern Empfehlungen aussprechen.

Eine ähnlich große Bedeutung wie Erzeugergemeinschaften haben – bezogen auf die Produktion im landwirtschaftlichen Betrieb – Erzeugerringe und Maschinengemeinschaften erreicht.

Allen diesen Gebilden – Genossenschaften, Erzeugergemeinschaften, produktionsbezogene Gemeinschaften – ist gemeinsam, dass sich hier eine größere Anzahl von landwirtschaftlichen Betrieben zu einer Kooperation zusammengeschlossen haben. Die Kooperationseinheiten haben aufgrund der Vielzahl der Mitglieder und aufgrund ihrer Größe ein erhebliches Maß an Eigenleben entwickelt. Die Beziehungen zu den Mitgliedern haben sich eingeschliffen. Die Mitsprache der Mitglieder ist vor allem bei größeren Kooperationseinheiten begrenzt.

Sehr viel schwieriger und problematischer sind Kooperationen, die nur zwischen wenigen oder einer doch eher begrenzten Anzahl von Partnern vereinbart werden.

Solche Kooperationen sind dadurch gekennzeichnet, dass die Partner immer auf einem mehr oder weniger starken Mitspracherecht bestehen. Beispiele gibt es sowohl im landwirtschaftlichen Bereich selbst (z.B. Betriebsgemeinschaften) wie auch in der Ernährungswirtschaft.

Sieht man von ad hoc-Kooperationen ab (etwa in der Form, dass zwei Unternehmen einen gemeinsamen Verpackungsmitteleinkauf verabreden), dominieren in der Ernährungswirtschaft vor allem Einkaufskooperationen. Dies gilt – abgesehen vom Bereich des Ernährungshandwerks (s.o.) – auf breiter Front für den Fachgroßhandel, der als Lieferpartner die Industrie hat (z.B. Fachgroßhandel für Gastronomiebedarf). Hier ist die Zugehörigkeit zu einer Einkaufskooperation nahezu Grundvoraussetzung für das Überleben, da man nur auf diese Weise an entsprechende Einkaufskonditionen herankommt. Solche Einkaufsgesellschaften sind relativ problemlos, weil sich die Partner untereinander i.d.R. Gebiets- oder Kundenschutz einräumen und damit keine Konkurrenzproblematik gegeben ist. Beispiele hierfür sind der Intergast, der Service-Bund oder die Gastromaster-Gruppe.

Sehr viel schwieriger ist eine Kooperation im Absatzbereich, da man hier mit voller Wucht mit der Konkurrenzproblematik konfrontiert wird. Hier gibt es auch wenige Beispiele. Als relativ bedeutende Fälle sei auf die OvB Obst vom Bodensee VetriebsGmbH oder auf die MAL Marktgemeinschaft Altes Land hingewiesen.

Die Konkurrenzproblematik erfordert es, dass bei Vertriebskooperationen die Regelung des Miteinander der Partner sehr detailliert und ganz spezifisch auf den jeweiligen Fall zugeschnitten sein muss. Dies gilt sowohl für Kooperationen, die sich auf den Absatz gleicher Produkte (z.B. Äpfel) beziehen, wie auch auf die noch seltenere Form, dass eine Absatzkooperation für unterschiedliche Produkte eingegangen wird (z.B. Absatz von Bio-Produkten an den LEH).

Kooperationen in anderen Funktionsbereichen (etwa in der Herstellung – Absprache über Spezialisierung und Austausch von Produkten oder im Fuhrpark) sind meistens auf zwei Partner beschränkt und finden ihren Niederschlag in vertraglichen Vereinbarungen, nicht jedoch in einer rechtlich selbstständigen Kooperationsgesellschaft.

Es ist interessant zu beobachten, dass rechtlich selbstständige Kooperationsgesellschaften einem ständigen Veränderungsprozess unterworfen sind. Meistens beginnen sie in einer Form, die den Kooperationspartnern ein hohes Maß an Mitsprache zubilligen. Die Kooperationseinheit selbst ist relativ schwach, alle wichtigen Entscheidungen treffen die Partner. Mit dem größer werden und mit der Notwendigkeit einer professionelleren Geschäftsführung verschieben sich die Gewichte. Die Kooperationsgesellschaft gewinnt tendenzmäßig an Macht, so lange bis aufgrund einer geschäftlichen Schieflage, eines personellen Wechsels in der Geschäftsführung oder schlicht, weil sie in den Augen der Partner zu teuer geworden ist, das Pendel wieder zurückschlägt.

Unsere Erfahrung zeigt, dass jede Kooperation dadurch gekennzeichnet ist, dass unterschwellig immer ein Kampf um Entscheidungsmacht und Mittelverteilung geführt wird.

Es hat sich des Weiteren gezeigt, dass viele Kooperationen mittelständischer Unternehmen durch ein nicht unerhebliches Maß an gegenseitigem Misstrauen geprägt sind. Man könnte wie folgt formulieren:

„Jeder achtet darauf, dass kein Partner besser gestellt ist als man selbst – man selbst möchte jedoch möglichst einen kleinen Vorteil gegenüber den anderen haben", was natürlich nicht geht. Aus diesem Geist heraus kommen viele der – z.T. recht unliebsamen – Diskussionen einer Kooperation.

Tatsache ist, dass die Vielfalt im täglichen Geschäftsleben sich nur bedingt in Detailabsprachen regeln lässt, sodass gewisse Ungleichbehandlungen nie auszuschließen sind. Wichtig ist, dass sich Vor- und Nachteile langfristig ausgleichen.

Eine funktionierende Kooperation lebt zum einen von einer entsprechenden Einstellung der Partner, zum zweiten von Integrationsfiguren, welche die Kooperation zusammenhalten.

Die deutsche – nach wie vor mittelständisch geprägte – Ernährungswirtschaft steht unter Zugzwang. Konzentrationen auf der Abnehmerseite, das ist insbesondere der bereits hochkonzentrierte LEH, aber auch im GV-Bereich machen eine Bündelung der Kräfte insbesondere unter Marktgesichtspunkten unabdingbar erforderlich. Eine wichtige Möglichkeit dazu sind Kooperationen. Diese sind in der Realisierung zwar schwierig, aber letzten Endes die einzige Möglichkeit, wenn man den Bestand seines Unternehmens in Selbstständigkeit sichern will.

3 Branchenfokus: Die Zweige der Ernährungswirtschaft

DeutschWeinVision 2020: „Deutscher Weißwein ist Kult"
Dr. Rudolf Nickenig

„Zeit für Visionen – Zeit zum Handeln"; das Motto des Weinbaukongresses vom Mai 2001 nimmt als DeutschWeinVision 2020 Gestalt an. Im Auftrag des Forums der Deutschen Weinwirtschaft hat ein Expertenteam ein Konzept entwickelt, das einen ersten Schritt auf dem Weg zur Vision 2020 darstellt.

Wir haben die Vision, dass die deutsche Weinwirtschaft engagiert eine dauerhafte Entwicklung einleitet, die sie bis zum Jahre 2020 in die Weltspitze der Weinerzeuger führt. Ziel ist, dass deutsche Weißweine im mittleren und oberen Angebotssegment weltweit Maßstäbe hinsichtlich Qualität und Image setzen. Unsere Vision für 2020 ist:

„Deutscher Weißwein ist Kult."

Hierbei wird nicht übersehen, dass gerade in den letzten Jahren deutsche Rotweine eine außerordentlich positive Entwicklung verzeichnen. Deutsche Rotweine stehen so hoch in der Wertschätzung der deutschen Verbraucher, dass sie inzwischen Marktführer vor den Rotweinen aus den Mittelmeerländern sind.

Führende deutsche Rotweinproduzenten brauchen keinen internationalen Vergleich zu scheuen. Der Aufschwung der deutschen Rotweinproduktion ist von größter Bedeutung für die wirtschaftliche Entwicklung der Gesamtbranche.

Ohne diese positive Entwicklung des Rotweinsektors zu vernachlässigen, konzentriert sich die deutsche Weinwirtschaft zunächst auf die Entwicklung einer langfristigen Strategie für deutsche Weißweine, die in einem zweiten Schritt dann für deutsche Rotweine ergänzt werden soll. Deutschland ist international bekannt als Weißweinland, verfügt über eine große Tradition und Erfahrung in der Herstellung hervorragender oder sogar einzigartiger Weißweine. Hier setzt die DeutschWeinVision 2020 an. Den Weg an die Weltspitze wollen wir stetig auf der soliden Basis einer großen Weinbautradition gehen und sie erfolgreich mit der Kreativität und hervorragenden Ausbildung einer zukunftsorientierten jungen Winzergeneration verbinden. Wir wollen eine Zukunftsstrategie für eine moderne Weinwirtschaft entwerfen.

Im Zentrum unserer Planungen steht der Konsument von morgen. Wir wollen die Wende von einer produktionsbestimmten zu einer konsumentenorientierten Weinwirtschaft herbeiführen. Der Kunde soll ein berechtigtes Vertrauen in die besondere Qualität und Originalität unserer Weine haben.

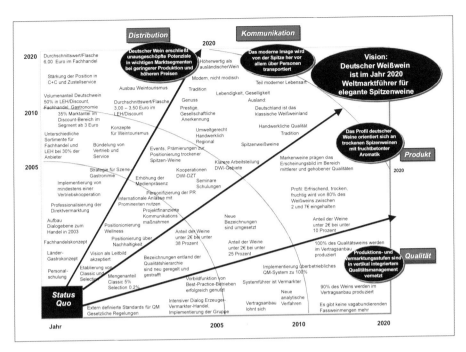

Abbildung 29: DeutschWeinVision 2020

Unsere Vision ist, dass wir Leitbilder für Produktion, Qualitätsmanagement, Distribution und Kommunikation entwickeln. Es sollen zunächst für diese Aktionsfelder gemeinsame Initiativen gestartet werden und Raum für privatwirtschaftliche Entfaltungsmöglichkeiten der Betriebe im Rahmen einer gemeinsamen Zukunftsstrategie geschaffen werden. Die DeutschWeinVision 2020 wird als ein mehrjähriger Prozess verstanden, der – im Jahre 2002 gestartet – ständig weiterentwickelt wird, wobei dessen Fortschritte regelmäßig überprüft werden. Spätestens Im Jahre 2020 soll die Vision „Deutscher Weißwein ist Kult" verwirklicht sein. Zur Erreichung dieses Ziels ist eine Zusammenarbeit der gesamten deutschen Weinwirtschaft notwendig.

Im Folgenden sollen die bisherigen Ergebnisse der vier Arbeitsgruppen kurz vorgestellt werden:

Ergebnisse der Arbeitsgruppe „Qualität"

Qualitätsmanagement

Ist-Zustand: Zurzeit existieren in der deutschen Weinwirtschaft differenzierte Vorstellungen über die Produktion von Qualitätswein, die in der Praxis zu sehr unterschiedlichen Qualitätssystemen führen.

Vision: Unsere Vision ist, dass innovative und ambitionierte Qualitätskonzepte entwickelt werden, um das Qualitätsniveau deutscher Weine weiter zu steigern. Bis spätestens 2020 werden alle deutschen Qualitätsweine nach einem vertikal integrierten Qualitätsmanagement-System produziert und vermarktet. Systemführer sind die Vermarkter. Alle Betriebe, die Qualitätsweine produzieren und vermarkten, sind in dieses Qualitätsmanagement-System (QM-System) integriert.

Bis zum Jahre 2005 werden in einem intensiven Dialog zwischen Erzeugern, Vermarktern und dem Handel Kriterien, Organisation und Instrumente des Qualitätsmanagement-Systems entwickelt. Die Realisierung des QM-Systems und des Vertragsweinbaus soll schrittweise in der Zeitspanne 2005 bis 2020 erfolgen. Das Vorbild von „Best Practice"-Betrieben soll bei der Entwicklung und Umsetzung des Systems genutzt werden. Die Vision ist, dass im Jahr 2020 keine so genannten „vagabundierenden" Fassweine mehr zur Erzeugung von Qualitätsweinen verwendet werden sollen. Das vertraglich vereinbarte, qualitätsorientierte Auszahlungssystem trägt wesentlich dazu bei, dass der Vertragsanbau von Qualitätswein für Erzeuger und Vermarkter lohnenswert ist.

Qualitätspyramide

Ist-Zustand: Die Qualitätshierarchie deutscher Weine wird von vielen Konsumenten als zu kompliziert empfunden und ist für sie nicht nachvollziehbar. Insbesondere die vielen Kombinationsmöglichkeiten von Herkunft, Qualitätsstufen, Geschmacksrichtungen und ggf. auch Rebsorten stehen einer transparenten Qualitätspyramide entgegen. Da einzelne Qualitätsstufen deutscher Weine in den unterschiedlichsten Preiskategorien auftreten, geben sie dem Verbraucher keinen deutlichen Hinweis auf die tatsächliche Qualität des Weins.

Vision: Unsere Vision ist, dass bis zum Jahre 2005 Einvernehmen über eine vereinfachte Qualitätspyramide erreicht wird. 2010 ist die Umstellung abgeschlossen und von den Unternehmen umgesetzt. Zur Diskussion steht eine Qualitätspyramide, die aus den drei Angebotssegmenten „Basis", „Premium" und „Super-Premium und Kult" bestehen.

Ergebnisse der Arbeitsgruppe „Produktpolitik"

Produktprofil

Ist-Zustand: Im Gegensatz zu den wichtigsten ausländischen Konkurrenten unterscheiden sich deutsche Weißweine oft durch feinere Fruchtaromen, aber auch durch höhere Restzuckergehalte, niedrigere Alkohol- und Extraktwerte. Deutsche Weißweine verfügen bisher über kein klares Produktprofil. Sie werden aus verschiedenen Rebsorten hergestellt, weisen zahlreiche Herkünfte aus, entsprechen unterschiedlichen Qualitätskategorien, werden in mehreren Geschmacksrichtungen angeboten. Da diese Ausprägungen in unterschiedlichster Weise miteinander verknüpft sein können, entsteht eine schier unüberschaubare Vielfalt von verschiedenen Produktstilen. Aufgrund der Vielfältigkeit hat sich kein Leitbild für deutsche Weißweine im internationalen Vergleich im Bewusstsein der Konsumenten verankert.

Vision: Deutsche Weißweine erhalten ein Leitbild, das ihre herkunftsbezogenen Stärken berücksichtigt und den internationalen Erwartungen an überdurchschnittliche Qualitäten gerecht wird. Unsere Vision ist, dass sich die einzelnen Kategorien deutscher Weißweine in ihrem Geschmacksprofil deutlich und für den Konsumenten nachvollziehbar unterscheiden. Die Differenzierungschance gegenüber ausländischen Weinen wird in der lebendigeren, feinfruchtigeren Aromatik gesehen. Der internationalen Erwartungshaltung an überdurchschnittliche Qualitäten wird hinsichtlich harmonisch-trockenem Geschmack und angemessenen Alkohol- und Extraktwerten Rechnung getragen. Daraus entsteht das Leitbild von feinfruchtigen, gehaltvollen, harmonisch trockenen Weißweinen der Mittel- und Oberklasse im internationalen Wettbewerb. In der Mittelklasse ist das erfrischende Spiel feinfruchtiger Aromen stärker ausgeprägt als in der Oberklasse, in der sich die Aromatik bei höheren Alkohol- und Extraktwerten verdichtet.

Ergänzend zu diesem Leitbild werden edelsüße Spezialitäten ihre Bedeutung in der Mittel- und Oberklasse behalten. Sie sind Ausdruck einer spezifischen Tradition und qualitativen Besonderheit der deutschen Weinbaugebiete.

Stärkung des Mittel- und Hochpreissegments

Ist Zustand: Deutsche Weine wurden Im Jahr 2001 zu 18 Prozent im Preissegment bis 1,49 Euro verkauft. Im Preissegment zwischen 1,50-2,49 Euro wurden 21,1 Prozent, im Preissegment 2,49-3,49 Euro 27,3 Prozent, im Preissegment 3,50-4,99 Euro 20,8 Prozent und im Preissegment ab 5,00 Euro wurden 12,7 Prozent der deutschen Weine vermarktet.

Vision: Das Preissegment bis 1,50 Eure betrachten wir in unserer Vision als Segment für Tafel- und Landweine. Das Preissegment zwischen 1,50 und 4,00 Euro betrachten wir als Basissegment, das wir mit soliden einfachen Qualitätsweinen bedienen wollen. Das Preissegment zwischen 4 und 10 Euro steht im Mittelpunkt unserer strategischen Überlegungen und wird zusammenfassend als Premium-Segment bezeichnet. Über 10 Euro sind die imageprägenden Segmente zu sehen, die wir als Super-Premium-Segment (10-20 Euro) und Kult-Segment (über 20 Euro) bezeichnen.

Unsere Vision ist die Stärkung des Angebots deutscher Weine im Mittel- und Hochpreissegment. Die heutige Angebotspyramide deutscher Weine soll sich zugunsten der oberen Preissegmente deutlich verschlanken.

Eindeutige Qualitäts- und Bezeichnungshierarchie

Ist-Zustand: Die Qualitäts- und Bezeichnungshierarchie deutscher Weine wird von vielen Konsumenten als zu kompliziert empfunden und kann von ihnen nicht nachvollzogen werden. Die zahlreichen Angaben in der Etikettierung verwirren viele Verbraucher. Irritierend ist, dass einzelne Qualitätsstufen deutscher Weine in den unterschiedlichsten Preiskategorien auftreten und keinen deutlichen Hinweis auf die tatsächliche Qualität des Weins geben.

Vision: Unsere Vision ist, die Qualitäts- und Bezeichnungshierarchie deutscher Weine für den Kunden deutlich wahrnehmbar und nachvollziehbar zu gestalten. Eine geringe Zahl gesetzlich geregelter Bezeichnungen soll dem Verbraucher eindeutige Hinweise auf Geschmack und Qualität der Produkte geben. Die notwendige Umgestaltung des Bezeichnungsrechts soll bis 2005 beschlossen und unter Berücksichtigung einer für die Unternehmen notwendigen Umsetzungsfrist bis 2010 realisiert werden.

Bedeutung von Marken

Ist-Zustand: Deutsche Markenweine sind bisher die große Ausnahme in den Regalen des Lebensmittelhandels. Dieses aufstrebende Produktsegment überlassen wir bisher fast ausschließlich unseren ausländischen Mitbewerbern.

Vision: Unsere Vision ist, dass 2020 Markenanbieter beispielhaft für den Marktauftritt deutschen Weins sein werden. Der Aufbau starker Marken ist erforderlich für die Verdeutlichung des Qualitätsanspruchs. Marken bilden Vertrauen beim Konsumenten, repräsentieren Qualität und schaffen Märkte.

Starke Marken zeichnen sich durch eine klare Positionierung und Führung in einem definierten Preissegment aus. Entsprechend dieser Positionierung werden geeignete Vertriebswege und eine zielgruppenorientierte, zeitgemäße optische Gestaltung gewählt. Eine besondere Bedeutung kommt nationalen und internationalen Marken bei der besseren Positionierung der deutschen Weißweine im Lebensmittelhandel zu. Die Entwicklung zu Handelsmarken wird von der deutschen Weinwirtschaft mit dem Handel aktiv gestaltet, Winzer oder Weingüter übernehmen ebenfalls eine Markenfunktion, vor allem in der Direktvermarktung und im Fachhandel.

Ergebnisse Arbeitsgruppe „Distribution"

Distribution

Ist-Zustand: Etwa 80 Prozent der deutschen Weine werden im Inland, rund 20 Prozent im Ausland verkauft. Im Inland wurden im Jahr 2001 etwa 30 Prozent der deutschen Weine direkt vermarktet, mehr als 50 Prozent wurden über die verschiedenen Distributionsmöglichkeiten des Lebensmittel- und Fachhandels, weniger als 20 Prozent über die Gastronomie verkauft. Aus Sicht der deutschen Weinwirtschaft sind im Inland die Durchschnittspreise der Haushaltseinkäufe von deutschen Weißweinen unbefriedigend. Es kann dabei auch nicht zufrieden stellen, dass der Durchschnittspreis für deutsche Weine im allgemeinen über dem der Auslandsweine liegt.

Vision: Unsere Vision ist, die Wertschöpfung für deutschen Wein auf den wichtigsten Distributionswegen wesentlich zu verbessern. Dies soll durch spezifische Maßnahmen für die einzelnen Absatzwege und allgemein durch den Aufbau einer Dialogebene zwischen Erzeugern/Kellerei und Handel unterstützt werden. Auf allen Absatzwegen soll der Anteil von Weinen im Mittel- und Hochpreissegment gesteigert werden (Verschlankung der Preispyramide).

Direktvermarktung

Ist-Zustand: Die Direktvermarktung im Jahr 2001 mit einem mengenmäßigen Anteil von rund 30 Prozent und einem Durchschnittspreis von 3,09 Euro/0,75 Liter eine wesentliche Absatzsäule für deutsche Weine.

Vision: Unsere Vision ist, die Situation der Direktvermarktung als wichtigen Absatzkanal zu stabilisieren, neue Impulse für die Direktvermarktung zu geben und den absoluten Standortvorteil deutscher Weine zu nutzen. Hierzu muss die Eigendarstellung vieler Unternehmen (Verkaufsräume der Erzeuger, Vermarktungsinstrumente, Erzeugnisse u.a.) modernisiert und professionalisiert werden. Unterstützt wird dieser Prozess durch intensive Beratungsangebote der Bildungsträger. Die Zusammenarbeit mit Tourismus, Kultur und Gastronomie wird weiter ausgebaut.

Die Bereiche Distribution und Direktvermarktung wurden hier beispielhaft ausgeführt. Die weiteren Ergebnisse der Arbeitsgruppe „Distribution" können der Grafik entnommen werden.

Ergebnisse der Arbeitsgruppe »Kommunikation«

Image

Ist-Zustand: Deutsche Weine gelten im Inland im Vergleich zu ausländischen Weinen oftmals als altmodisch. Mit dem Genuss deutscher Weine wird kein modernes Lifestyle-Gefühl verbunden. Trotz des Vertrauens in die Qualität der Produkte zögern Verbraucher, ihren Gästen deutschen Wein anzubieten. Ein Imagetransfer von deutschen Spitzenweinen auf die Gesamtheit deutscher Weine ist bisher nicht gelungen. Im Ausland leiden deutsche Weine unter dem „cheap & sweet"-Image, dem lange Zeit ein Großteil des deutschen Weinangebots entsprach. Deutschland gilt auf Auslandsmärkten als reines Weißweinland. Maßgeblichen Anteil am wenig modernen Image Im In- und Ausland hat die oftmals noch sehr traditionelle Flaschenausstattung deutscher Weine.

Vision: Unsere Vision ist, das Image deutscher Weine im In- und Ausland deutlich zu verbessern. Im Inland sollen deutsche Weine bis 2020 vor den Konsumenten höherwertiger eingeschätzt werden als ausländische Weine und selbstverständlicher Bestandteil moderner Lebensart sein. Sowohl im Inland als auch im Ausland soll Deutschland bis 2020 wieder als das klassische Weißweinland gelten, das die besten Weißweine der Welt produziert. Der Rebsorte Riesling kommt hierbei eine zentrale Bedeutung zu. Deutscher Wein wird weltweit mit Begriffen wie Genuss, Prestige, Lebendigkeit, Modernität sowie traditioneller und nachhaltiger Produktion verbunden. Deutscher Wein gilt international als hervorragender Essensbegleiter. Die Imagebildung für deutschen Wein erfolgt von der Spitze her. Spitzenweine werden gezielt eingesetzt, um das Image deutscher Weine insgesamt zu verbessern. Voraussetzung hierfür ist, trocken schmeckende Weine noch stärker in der Spitze deutscher Weine zu etablieren.

Schwerpunkte der Kommunikation

Ist-Zustand: Das Thema „Deutscher Wein" ist in den inländischen Massenmedien deutlich unterrepräsentiert. Redaktionelle Beiträge zum Thema Wein haben zwar eine große Bedeutung in den Medien, befassen sich jedoch zum Großteil mit ausländischen Weinen. Auf den Auslandsmärkten entwickelt sich die Berichterstattung über deutschen Wein positiv. Sie ist aber noch deutlich ausbaufähig.

Vision: Unsere Vision ist, dass die Kommunikation zum Thema „Deutscher Wein" emotional ein umfassendes Genusserlebnis transportiert. Wein wird hierzu in Verbindung mit Themen wie Landschaft, Kultur, Essen, Wellness etc. kommuniziert. Bis 2005 soll die Präsenz des Themas „Deutscher Wein" in den Massenmedien deutlich erhöht werden. Erreicht werden soll dies unter anderem durch eine Personifizierung der Kommunikation. „Stories" zu interessanten Persönlichkeiten werden stärker in den Mittelpunkt gerückt, neue „Gesichter" der Weinwirtschaft werden präsentiert. Die Weinwirtschaft fördert aktiv die Produktion regelmäßiger Beiträge über Winzer, Sommeliers und prominente Weinliebhaber. Zudem sollen gemeinsame Kommunikationsanlässe mit anderen Branchen zukünftig stärker genutzt werden. Nationale und internationale Top-Events unter Einbindung prominenter Persönlichkeiten bieten ideale Anlässe zur Kommunikation der Spitzenqualitäten deutscher Weine.

Das moderne Bild der deutschen Weinwirtschaft, das verstärkt kommuniziert werden soll, muss sich auch in der Außendarstellung jedes einzelnen Unternehmens und der Produktausstattung widerspiegeln.

Organisation der Kommunikation

Ist-Zustand: Mit dem deutschen Weininstitut und den verschiedenen Gebietsweinwerbungen betreiben auf nationaler und regionaler Ebene zahlreiche Organisationen Kommunikation für deutschen Wein. Die Aufgaben der Kommunikation reichen von klassischer Werbung bis hin zu Schulungen.

Vision: Unsere Vision ist, die Vernetzung der verschiedenen Organisationen zu verbessern, Synergien intensiver zu nutzen und gleichzeitig eine deutliche Aufgabenverteilung zu erreichen. Die Kooperation der Organisationen des Gemeinschaftsmarketing mit Unternehmen der Weinwirtschaft soll weiter intensiviert werden. Hierzu muss die Arbeitsteilung zwischen dem Deutschen Weininstitut und den Gebietsweinwerbungen klar geregelt sein. Sinnvolle Kooperationen des Deutschen Weininstituts mit Organisationen wie der Centralen Marketing Gesellschaft der deutschen Agrarwirtschaft und der Deutschen Zentrale für Tourismus sind zu verstärken.

Der vielfältige Aufgabenkatalog der verschiedenen Organisationen muss überprüft und entsprechend der zur Verfügung stehenden Finanzmittel optimiert werden.

Das Gemeinschaftsmarketing der deutschen Weinwirtschaft sollte sich verstärkt auf Projekte konzentrieren, die unter Beteiligung der Wirtschaft finanziert werden und eine deutliche Zielgruppenorientierung vorweisen. Diese Zielgruppenorientierung sowie die Mitfinanzierung der Projekte erlauben es, Produkte der beteiligten Unternehmen in die Kommunikation mit einzubinden.

Fusionen und Übernahmen in der Getränkeindustrie – Wer hat den größten Durst?

Dr. Otto A. Strecker

Für die Prognose der Entwicklung der Getränkemärkte gilt für die nächsten Jahre ebenso wie in den vergangenen Jahren voraussichtlich eine einfache Regel: Der Verbrauch von alkoholischen Getränken schrumpft in allen Segmenten, außer bei Wein. Der Konsum von nichtalkoholischen Getränken zeigt sich dagegen stabil oder wächst, außer bei Kaffee. In der Folge rücken die Hersteller von nichtalkoholischen Getränken in das Blickfeld von expansionshungrigen Getränkekonzernen. In den vergangenen Jahren kauften Spirituosenhersteller oder Brauereien Hersteller von alkoholfreien Getränken vor allem, um Synergien im regionalen Vertrieb zu gewinnen. Heute dringen sie in fremde Segmente vor, um strategische Positionen zu besetzen. Die Anforderungen an die Wahl der richtigen Partner für Fusionen und Übernahmen ändern sich dabei dramatisch und erfordern grundsätzlich neue strategische Entwürfe.

Wer hat dabei den größten Durst? In erster Linie werfen viele große Brauereien Blicke auf den Wachstumsmarkt Mineralwasser. In einer sehr guten Situation befindet sich die Bitburger Brauerei Th. Simon. Neben der erfolgreichen Biermarke besitzt sie auch den Marktführer unter den Mineralwassern, „Gerolsteiner". Die ehemalige Henninger-Bräu versuchte im Jahr 2000, unter dem neuen Namen Actris AG eine ähnliche Strategie einzuschlagen: Mit dem Kauf der Unternehmensgruppe Strauch erwarb die Gesellschaft die Odenwaldquelle (Heppenheim), die Oppacher Mineralbrunnen (Oppach/Oberlausitz) und Finkenbach Quellen (Rothenberg/Finkenbach). Ob ein Portfolio mehrerer kleiner Regionalmarken allerdings nachhaltig erfolgreich sein kann, ist eher unwahrscheinlich (siehe weiter unten).

Wenig Glück hatte die Brau und Brunnen AG mit ihrer Premium-Marke Apollinaris. Das 1991 gegründete Joint Venture Apollinaris & Schweppes GmbH & Co. KG wurde im Februar 2002 beendet. Die erhofften Synergieeffekte, vor allem im Bereich der Gastronomie, stellten sich nicht ein. Der Brau und Brunnen-Konzern will nun sogar die Berliner Spreequell schließen. Auch dem Holsten-Konzern wird nachgesagt, er wolle sich vom Hansa Mineralbrunnen trennen.

Warum scheinen Akquisitionen im wachstumsträchtigen Wassermarkt so schwierig zu sein? Ein Grund ist der fragmentierte Markt. Im Zuge des Aufbaus nationaler oder gar internationaler Marken sind viele Standorte in Deutschland nur von begrenztem Interesse. Denn die meisten der rund 250 deutschen Mineralbrunnen vermarkten nur regional und halten entsprechend kleine Marktanteile. Dies liegt im Wesentlichen an den Kosten der Logistik. Mit den herkömmlichen Glasflaschen ist der Transport über weitere Strecken zu teuer. Auch sehr starke Premium-Marken konnten bislang kaum die erforderlichen Mehrpreise im Handel durchsetzen. Mit der Einführung der viel leichteren PET-Flasche verändern sich nun die Kostenstrukturen. Am schnellsten hat Gerolsteiner reagiert und setzt schon seit einiger Zeit konsequent auf PET. Zugleich verfügte dieser Hersteller über die notwendigen Mittel zum Ausbau seiner starken Marke zur nationalen Premium-Marke.

Viele Mineralwasserhersteller sind aber finanziell zu schwach, um sich als nationale Marke zu etablieren. Deswegen kann ein Trend zur Aufgabe kleinerer regionaler Mineralwasser-Anbieter nicht ausgeschlossen werden.

Ein Zusammenkaufen mehrerer Mineralbrunnen, wie Rosbacher durch Hassia oder verschiedener Brunnen durch Henninger-Bräu, macht aber nach der Einführung von PET strategisch nur noch wenig Sinn. Dadurch lassen sich lediglich regionale Marktanteile addieren. Synergien liegen jedoch nicht so sehr im Markt, sondern allenfalls bei den Verwaltungskosten. Der Aufbau einer nationalen Marke gelingt nur durch die Investition in moderne Abfülltechnik, Logistik, Distribution und vor allem in professionelles Marketing.

Dies hat auch Nestlé erkannt. In Deutschland verfügt der Nahrungsmittelkonzern mit seiner Tochter „Blaue Quellen" (Rhens bei Koblenz) über diverse Mineralbrunnen wie Fürst Bismarck, Neuselters und andere Betriebe, überwiegend in der nördlichen Hälfte Deutschlands. Bis zum Jahr 2000 hatten die Schweizer drei Jahre lang daran gearbeitet, eine Fusion mit der Mineralbrunnen AG (Bad Überkingen-Teinach) auf den Weg zu bringen, die zum großen Teil über Mineralbrunnen im Süden der Republik verfügen. Nestlé hielt bereits rund 43 Prozent an der Überkinger-Gruppe, gut 10 Prozent halten Pensionsfonds der Mineralbrunnen AG und weitere 19 Prozent der Wohlfahrtsverein des Württembergisch-Hohenzollerischen Gaststättengewerbes. Vorbehalte gegen die Fusion lagen eher auf der Überkinger Seite, aber auch die Kulturen von Versorgungswerken der Mitarbeiter und dem Management des Food-Giganten Nestlé waren wohl schwer miteinander zu versöhnen. Als die Fusion schließlich scheiterte, atmete Nestlé doch noch auf. Denn das Konzept hätte nach der Verfügbarkeit von PET in die strategische Sackgasse geführt. An Fürst Bismarck ist die Hoffnung geknüpft, diese Marke national auszubauen.

Erfolge hat Nestlé vor allem mit der internationalen Neueinführung des preiswerten Quellwassers Aquarel, das einer Quelle in Belgien entspringt. Damit will man an die Erfolge anderer Vorbilder wie Volvic (Danone) oder Evian (Danones französisches

Premium-Wasser) im Bereich der stillen Getränke anknüpfen. Zwar verfügen diese Quellwässer über wenig Mineralien, aber sie liegen aufgrund der fehlenden Kohlensäure im Gesundheitstrend. Denn den oft übersäuerten Mägen europäischer Konsumenten bekommen stille Wässer besser.

Auch um die Segmente Gesundheit, Wellness und Fitness wird intensiv gerungen. Hersteller von Erfrischungsgetränken und Fruchtsäften sowie Molkereien versuchen, ihre alkoholfreien Getränke entsprechend aufzupäppeln. ACE-Getränke heißen auf Neudeutsch „Functional Drinks" nach Zugabe eben dieser Vitamine. Weil alles noch zu steigern ist, kommen die ersten FACE-Getränke auf den Markt. Sie entstehen durch die weitere Zugabe von Folsäure. Frühstücksdrinks ersetzen die erste feste Mahlzeit des Tages. Sie enthalten Frucht oder Fruchtsaftbestandteile, Joghurt, Ballaststoffe, Cerealien und Vitaminzusätze. Hier verschwimmen die herkömmlichen Grenzen der Branchensegmente. Ganz neue Anbieter, zum Beispiel aus dem Sauerkonserven-Bereich, machen mit Sauerkraut-Drinks von sich reden. Soja-, Tee- und Kräuter-Drinks verschiedener Hersteller runden das Angebot ab.

Innovationsstark zeigen sich vor allem die Fruchtsafthersteller. Eckes etwa hatte schon 1979 das Gesundheitssegment besetzt, lange bevor man es so nannte. Dr. Koch´s Multivitaminsaft war der erste seiner Art. Seither hat der Eckes-Konzern eine deutliche Entwicklung weg vom klassischen Spirituosen-Hersteller forciert. 1994 übernahm die Gruppe von Melitta die Firma Granini. Auch wenn Granini und Hohes C in Deutschland untereinander konkurrieren, ist der Konzern damit sehr viel robuster gegen die bisherigen und zukünftigen Einbrüche in den klassischen Spirituosen-Märkten aufgestellt (siehe weiter unten). Mittlerweile tragen die alkoholfreien Getränke fast die Hälfte zum Konzernumsatz bei. Auch wenn internationale Übernahmen im Spirituosen-Bereich durch Eckes, wie etwa die von Stock (Italien), für Aufsehen sorgen, wurde vor allem in den Wachstumsmarkt Fruchtsaft investiert. Mit Übernahmen in Frankreich (Joker) und Finnland (Marli) eroberte sich das Unternehmen eine starke Position in Westeuropa.

Dass der Fruchtsaft-Markt kein Selbstläufer ist, spürt die Branche allerdings seit 1998. Seitdem stagniert der Pro-Kopf-Verbrauch, während benachbarte, nichtalkoholische Segmente weiter zulegen. Onkel Dittmaiers Valensina fand nach dem Rückkauf von Procter & Gamble (Punica) nicht zur alten Form zurück und ging in den Konkurs. Der Markt für Fruchtsaft ist vor allem im Premium-Bereich klein strukturiert. Große Mengen werden mit Handelsmarken umgesetzt. Der Stute-Gruppe wird mit dem Aldi-Geschäft ein Absatz von rund 5,5 Millionen Hektolitern Fruchtsaft nachgesagt. Selbst die Eckes-Gruppe kommt mit allen Getränken nur auf rund drei Millionen Hektoliter.

Zum Vergleich: Die größte deutsche Brauerei-Gruppe Holsten produziert einen Ausstoß von 20 Millionen Hektolitern.

In einem stagnierenden Markt sind die Fruchtsafthersteller also sowohl zu erfolgreichen Produktinnovationen als auch zum Wachstum durch Übernahmen gezwungen. Im Januar 2002 kaufte Becker's Bester alle Anteile der Neu's Fruchtsäfte GmbH. Auch Deutschlands feiner Saftladen, wie sich die Merziger Fruchtgetränke GmbH nennt, denkt um. Das ehemals sehr regional aufgestellte Saarländer Unternehmen hat in den letzten Jahren erheblich dazugekauft. Mit der Übernahme von Klindworth (1998), Diez (1999) und der Markenrechte an Lindavia (1999) hat sich rund um Merziger unter dem Dach der Karlsberger Brauerei ein national ausgerichteter Fruchtsaftverbund herausgebildet. Natürlich setzt man auch hier auf Produktinnovationen wie ACE und den Guten-Morgen-Drink und hat sich zugunsten der Logistikkosten von einem reinen Mehrwegkonzept zurückgezogen.

In der Molkereisparte beherrschen immer noch viele genossenschaftliche Unternehmen die Szene. Dabei leiden alle Genossenschaften unter dem gleichen Problem. Der Druck der genossenschaftlich organisierten Landwirte auf möglichst hohe Milch-Auszahlungspreise verhindert erforderliche Investitionen in den Aufbau starker Marken. An diesem grundsätzlichen Dilemma ändert sich auch durch die anhaltenden regionalen Fusionen nichts. Beispiele dafür aus jüngerer Zeit bilden die Fusion von Eifelperle und Hochwald (2000), die Fusion der deutlich kleineren hessischen Milchwerke Fulda-Lauterbach mit der benachbarten Molkerei Hünfeld-Niederjossa (2001) oder die Übernahme der Zentralmolkerei Weser-Aue Schaumburg eG (Steyerberg) durch die Humana Milchunion eG im Jahr 2002. Mit rund 1,6 Mrd. Euro Umsatz (2000) gehört die Humana Unternehmensgruppe zu den führenden Milchverarbeitungsunternehmen. Bereits im Jahr 2001 hatte Humana eine umfassende Kooperationsvereinbarung mit der Hansa-Milch Mecklenburg-Holstein eG abgeschlossen, die fast alle betrieblichen Funktionen umfasste. Nur der Geschäftsbereich „Hansano" wurde von Hansa in ein Joint-Venture mit Nordmilch eingebracht. Der Marktführer Nordmilch (Umsatz 2000: 2,1 Mrd. Euro) entstand aus der Fusion von fünf Genossenschaften. Man verkauft zwar sehr viel Milch, verfügt aber nur über ein einziges halbwegs ernstzunehmendes Markenprodukt, den Milram-Frühstücksquark. Es verwundert nicht, dass Produkte mit höherer Wertschöpfung als Milch vor allem von privaten Unternehmen wie Müller Milch mit Erfolg in den Markt eingeführt werden. Der Strukturwandel ist auch hier unausweichlich und er wird zu einer starken Reduzierung der Marktteilnehmer führen. Die ehemalige Südmilch bildet heute zusammen mit Tuffi und Emzett einen Teil der holländischen Campina-Gruppe. Erfolgreich ist man vor allem im Markengeschäft mit der Marke Landliebe, während das Massengeschäft mit den alten Regionalmarken trotz sehr guter Milchkonjunktur ertragsschwach bleibt.

Fazit

Die Wellness-Euphorie setzt im Getränkebereich die Trends: weg vom Alkohol, hin zu Wasser, Säften oder vitaminreichen Sauerkraut-Drinks. In der Getränkeindustrie geht es um die Eroberung des Segments der Non-Alkoholika, nicht nur durch Innovationen, sondern auch durch Akquisitionen. Marktteilnehmer werden nur mit grundsätzlich neuen Marktstrategien die richtigen Antworten auf die Frage nach ihrem optimalen Produkt- und Markenportfolio finden.

Internationalisierungsstrategien: Die Getränkeindustrie auf dem Weg nach Osten

Dr. Otto A. Strecker, Sybille Zorn

Um knapp zwanzig Liter pro Jahr ist der deutsche Pro-Kopf-Verbrauch an Bier ebenso wie an alkoholischen Getränken insgesamt in den letzten Jahren zurückgegangen. Dies bleibt nicht ohne Auswirkungen auf einen Biermarkt, der in der Folge durch starke Konzentration und im Rahmen der Globalisierung auch durch Übernahmen selbst großer Player der Branche gekennzeichnet ist. Die Konsumgewohnheiten in den Industrieländern orientieren sich immer stärker an Gesundheitsaspekten. Es ist nur natürlich, dass Fruchtsäfte und Mineralwässer die Gewinner dieser Entwicklung sind.

Wachstum im Heimatmarkt kann nur durch Verdrängung und Übernahmen stattfinden. Ungeahnte Chancen zur Erschließung neuer Märkte ergaben sich mit der Öffnung der mittel- und osteuropäischen Märkte.

Deutsche Unternehmen fielen dabei vor allem durch drei kennzeichnende Phänomene auf:

1. Deutsche Unternehmen engagieren sich bei weitem nicht in dem Maße in osteuropäischen Getränkemärkten, wie es der Bedeutung Deutschlands und seiner geografischen Lage entspricht.

2. Die Begehrlichkeiten der Getränkeindustrie richteten sich bisher in erster Linie auf Brauereien, obwohl Märkte wie Tschechien zwar ein hohes Konsum-Niveau aber eben mittlerweile auch die gleichen Änderungen der Verbrauchergewohnheiten aufweisen wie westeuropäische Märkte. Die Wachstumsmärkte liegen im Bereich der alkoholfreien Getränke – auch in Osteuropa,

3. Viele Engagements erwiesen sich aus diesem Grunde als wenig gewinnträchtig, weil die absehbaren Veränderungen der Märkte nicht berücksichtigt wurden. Gekauft wird noch immer in erster Linie Volumen und weniger zu erwartendes Wachstum.

Dabei bieten die Märkte Osteuropas bei genauer Analyse erhebliche Potenziale auch in anderen Bereichen. Osteuropäische Märkte für Lebensmittel entwickeln sich sehr viel dynamischer als die Märkte westlicher Volkswirtschaften. Daraus ergeben sich vielfältige Interessen westlicher Unternehmen, Wachstum über entsprechende Internationalisierungsstragien zu erzielen. Doch bereits in der Frühphase der Marktöffnung zeigte sich in vielen damals üblichen Joint-Ventures, dass eine genaue Kenntnis der Besonderheiten in Verbrauchergewohnheiten, Geschäftsusancen, Handel und Logistik, rechtlichen Rahmenbedingungen und zum Teil stark regionalisierten Märkten erforderlich ist, um zu einem nachhaltigen Erfolg zu kommen.

Seither haben zahlreiche Unternehmen versucht, in den aufstrebenden Lebensmittelmärkten Osteuropas Fuß zu fassen. In dem sich frühzeitig öffnenden Ungarn kam eine Studie des Agricultural Research Institute bereits 1994 zu dem Ergebnis, dass 93 Prozent aller Soft-Drink-Produzenten zumindest teilweise in ausländischem Besitz seien. Auch die Markt-Sektoren Spirituosen (51 Prozent), Wein (42 Prozent) und Bier (58 Prozent) wiesen bereits Ende 1993 hohe ausländische Beteiligungswerte auf (Figyelo, 5.8.94, S. 15). Auch wenn viele dieser Beteiligungen nicht hielten, was sich ihre Investoren versprachen und daher z.T. mehrfach den Besitzer wechselten, gibt es in einzelnen Ländern, z.B. im Spirituosen-Bereich mittlerweile Re-Nationalisierungsbestrebungen oder Versuche, Privatisierungen unter ausländischer Beteiligung gar nicht erst zuzulassen.

Die entwickelteren Märkte Osteuropas sind inzwischen zum Exportziel derjenigen osteuropäischen Länder geworden, die eine langsamere Entwicklung von Inlandsprodukt und Einkommen verzeichnen und die sich gegenüber westlichen Exporteuren und inländischen Herstellern Kosten- und Preisvorteile versprechen.

Lohnt es sich unter diesen Bedingungen, in osteuropäische Getränke-Märkte zu investieren? Im Rahmen eines von der EU in Auftrag gegebenen Projektes untersuchte die auf die Ernährungsindustrie spezialisierte Unternehmensberatung AFC Consultants International verschiedene Teilmärkte einzelner Länder auf Potenziale für den Markteintritt.

Die folgende Übersicht veröffentlichter Direktinvestitionen im Getränkebereich zeigt, dass deutsche Unternehmen zwar eine wichtige, keineswegs aber eine dominante Rolle beim Markteintritt in osteuropäische Länder spielen.

Käufer	Land	Beteiligung	Land	Art Beteil.	Art Untern.	Jahr
Alko Group	Finland	Ofelia	Estland	Mehrheit	Spirituosen	1995
Amatil	Australien	Coca-Cola	Polen	Mehrheit	Soft Drinks	1995
Arwel	Griechenland	Div. Joint Ventures	Ungarn	Mehrheit	Fruchtsaft	1995
BBH	Schwed./Norw.	Saku Ölletehase	Estland	Mehrheit	Brauerei	1991
BBH	Schwed./Norw.	Aldaris	Lettland	Mehrheit	Brauerei	1992
BBH	Schwed./Norw.	Kalnapilis	Litauen	Mehrheit	Brauerei	1994
BBH	Schwed./Norw.	Slavutich	Ukraine	50%	Soft Drinks	1996
BBH	Schwed./Norw.	Utena	Litauen	50%	Brauerei	1997
Bank of America	USA	Hortex	Polen	29%	Soft Drinks	2000
Bass (jetzt Interbrew)	Grossbritannien	Ostravar	Tschechien	34%	Brauerei	1995
Bass (jetzt Interbrew)	Grossbritannien	Vratislavice	Tschechien	Mehrheit	Brauerei	1995
Bass (jetzt Interbrew)	Grossbritannien	Prazske Pivovary	Tschechien	Mehrheit	Brauerei	1996
BBAG	Österreich	Starobrno	Tschechien	Mehrheit	Brauerei	1995
BBAG	Österreich	Bere Craiova	Rumänien	47%	Brauerei	1997
BBAG	Österreich	SC Silva Reghin	Rumänien	Mehrheit	Brauerei	1998
BBAG	Österreich	Browary Bydgoskie	Polen	24%	Brauerei	2000
BBAG	Österreich	Kujawiak	Polen	24%	Brauerei	2000
BBAG	Österreich	Van Pur	Polen	100%	Brauerei	2000
BBAG	Österreich	Bere Miercurea-Ciuc	Rumänien	Mehrheit	Brauerei	2000
BBAG	Österreich	Grivita International	Rumänien	Mehrheit	Brauerei	2000
BBAG	Österreich	Haber International	Rumänien	Mehrheit	Brauerei	2000
BBAG	Österreich	Browary Warszawskie	Polen	98%	Brauerei	2001
Beerex	Dänemark	Kujawska Wytwornia Win	Polen	Mehrheit	Wein	1992
Berentzen	Deutschland	Eurobrands	Tschechien	Mehrheit	Spirituosen	1997
Binding	Deutschland	Kralovsky Pivovar Krusovice	Tschechien	Mehrheit	Brauerei	1994
Binding	Deutschland	Zaklady Piwowarskie	Polen	49%	Brauerei	1996
Binding	Deutschland	Browar Dojlidy	Polen	Mehrheit (97)	Brauerei	1996
Bitburger	Deutschland	Bosman Browar Szczecin	Polen	Mehrheit	Brauerei	1997
Bitburger	Deutschland	Kasztelan Browar, Sierpc	Polen	Mehrheit	Brauerei	1997
Bitburger	Deutschland	Zaklady Piwowarskie	Polen	Merheit	Brauerei	1999
Bodegas Vega Sicilia	Spanien	Tokaj-Hegyalja Vineyards	Ungarn	Mehrheit	Wein	1993
Bols Wessanen	Niederlande	Premium Beverages Wholesale	Ungarn	Mehrheit	Spirituosen	1997
Bols Wessanen	Niederlande	Royal Liquor Factory	Ungarn	Mehrheit	Spirituosen	1997
Brau und Brunnen	Deutschland	Pitber	Rumänien	Mehrheit	Brauerei	1995
Brewinvest	Niederlande	Zagorka	Bulgarien	Mehrheit	Brauerei	1994
Brewinvest	Niederlande	Burgasko Pivo	Bulgarien	Mehrheit	Brauerei	1995
Brewinvest	Niederlande	Pivara Skopje	Mazedonien	Mehrheit	Brauerei	1997
Brewinvest	Niederlande	IBP, Beograd	Serbien	Mehrheit	Soft-Drinks	1997
Brewinvest	Niederlande	Ariana	Bulgarien	Mehrheit	Brauerei	1998
Bryggerigruppen	Dänemark	Peva Poland	Polen	25%	Brauerei	2001
Carlsberg	Dänemark	Okocimskie Zaklady	Polen	2001 >50%	Brauerei	1998
Carlsberg	Dänemark	Bosman Browar Szczecin	Polen	Mehrheit	Brauerei	2001
Carlsberg	Dänemark	Kasztelan Browar, Sierpc	Polen	Mehrheit	Brauerei	2001
Coca-Cola	USA	vier Werke von Inchcape	Russland	Mehrheit	Soft Drinks	1998
Coca-Cola Amatil	Australien	Nealko Kyie	Tschechien	Mehrheit	Soft Drinks	1992
Coca-Cola Amatil	Australien	Prazske Cukrany	Tschechien	Mehrheit	Soft Drinks	1992
Coca-Cola Amatil	Australien	Sodovkarny Praha	Tschechien	Mehrheit	Soft Drinks	1992
Coca-Cola Amatil	Australien	IBP, Zalec	Slowenien	50%	Soft-Drinks	1994
Coca-Cola Amatil	Australien	Tallin Soft Drinks	Estland	Mehrheit	Soft-Drinks	1994
Coca-Cola Amatil	Australien	Coca-Cola	Kroatien	Mehrheit	Soft Drinks	1995
Coca-Cola Amatil	Australien	Werk Lviv	Ukraine	Mehrheit	Soft-Drinks	1996
Conserve Italia	Italien	Er-Mit	Polen	Mehrheit	Soft Drinks	1998
Cooymans/Konsortium	Niederlande	Vinexport	Rumänien	50%	Wein	1991
Danisco	Dänemark	Koli Holding	Tschechien	Mehrheit	Zusatzstoffe	1995
Danone	Frankreich	Zywiec Zdroj	Polen	50%	Mineralwasser	2001

153

Käufer	Land	Beteiligung	Land	Art Beteil.	Art Untern.	Jahr
EBRD	Grossbritannien	Vinprom Damyanitsa	Bulgarien	32%	Wein	2001
Eckes AG	Deutschland	Sio	Ungarn	Mehrheit	Fruchtsaft	1993
Eckes AG	Deutschland	Likerka Stock	Tschechien	Mehrheit	Spirituosen	1995
Faber	Deutschland	Soare	Tschechien	20%	Sekt	1997
Gerolsteiner	Deutschland	lokaler Partner	Polen	Joint Venture	Soft-Drinks	1995
Grolsch	Niederlande	Brewpole	Polen	25%	Brauerei	1995
Grolsch	Niederlande	Hevelius	Polen	Mehrheit	Brauerei	1995
Halewood	Grossbritannien	Vinalcool Prahova	Rumänien	Mehrheit	Wein	1999
HCF	Ungarn	Fonyodi Assvanyviz	Ungarn	Mehrheit	Mineralwasser	1997
Heineken	Niederlande	Komaromi Sorgyar	Ungarn	Mehrheit	Brauerei	1991
Heineken	Niederlande	Zlaty Bazant	Slowakei	Mehrheit	Brauerei	1995
Heineken	Niederlande	Zywiec/Brewpole	Polen	50%	Brauerei	1998
Heineken	Niederlande	Gorgon	Slowakei	Merheit	Brauerei	2000
Heineken	Niederlande	Gemer	Slowakei	52%	Brauerei	2000
Heineken	Niederlande	Martiner	Slowakei	51%	Brauerei	2000
Henkell & Söhnlein	Deutschland	Hungarovin	Ungarn	Mehrheit	Wein	1992
Henkell & Söhnlein	Deutschland	BB AG	Ungarn	Mehrheit	Wein	1995
Henkell & Söhnlein	Deutschland	Vinpol	Polen	Mehrheit	Wein/Spirituosen	1997
Henkell & Söhnlein	Deutschland	Bohemia	Tschechien	91%	Sekt	1999
Holsten	Deutschland	Brok	Polen	75%	Brauerei	2000
Hooghoudt	Niederlande	Stroh Ungarn	Ungarn	26%	Spirituosen	1993
IDV	Grossbritannien	Zwack Unicum	Ungarn	25%	Spirituosen	1993
Interbrew	Belgien	Zagrbecka Pivorara	Kroatien	23,8 %	Brauerei	1994
Interbrew	Belgien	Proberco	Rumänien	Mehrheit	Brauerei	1994
Interbrew	Belgien	Chernigiv Desna	Ukraine	Mehrheit	Brauerei	1996
Interbrew	Belgien	Trebjesa	Montenegro	Mehrheit	Brauerei	1997
Interbrew	Belgien	Rosar	Russland	Mehrheit	Brauerei	1998
Interbrew	Belgien	Pleven	Bulgarien	Mehrheit	Brauerei	1999
Interbrew	Belgien	nicht genannt	Rumänien	50%	Brauerei	1999
Interbrew	Belgien	Uniline Brewery	Bosnien	51%	Brauerei	1999
Interbrew	Belgien	Klin, Moskau	Russland	75%	Brauerei	1999
Interbrew	Belgien	Prazske Pivovary	Tschechien	97%	Brauerei	2000
Interbrew	Belgien	Banjalucka Pivara	Bosnien	54%	Brauerei	2001
Kantorne Trading	Zypern	Krym Beer	Ukraine	26%	Brauerei	1997
Mautner Markhof	Österreich	Buszesz	Ungarn	Mehrheit	Soft Drinks	1992
Olvi	Finnland	Tartu Ölletehas	Estland	Mehrheit	Brauerei	1997
Olvi	Finnland	Ragutis	Litauen	Mehrheit	Brauerei	1999
Pepsico	USA	FAU	Ungarn	Mehrheit	Soft Drinks	1993
Pepsico	USA	CGES	Polen	Mehrheit	Soft-Drinks	1993
Pepsico	USA	vier Werke von PIB	Russland	Mehrheit	Soft Drinks	1999
Pepsico	USA	Werk St. Petersburg	Russland	Mehrheit	Soft Drinks	1999
Pernod Ricard	Frankreich	Skal-Peri-Pol	Polen	49%	Spirituosen	1992
Pernod Ricard	Frankreich	Periba	Ungarn	49%	Spirituosen	1992
Pernod Ricard	Frankreich	Altai	Russland	Mehrheit	Spirituosen	1994
Pernod Ricard	Frankreich	Agros	Polen	37%	Fruchtsaft	1999
Pernod Ricard	Frankreich	Yerevan Cognac	Armenien	Mehrheit	Spirituosen	1999
Pernod Ricard	Frankreich	Agros Holdings SA	Polen	37%	Spirituosen	1999
Pernod Ricard	Frankreich	Agros	Polen	77%	Soft-Drinks	2001
Perrier Vittel SA	Schweiz	Kekkuti Asvanyviz Rt.	Ungarn	68%	Mineralwasser	2000
Primalko	Finland	Werk Vologda	Russland	Mehrheit	Spirituosen	1995
Ronaldsay	Niederlande	Karlovarske mineralni	Tschechien	Mehrheit	Mineralwasser	1998
SAB	Südafrika	Pitber	Rumänien	Mehrheit	Brauerei	1996
SAB	Südafrika	Ursus	Rumänien	Mehrheit	Brauerei	1996
SAB	Südafrika	Vulturul	Rumänien	Mehrheit	Brauerei	1996
SAB	Südafrika	Pilsner Urquell-Radegast	Tschechien	51%	Brauerei	1999

Käufer	Land	Beteiligung	Land	Art Beteil.	Art Untern.	Jahr
SAB	Südafrika	Pilsner Urquell	Tschechien	75%	Brauerei	2000
Schloss Wachenheim	Deutschland	Soare	Tschechien	Mehrheit	Sekt	1998
Schloss Wachenheim	Deutschland	Ambra	Polen	80%	Wein	1998
Starzinger	Österreich	Werk Buk	Ungarn	Mehrheit	Soft-Drinks	1990
Unibul Wines	Grossbritannien	Vinprom Popovo	Bulgarien	Mehrheit	Wein	1997
Value Bill	Frankreich	Jan Becher	Tschechien	Mehrheit	Spirituosen	1997
Vin & Spirit	Schweden	Dynybyl	Tschechien	Mehrheit	Spirituosen	1999
Whitman	USA	Toma Holding	Tschechien	Mehrheit	Soft-Drinks	1999
Zankl	Österreich	Pektin EAD	Bulgarien	Mehrheit	Fruchtsaft	1999
Zwack, Peter	Deutschland	Buliv	Ungarn	Mehrheit	Spirituosen	1992
Zwack/Underberg	Deutschland	Unicum	Ungarn	50%	Spirituosen	1990

Übersicht 4: Ausgewählte Beteiligungen westlicher Getränkehersteller 1990-07/2001 ohne Neugründungen (Quelle: AFC Consultants International/Eigene Datenbanken, Internationale Pressedatenbanken)

Dabei zielte der Großteil der Direktinvestitionen auf die – volumenmäßig – bedeutsamsten osteuropäischen EU-Beitrittsländer Tschechien, Ungarn, Polen sowie auf die Segmente Bier, Spirituosen und Wein. Im Folgenden werden interessante Marktsegmente vorgestellt, die sich nicht nur durch ihre Größe sondern vor allem durch die zu erwartende Wachstumsdynamik auszeichnen. Damit bieten sich in diesen Bereichen vielfältige Investitionsmöglichkeiten auch für deutsche mittelständische Unternehmen, für die eine Internationalisierung zum wichtigen Bestandteil ihrer Wachstumsstrategien geworden ist.

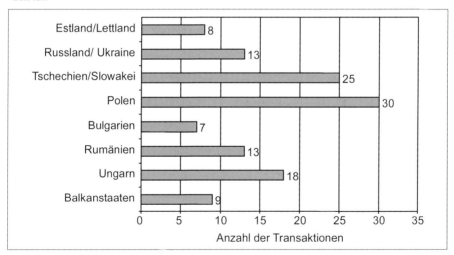

Abbildung 30: Anzahl der Transaktionen 1990 bis Mitte 2001 nach Zielländern (Quelle: eigene Darstellung)

Der größte Markt für Getränke liegt mengen- und wertmäßig in Russland, gefolgt von Polen. Auffallend am russischen Markt ist die große Dominanz alkoholischer Getränke. In den Wachstumssegmenten nicht-alkoholischer Getränke hat es außer von Coca Cola und Pepsi Cola bisher keine nennenswerten Investitionen gegeben.

Vor allem Ungarn, Bulgarien und Polen verfügen über vergleichsweise entwickelte Soft-Drink-Märkte. Fruchtsäfte haben nur in Ungarn, Polen und Russland Marktanteile am Gesamtmarkt von zumindest 5 Prozent des Volumens.

Die stärksten Wachstumsraten werden mit Fruchtsäften und Soft-Drinks erzielt. In der Ukraine und Bulgarien ist der Konsum volumenmäßig seit 1993 insgesamt rückläufig, auch wenn z.T. wertmäßige Zuwächse erzielt wurden. Nicht überall versprechen die emerging economies also hohes Wachstum. Dort wo die Zuwachsraten positiv sind, liegen sie jedoch weit über westlichen Verhältnissen.

Ein interessanter Einzelmarkt ist der Absatzmarkt für Bier in Rumänien. Entsprechend früh wurde er von ausländischen Investoren entdeckt. Trotz sinkenden Brutto-Inlandsproduktes ist der Bierkonsum in den Jahren 1993 – 1998 jährlich um 10 bis 15 Prozent gestiegen. Dabei hat eine deutliche Verlagerung von anderen alkoholischen Getränken wie Spirituosen und Wein zugunsten des preiswerteren Bieres stattgefunden. Der Markt hat ein enormes Potenzial. Mit 35 bis 40 Liter Jahreskonsum pro Kopf (Tschechien 160 l, Deutschland 140 l) hat Rumänien anders als die Vergleichsländer noch große Wachstumschancen. Für die nächsten Jahre kann mit einem Wachstum von 5 bis 10 Prozent jährlich gerechnet werden. Der Gesamtmarkt hatte 1998 ein Volumen von rund 5,5 Millionen hl. Lokale Produktionen bzw. Lizenzprodukte internationaler Marken stoßen auf großes Interesse. Das Interesse an ausländischen, besonders deutschen Marken, ist sehr hoch.

Knapp die Hälfte der von AFC Consultants International/A.C. Nielsen befragten 500 Konsumenten (46 Prozent) nimmt qualitative/geschmackliche Unterschiede zwischen Import-Marken und lokalen Marken wahr. Von diesen würden 65 Prozent (30 Prozent der Gesamtheit) importiertes Bier aus Qualitätsgründen vorziehen. Aufgrund sehr hoher Zölle von 252 Prozent spielen Importe jedoch nur eine untergeordnete Rolle im rumänischen Markt. Inländische Lizenzen ausländischer Marken gewinnen daher an Gewicht. Durch zahlreiche ausländische Direktinvestitionen dominieren internationale Anbieter mittlerweile den Markt. Vier internationale Unternehmen repräsentieren zwei Drittel des Gesamtmarktes. Neben lokalen Marken bieten diese internationalen Hersteller auch ihre internationalen Premium-Marken aus rumänischer Abfüllung an. Die Premium-Marken (Top Ten) erzielen um 15 Prozent höhere Endverbraucherpreise als der Durchschnitt der Anbieter. Eine Besonderheit stellt in Rumänien die Handelsstruktur dar. Die dominierenden Handelsformen für den Bierabsatz sind Kioske und kleine Einzelhandelsgeschäfte. Supermärkte spielen nur eine geringe Rolle und haben gegenüber traditionellen Handelsformen meist ein höheres Preisniveau. Es gibt so gut wie keine Distributoren mit nationaler Reichweite. Bis 1991 gab es keine landesweiten Anbieter alkoholischer Getränke. Dieses Erbe der Regionalmarken setzt sich bis heute in einer stark fragmentierten Distributionsstruktur fort.

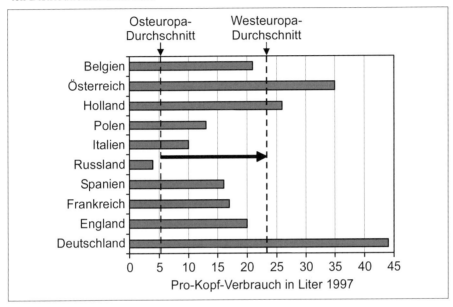

Abbildung 31: Das Wachstumspotenzial z.B. im Bereich Fruchtsäfte ist erheblich
(Quelle: Canadean, nach Getränkefachgroßhandel 1/1999)

Polen: Der Markt für Fruchtsaft und Fruchtweine/Weine

Polen repräsentiert sowohl vom Volumen als auch vom Wachstum her einen der interessantesten Märkte für Fruchtsäfte. Im europäischen Kontext und auch gegenüber Tschechien und Ungarn ist der Pro-Kopf-Verbrauch jedoch noch immer unterdurchschnittlich. Auch gegenüber anderen nicht-alkoholischen Getränken wächst der Fruchtsaft-Konsum überdurchschnittlich.

Anders als in anderen Marktsektoren hat es im Fruchtsaftbereich Polens bisher vergleichsweise wenig ausländisches Engagement gegeben. Am Markt sind insgesamt 903 Anbieter für Softdrinks. 42 der Unternehmen beschäftigen mehr als 50 Mitarbeiter, davon sind 15 zumindest teilweise in ausländischem Besitz.

Eine marktbestimmende westliche Übernahme fand erst 1999 statt, als Pernod/Ricard den Anbieter Agros übernahm. Hortex und Agros galten bisher als die beiden größten Fruchtsaft-Anbieter Polens. Durch die Übernahme von Tymbark durch den kleineren polnischen Hersteller Maspex gibt es mittlerweile drei marktbeherrschende Unternehmen. Auch Sonda ist erst 1999 durch die Übernahme von Donald Duck in die polnischen Top-5 aufgerückt. Außer Pernod/Ricard engagiert sich nur Coca-Cola als sonstiges westliches Unternehmen mit der Marke Cappy auf dem polnischen Markt. Eine Minderheitsbeteiligung an Hortex ging im Jahr 2000 die Bank of America ein.

Hersteller	Marken, z.B.	Anteil
Hortex	Hortex, Reksio, Smyk	ca. 20%
Maspex	Tymbark, Kubus	ca. 13%
Agros	Fortuna, Tarczyn, Krakus	ca. 13%
Alima Gerber	Frugo, Bobo,Frut, Smakus	ca. 8%
Sonda	Donald Duck, Sonda	ca. 8%
Coca-Cola	Cappy	ca. 2%

Übersicht 5: Marktanteile der polnischen Fruchtsafthersteller 1998/9
(Quelle: eigene Darstellung)

Ausländische Marken gelten als hochwertiger als einheimische. Die meisten ausländischen Anbieter produzieren unter internationalen Labels aus Kostengründen in Polen. Nach Geschmack und Preis ist die Marke das drittwichtigste Kriterium. Das Ursprungsland folgt erst auf Platz vier und wird als nicht kaufentscheidend angesehen, ergab die Befragung von 500 Verbrauchern durch AFC Consultants International/A.C. Nielsen.

Hersteller	Beteiligung	Sektor	Jahr
Pernod Ricard´s (F)	Skal-Peri-Pol (49%)	Spirituosen	1992
Beerex (DK)	Kujawska Wytwornia	Wein	1992
Pepsico (USA)	CGES	Soft-Drinks	1993
Coca-Cola Amatil (AUS)	Coca-Cola	Soft-Drinks	1995
Henkell & Söhnlein (D)	Vinpol	Wein	1997
Conserve Italia (I)	Er-Mit	Soft-Drinks	1998
Schloss Wachenheim (D)	Ambra	Wein	1998
Pernod Ricard´s (F)	Agros	Fruchtsaft	1999
Bank of America (USA)	Hortex (29%)	Fruchtsaft	2000
Danone (F)	Zywiec Zdroj (50%)	Mineralwasser	2001

Übersicht 6: Westliche Beteiligungen an polnischen Getränke-Unternehmen (ohne Brauereien), 1990-2001 (Quelle: eigene Darstellung, Angaben ohne Prozente: Mehrheitsbeteiligungen)

Hersteller	Beteiligung	Anteil	Jahr
Grolsch (NL)	Brewpole	25%	1995
Grolsch (NL)	Hevelius	Mehrheit	1995
Binding (D)	Zaklady Piwowarskie	49%	1996
Bitburger (D)	Browar Szczecin	Mehrheit	1997
Carlsberg (DK)	Okocim	75%	1998
Heineken (NL)	Zywiec/Brewpole	50%	1998
Bitburger (D)	Zaklady Piwowarrskie	Mehrheit	1999
Holsten (D)	Brok	75%	2000
Brau Union (A)	Browary Bydgoskie	24%	2000
Brau Union (A)	Kujawiak	24%	2000
Brau Union (A)	Van Pur	100%	2000
Brau Union (A)	Browary Warszawskie	98%	2000
Bryggerigruppen (DK)	Peva Poland	25%	2001

Übersicht 7: Westliche Beteiligungen an polnischen Brauereien, 1990-2001
(Quelle: eigene Darstellung)

Im traditionellen Bierland Tschechien steigt besonders der Konsum an Mineralwasser 1990-1996 von 16 auf 19 Liter pro Kopf und Jahr. Die Zahlen belegen weniger die bisherige Größe des Marktes als vielmehr die Dynamik mit der sich einzelne Teilmärkte weitgehend unbemerkt entwickeln. Die statistischen Daten decken sich auch mit der Einschätzung des Konsums durch die Verbraucher. Nur vier Prozent der 800 befragten Verbraucher geben an, weniger Mineralwasser in den letzten 2 Jahren konsumiert zu haben. Der Markt für nicht-alkoholische Getränke ist strukturell ein relativ reifer Markt mit sinkendem Konsum im Limonade-Bereich und steigenden Umsätzen für Mineralwasser, Fruchtsäfte und Energy-Drinks. Der Bierkonsum stagniert. Der Trend zu gesunder Ernährung und Fitness-Produkten ist damit bereits sehr stark westeuropäischen Entwicklungstendenzen angepasst. Während der Pro-Kopf-Konsum von alkoholhaltigen Getränken nur um zwei bis drei Prozent steigt, verzeichnen nicht-alkoholische Getränke, insbesondere Mineralwasser, hohe Zuwachsraten von über 13 Prozent jährlich.

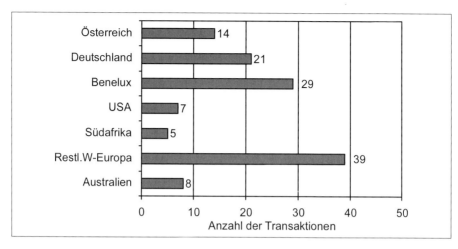

*Abbildung 32: Anzahl der Transaktionen 1999 bis Mitte 2001
(Quelle: eigene Darstellung)*

Westliche Beteiligungen hat es bisher vor allem im Bereich Brauereien und alkoholische Getränke gegeben. Um die Rechte an der Marke Becherovka gab es eine lange, seit Jahrzehnten andauernde Auseinandersetzung mit der deutschen Spirituosenunternehmung Underberg, die über zahlreiche internationale Markenrechte des umstrittenen Likörs Becherovka und Becher verfügte. Die sudetendeutsche Gründer-Familie hatte nach dem Krieg Tschechien verlassen müssen und war mit ihren Rezepturen nach Deutschland ausgewandert. Aber auch im tschechischen Karslbad wurde weiterhin der ursprüngliche Likör hergestellt. Pernod/Ricard schließlich beteiligte sich 1997 über das Konsortium Value Bill an dem Karlsbader Unternehmen und kaufte Underberg 1999 die internationalen Rechte ab, sodass sie heute wieder in einer Hand liegen.

Die deutsche Milchwirtschaft – Innovatives Handeln zwischen nationalen Herausforderungen und internationalem Wettbewerb
Klaus A. Hein

Vorbemerkungen

Vor dem Hintergrund einer zunehmenden Integration der landwirtschaftlichen Märkte beherrscht die Frage nach der nationalen und internationalen Wettbewerbsfähigkeit des deutschen Agribusiness, welches alle Stufen der Agrar- und Ernährungswirtschaft umfasst, die Diskussion in Wissenschaft und Praxis. Soweit es die Milcherzeugung und -verarbeitung betrifft, wird diese Diskussion im Kontext eines vermeintlichen strukturellen Rückstandes der deutschen Milchwirtschaft gegenüber der Milchwirtschaft anderer Volkswirtschaften geführt.

Im Zusammenhang mit der im Zuge der *Agenda 2000* vorgenommenen Agrarreform sowie der in ihrem Rahmen vorgelegten Zwischenbewertung (Luxemburger Beschlüsse), hat die Frage nach der zukünftigen Wettbewerbsfähigkeit der Milchwirtschaft zusätzlich an Aktualität gewonnen. Diese Diskussion wird durch die, in Reaktion auf eine starke Konsumzurückhaltung vorgenommene, deutliche Reduzierung der Ladenverkaufspreise für Milchprodukte zusätzlich verstärkt. Es stellt sich jedoch die Frage, wie Wettbewerbsfähigkeit zu definieren und wie sie zu messen ist. Es werden hierzu Kriterien herangezogen, die Aussagen über die zeitliche Entwicklung des Anteils der Branche auf den verschiedenen Produkt- und Faktormärkten geben. Diese Definition verliert insofern ihre Aussagefähigkeit, als dass diese Begriffsbestimmung zwar auf den gesamten Sektor angewendet werden kann, eine weiter differenzierende Betrachtung jedoch nicht zulässt. Diese Überlegung lässt sich auf die Beobachtung zurückführen, dass sich einzelne Unternehmen erfolgreich am Markt zu behaupten wissen, während andere wiederum im Zuge des strukturellen Wandels aus dem Markt ausscheiden. Der in den meisten Ländern mit bedeutender Milcherzeugung zu verzeichnende Rückgang der Zahl der milchwirtschaftlichen Betriebe zeigt, dass ständig Unternehmen an (relativer) Wettbewerbsfähigkeit eingebüßt haben. Dies ist selbst in Volkswirtschaften zu beobachten, deren Milchwirtschaft allgemein als höchst wettbewerbsfähig angesehen wird. Gerade ein stark ausgeprägter Strukturwandel kann somit auch (maßgeblich) dazu beitragen, dass ein Teil der Betriebe an Wettbewerbsfähigkeit gewinnt.

Jedoch muss ein ständiges Wachsen der Betriebe nicht immer zwangsläufig zur Steigerung der Wettbewerbsfähigkeit und somit zum Überleben des Unternehmens beitragen. Vielmehr ist hier die Frage nach der Effizienz des unternehmerischen Handelns zu stellen. So zeichnen sich wettbewerbfähige Unternehmen durch ihre Fähigkeit aus, die eingesetzten Produktionsfaktoren in Höhe ihres Wertgrenzproduktes (also der Opportunitätskosten) zu entlohnen. Dies trifft hier in besonderer Form für die Entlohnung des eingesetzten Rohstoffes Milch zu.

So ist Wettbewerb – unter der Beachtung sich verändernder Faktorpreisrelationen – sowie sinkender landwirtschaftlicher „terms-of-trade" – ein dynamischer Prozess. In diesem sind die milchwirtschaftlichen Unternehmen zu einem ständigen innovativen Anpassungsprozess gezwungen, der sowohl die angewendeten Prozesse als auch die erzeugten Produkte umfassen muss.

Milchwirtschaft im Wettbewerb

Aktuelle Marktlage

Maßgeblich für die Wettbewerbsfähigkeit der landwirtschaftlichen Milchproduktion ist die Konkurrenzfähigkeit der nachgelagerten Molkereiwirtschaft.

Die durch die Molkereiwirtschaft verarbeitete Milchmenge stellte 2002 etwa 25 Prozent aller Verkaufserlöse der deutschen Landwirtschaft dar. Insgesamt konnte sich die deutsche Milchindustrie ebenso wie zahlreiche andere Branchen im Ernährungsgewerbe den Auswirkungen der anhaltenden Konjunkturflaute nicht entziehen. Die deutschen Molkereien erwirtschafteten 2002 einen Umsatz von 19,2 Mrd. Euro. Dies entspricht einem Rückgang von rund 8 Prozent gegenüber dem Vorjahr. Das gesamte deutsche Ernährungsgewerbe verzeichnete während des gleichen Zeitraumes lediglich einen Umsatzrückgang von 1,3 Prozent. Die Umsatzeinbußen bei Milch sind laut Milchindustrie-Verband (MIV) vor allem durch die zum Teil erheblichen Preisrückgänge und Mengeneinbrüche im Außenhandelsgeschäft begründet. So ging das Exportvolumen 2002 um 10 Prozent auf ca. 3,2 Mrd. Euro zurück. Trotz empfindlicher Einbußen im Außenhandel bleibt die deutsche Milchindustrie Europas größter Exporteur von Milchprodukten und die mit Abstand bedeutendste Exportbranche innerhalb der Ernährungswirtschaft.

Neben den sich weltweit verschlechternden konjunkturellen Rahmenbedingungen ist es im Inland vor allem die zunehmende Konzentration im Lebensmitteleinzelhandel, die, verbunden mit der im Jahre 2002 deutlich zugenommenen Bedeutung der discountorientierten Vertriebsformen sowie dem Verlust von Marktanteilen bei Herstellermarken, für einen deutlichen Umsatzrückgang der deutschen Milchwirtschaft verantwortlich ist.

Rahmenbedingungen des Wettbewerbs in der Milchwirtschaft

Die deutsche und europäische Milchwirtschaft ist seit 1984 durch einen deutlichen Strukturanpassungsprozess gekennzeichnet, dessen Ende zurzeit noch nicht absehbar ist. Dieser Prozess, dessen Triebfedern in einem sich intensivierenden nationalen und internationalen Wettbewerb zu finden sind, wird im Einzelnen durch die fünf von PORTER beschriebenen und in Abbildung 33 dargestellten Wettbewerbskräfte determiniert.

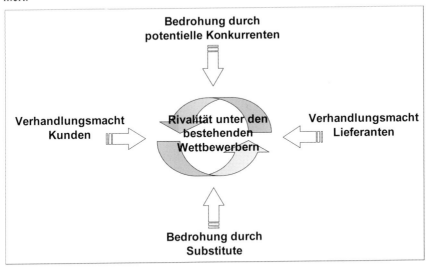

Abbildung 33: Wettbewerbskräfte in der Milchwirtschaft (Quelle: vgl. Porter, M. E.: Wettbewerbsvorteile)

Diese fünf Triebkräfte des Branchenwettbewerbs können für die Milchwirtschaft um eine sechste ergänzt werden. GLOY führt in einer Arbeit zu den Unternehmensentwicklungsstrategien in der europäischen Molkereiwirtschaft die „Änderungen der EU-Milchmarktordnung" als sechste Wettbewerbskraft an. So geben die Bestimmungen der gemeinsamen Marktorganisation für Milch und Milcherzeugnisse nicht nur den Ordnungsrahmen der Binnen- und Außengestalt des gemeinsamen Marktes vor. Auch das Agieren der Europäischen Kommission als Akteur auf der Angebots- und Nachfrageseite des Milchmarktes basiert auf dieser Rechtsgrundlage. Das Gewinnpotential milchwirtschaftlicher Unternehmen – sowie der ihnen vorgelagerten milcherzeugenden landwirtschaftlichen Betriebe – wird durch den zusammengefassten Ausdruck dieser sechs Wettbewerbskräfte bestimmt. Ziel der Milchwirtschaft muss es somit sein, durch die Gestaltung der aufgeführten Wettbewerbskräfte die nationale wie internationale Wettbewerbsfähigkeit der Milchverarbeitung und somit auch der Milchproduktion nachhaltig zu sichern und weiter auszubauen. Wettbewerbsfähigkeit ist dabei als die Fähigkeit zu definieren, Marktanteile dauerhaft zu sichern bzw. auszudehnen.

Rivalität unter den bestehenden Wettbewerbern

Die detailliertere Betrachtung der Wettbewerbskräfte zeigt, dass die Rivalität unter den bestehenden Wettbewerbern der Milchwirtschaft in den zu beobachtenden Positionskämpfen der einzelnen Anbieter am Markt zum Ausdruck kommt. Der hohe Wettbewerbsdruck begründet sich in Bezug auf die bestehenden Wettbewerber in den nachfolgend aufgeführten branchenspezifischen Eigenheiten der Milchwirtschaft:

- zahlreiche gleich ausgestattete Wettbewerber;
- ungeachtet einer Vielzahl von ständig am Markt neu eingeführter Artikel ist die Milchwirtschaft durch eine zum Teil ausgeprägte Innovationsschwäche gekennzeichnet;
- Expansion ist im Wesentlichen nur durch eine Erhöhung des eigenen Marktanteils möglich, was zu einem Verdrängungswettbewerb führt (reifer, gesättigter Markt);
- hohe Marktaustrittskosten aufgrund spezialisierter Anlagen, versunkener Kosten und Sozialpläne führen in Verbindung mit emotionalen Faktoren, hier vor allem bei genossenschaftlichen Unternehmen, zu erheblichen Marktaustrittsbarrieren;
- eine hohe Fixkostenbelastung der Produktion begründet eine möglichst vollständige Anlagenauslastung, was in der Konsequenz aufgrund eines Überangebots zu Produktpreissenkungen führt;
- die zunehmende Bedeutung der Economies of Scale in der Milchverarbeitung bedingen Kapazitätserweiterungen, welche durch die Nutzung von technischen Fortschritten zu strukturellen Überhängen führt. Die so hervorgerufenen Marktstörungen bedingen in ihrer Folge einen Rückgang des Produktpreisniveaus.

Verhandlungsmacht der Abnehmer (Kunden)

Bezeichnend für den Milchmarkt ist, wie auch für weite Teile der gesamten Agrar- und Ernährungswirtschaft, die steigende Verhandlungsmacht der Abnehmer (Kunden). Sie wird im Falle der Milchwirtschaft in erster Linie durch

- eine hohe Konzentration, vor allem im Bereich des Lebensmitteleinzelhandels (LEH),
- den hohen Standardisierungsgrad der Produkte,
- die Bestrebung der Abnehmer hin zu einer zunehmenden Rückwärtsintegration, so durch Handelsmarken und das Produktionsprozess-Audit,
- die geringe Lieferanten-Bindung der Abnehmer im LEH (geringe Wechselkosten) sowie
- die hohe Markttransparenz der abnehmenden Seite

gefördert.

Verhandlungsmacht der Lieferanten

Die ebenfalls in Abbildung 33 aufgeführte Verhandlungsmacht der Lieferanten führt vor allem bei Anlagegütern zu Preiserhöhungen bei einer, im Vergleich zu einer gleichberechtigten Marktkonstellation, tendenziell geringeren Qualität. In der Molkereiwirtschaft drückt sich diese Marktposition der Vorlieferanten in

- einem hohen Konzentrationsgrad (so z.B. bei Systemlieferanten),
- hohen Wechselkosten seitens der Abnehmer,
- der Möglichkeit der Vorwärtsintegration sowie
- der Errichtung von Markteintrittsbarrieren gegenüber Wettbewerbern

aus.

Marktzutritt potentieller Wettbewerber

Erwartungen an höhere Erträge, im Vergleich zur bisherigen bzw. zukünftigen Erlösstruktur in bereits besetzten Märkten, fördern den Marktzutritt potentieller Wettbewerber. Diese können die bisherige Marktstruktur nachhaltig verändern und somit zu einer dauerhaften Verschiebung der Marktanteile führen. Aufgrund der bestehenden Überschüsse und Überkapazitäten in der europäischen Molkereiwirtschaft sind zunehmend Eintritte in regionale Märkte wie auch in Marktsegmente von bisher marktfremden Unternehmen zu erwarten. Der Antrieb, in neue Märkte einzutreten, kann sowohl von den milchwirtschaftlichen Unternehmen selbst ausgehen, als auch von der Nachfrageseite initiiert sein. Gründe für einen Zutritt in bislang unbesetzte Märkte können sein:

- Bedrohung eigener Märkte durch Zutritt von Wettbewerbern in Verbindung mit einer abnehmenden eigenen Kundenbindung,
- Heimatmärkte sind gesättigt und lassen weder eine bedeutende Expansion noch eine Renditesteigerung erwarten sowie
- eine erhoffte Verbesserung der eigenen Verwertungsstruktur aufgrund seither bedeutender Umsatzanteile in marktfernen, politikabhängigen Märkten.

Somit wird zukünftig vorrangig von Unternehmen in klassischen Überschuss-Regionen versucht werden, die Butter- und Trockenmilch-Produktion zugunsten von Käse sowie der Erzeugung von haltbaren und frischen Milchprodukten zu reduzieren. Die so zu erwartenden Veränderungen der Marktstruktur sowie hieraus resultierend der aggregierten Angebotsfunktionen wird durch die anstehenden Reformen der als sechste Wettbewerbskraft aufgeführten Agrarpolitik initiiert bzw. weiter verstärkt werden, wobei verschiedene Marktaustrittsbarrieren den unternehmensindividuellen Anpassungsprozess zum Teil erheblich beeinflussen können.

Der Markteintritt von Unternehmen in seither sowohl regional als auch sachlich nicht besetzte Märkte wird die Marktstruktur der Milchwirtschaft in den kommenden Jahren maßgeblich prägen und nachhaltig verändern. Dabei ist zu erwarten, dass Marktzutritte im Wesentlichen nicht von branchenfremden Unternehmen durchgeführt, sondern vielmehr von milchwirtschaftlichen Unternehmen unternommen werden. Marktausweitungen sind hier grundsätzlich auf zwei Arten denkbar:

a) die Ausweitung des Vertriebsgebiets (z.B. durch Export) auf der Basis vorwiegend variabler Kosten oder

b) die Produktdifferenzierung mittels Innovationen sowie dem Aufbau neuer Herstellermarken. Dabei können Innovationen sowohl für den Markt als auch nur für das Unternehmen neu sein.

Die Marktausweitung mittels einer Produktdifferenzierung ist in der Regel kapitalbindender und risikoreicher als die ausschließliche Vertriebsausdehnung, da der Kapitalbedarf für Forschungs- und Entwicklungsaktivitäten, der Aufbau einer neuen Produktion sowie einer neuen Marke Investitionen mit einer hohen Fixkostenbelastung darstellen, die bei einem Scheitern der Marktausweitung als versunkene Kosten anzusehen sind, und meist keinen Restwert darstellen.

Entscheidend für den Erfolg eines Marktzutritts sind jedoch die im Markt vorhandenen Markteintrittsbarrieren. Diese können in der Milchwirtschaft in der Economies of scale (hohe Fixkostenbelastung), der am Markt anzutreffenden Produktdifferenzierung, der Höhe der Wechsel- bzw. Umstellungskosten der Abnehmer (vor allem bei hochintegrativen Systemen), dem notwendigen Kapitalbedarf sowie im erschwerten Zugang zu Vertriebskanälen liegen bzw. von den etablierten Anbietern zum Schutz der eigenen Märkte geschaffen werden. Dabei ist allerdings auf die erheblichen Unterschiede zwischen den Märkten für Hersteller- und Handelsmarken zu verweisen.

Substitutionsprodukte

Auch ist eine Bedrohung der Märkte durch Substitutionsprodukte möglich. Als prominente Austauschbeziehung ist hier die Substitution von Butter durch pflanzliche Fette (z.B. Margarine) oder der Ersatz von Milchmixgetränken durch Produkte auf Sojabasis oder Fruchtsäften mit Beimischungen zu nennen. So war besonders in Osteuropa, aufgrund der veränderten Produktpreisverhältnisse während der Transformationszeit, ein starker, wohl irreversibler Anstieg des Margarineverbrauchs zulasten des Konsums von Butter zu verzeichnen.

Dieses skizzierte Wettbewerbsumfeld erfordert von den milchwirtschaftlichen Unternehmen eine zeitnahe Anpassung der Unternehmensstrategie.

Strategische Ansätze zur nachhaltigen Sicherung der Wettbewerbsfähigkeit der Milchwirtschaft

Strategieentwicklung in der Milchwirtschaft

Die Überlegungen zur zukünftigen Wettbewerbssituation der Molkereiwirtschaft können, bei einer ausschließlichen Fokussierung auf die Milchbe- und verarbeitung, in ihrem Ergebnis nur unvollständig sein. Eine umfassende Strategie zur nachhaltigen Sicherung der Wettbewerbsfähigkeit der gesamten Milchwirtschaft muss daher prinzipiell die Betrachtung der Wettbewerbsfähigkeit der landwirtschaftlichen Milchproduktion, die Kosten der Erfassung des Rohstoffs im Raum sowie die Wettbewerbsfähigkeit der Milchbe- und -verarbeitung einschließlich der Vertriebsaufwendungen umfassen. Vor allem aufgrund des zum Teil hohen wertmäßigen Rohstoffanteils am Endprodukt ist die internationale Marktstellung der Molkereiindustrie entscheidend von den Rohstoffkosten der ihr zur Verfügung stehenden Rohmilch abhängig. Die strategischen Planungen der milchbe- und verarbeitenden Industrie sind demzufolge an der Entwicklung der Milcherzeugung und damit der Rohstoffbereitstellung auszurichten, müssen jedoch dessen ungeachtet – und das mit deutlicher Konsequenz – vor allem auch die erwarteten Entwicklungen der Nachfragemärkte wiederspiegeln.

Grundlage der Entscheidung zur strategischen Ausrichtung milchwirtschaftlicher Unternehmen stellt die Analyse der internen und externen Rahmenbedingungen dar. So sind Chancen und Risiken am Markt (*Opportunities and Threats*) mit unternehmensinternen Stärken und Schwächen (*Strengths and Weaknesses*) in Relation zu setzen. Als Ergebnis dieser Betrachtung können prinzipiell drei strategische Optionen für Molkereiunternehmen isoliert werden. So ist neben einer verstärkten Ausrichtung am Markt („Wettbewerbsstrategie") eine graduelle Aufgabe der unternehmerischen Selbstständigkeit etwa im Falle eines Joint Venture oder kooperativer Einkaufs- bzw. Verkaufsverbünde („Kooperationsstrategie") sowie ein Rückzug aus Teilmärkten bis hin zu einem generellen Marktrückzug („Rückzugsstrategie") grundsätzlich denkbar.

Für die milchwirtschaftlichen Unternehmen, die sich für eine verstärkte Ausrichtung am Markt, somit für die „Wettbewerbsstrategie", entschieden haben, eröffnet sich ein strategischer Entscheidungsraum auf der Basis einer Vielzahl unterschiedlich attraktiver Branchensegmente. Im Wesentlichen ergeben sich hier zwei von einander zu unterscheidende Wettbewerbsstrategien. So kann die Unternehmensausrichtung auf dem Angebot herausgehobener Produktvariationen mit speziellen Qualitäten basieren, wodurch eine Alleinstellung im Markt erreicht werden soll („Differenzierungsstrategie"). In ihrer

Ausgestaltung sind Differenzierungsstrategien meist breit gefächert. Alternativ ist die strategische Konzentration auf wenige Marktsegmente und Artikel möglich, was bei einer gegebenen Rohstoffmenge zu Wettbewerbsvorteilen aufgrund sinkender Stückkosten führt („Strategie einer umfassenden Kostenführerschaft"). Neben diesen, auf eine branchenweite Umsetzung ausgerichteten Wettbewerbsstrategien, besteht außerdem die Möglichkeit der Unternehmensausrichtung aufgrund der Fokussierung auf Marktnischen („Konzentration auf Schwerpunkte"). Dieses Wettbewerbsverhalten kann jedoch als eine spezielle Operationalisierung der Differenzierungsstrategie betrachtet werden. Zusammenfassend können, differenziert nach Ort (Wettbewerbsumfang) und Art der Erreichung von Wettbewerbsvorteilen, wie in Abbildung 34 aufgezeigt, vier so genannte generische Strategie-Typen als Strategiealternativen dargestellt werden.

	Wettbewerbsvorteile durch	
	niedrigere Kosten	Differenzierung
branchenweit	**Kostenführerschaft** • Preis/Kosten • Standardprodukt	**Differenzierungsstrategie** • Leistung/Qualität • Einzigartigkeit
segment-spezifisch	**Kostenfokus** • begrenztes Bedürfnis • preiselastisch	**Differenzierungsfokus** • spezifisches Bedürfnis • preisunelastisch

(Wettbewerbsumfang auf der linken Achse)

Abbildung 34: Generische Strategietypen (Quelle: Gablers Wirtschaftslexikon (Wettbewerbsstrategie))

Die Umsetzung des definierten Strategietyps muss im Unternehmen auf der Grundlage der Festlegung funktionaler Strategien für die einzelnen Funktionsbereiche (etwa Marketing, Forschung und Entwicklung oder Finanzierungspolitik) erfolgen, wobei die definierte Strategie die zu ihrer Umsetzung notwendigen Unternehmensorganisation determiniert (Structure follows Strategy). Dabei ist für einen Erfolg der für das Unternehmen festgelegten Wettbewerbsstrategie eine möglichst kompromisslose Zielverfolgung unabdingbar. Dieses schließt jedoch nicht aus, dass für verschiedene Produktgruppen unterschiedliche Strategien definiert werden können, somit das Unternehmen eine Doppelstrategie betreibt. Auch ist für einzelne Produktgruppen eine Kombination von Differenzierung und Kostenführerschaft möglich. Dabei können sich die wettbewerbsstrategischen Ausrichtungen in ihrer Wirkung unterstützen, da eine positive Zielbeziehung gegeben sein kann. So kann der Pionier in einer neuen Produktgruppe, aufgrund einer erlangten Marktführerschaft, auch die Kostenführerschaft inne haben.

Bei der Auswahl von Wettbewerbsstrategien entsteht die Aufgabe, zu untersuchen, inwieweit Strukturveränderungen zugunsten des eigenen Unternehmens erzeugt oder genutzt werden können. Im Zusammenhang mit der Analyse der Branchenstruktur ist infolge dessen das Konzept der strategischen Gruppen zu betrachten. Hierbei handelt es sich um eine Zusammenfassung von Unternehmen einer Branche zu einer Gruppe, die entlang ausgewählter strategischer Dimensionen ähnliche Strategien verfolgt. Für die deutsche Milchwirtschaft stellte der *Wissenschaftliche Beirat* in seiner Analyse vier sich voneinander unterscheidende Gruppen fest:

1. Gruppe: europa- bzw. weltweit agierende, diversifizierte Konzernunternehmen mit etablierten Marken und Spezialprodukten, hohen Innovations- und Marketingaufwendungen sowie Zugang zu internationalen Kapitalmärkten;

2. Gruppe: expansive Molkereiunternehmen meist mittlerer Größe, die mit Hilfe von Produktinnovationen in speziellen Marktsegmenten und intensivem Marketing nationale Marktführerschaft erlangt haben;

3. Gruppe: große, zum Teil international tätige Genossenschaftsmolkereien, mit einem Schwerpunkt in der Herstellung von Standardprodukten;

4. Gruppe: meist regional tätige, mittelgroße und kleinere Molkereien, mit breiten und tiefen Sortimenten sowie ohne bedeutende Innovations- und Marketingaufwendungen.

Differenzierungsstrategie

Durch eine Differenzierung des Angebots auf möglichst vielen Stufen des Produktions- und Vertriebsprozesses, somit von Leistung und Qualität, soll eine hohe Kundenbindung erreicht werden. Das Angebot stellt auf die Befriedigung spezieller Kundenbedürfnisse ab und zeichnet sich durch eine geringe Preiselastizität aus. Die Differenzierungsstrategie basiert auf der Etablierung von Herstellermarken, deren Ertragskraft durch eine intensive Innovationstätigkeit und hohe Kommunikationsaufwendungen gesichert werden muss.

Eine schwindende Markenloyalität der Kunden aufgrund hoher Preisunterschiede zwischen Hersteller- und Handelsmarken sowie einer unzureichenden Produktdifferenzierung als Folge geringer Innovationsbemühungen stellt ein Risiko dieser Wettbewerbsstrategie, gerade für milchwirtschaftliche Unternehmen dar. Auch schließt die Differenzierungsstrategie meist hohe Mengenumsätze pro Produktsegment (z. B. im Falle von Premiumsegmenten) aus, was die Notwendigkeit anderer volumenstarker Verwertungsmöglichkeiten in der Milchwirtschaft bedingt. Ein weiteres Risiko besteht in dem Bemühen von Wettbewerbern, durch me-too-Produkte bestehende Markteintrittsbarrieren zu umgehen, was für reife Branchen, wie sie die Milchwirtschaft darstellt, charakteristisch ist.

Kostenführerschaft

Bei dieser Wettbewerbsstrategie umfassenden Kostenführerschaft wird der Marktpreis vom Unternehmen als Datum akzeptiert. Wesentliches Ziel der unternehmerischen Tätigkeit ist hier das Streben nach möglichst geringen Kosten der Produktion. Die Kostenführerschaft stellt demzufolge eine extrem eindeutige Strategie dar. So kann es nur *einen* Kostenführer je Marktsegment geben. Streben mehrere Marktteilnehmer die Kostenführerschaft – vor allem in gesättigten Märkten – an, ist eine stark rückläufige Renditeentwicklung die Folge. Vorraussetzung für diese Wettbewerbsstrategie ist die konsequente Nutzung von Skalenerträgen, was durch den Auf- und Ausbau von Produktionsanlagen effizienter Größe erreicht werden kann. Verbunden mit hohen Kapazitätsauslastungen können so Eintrittsbarrieren für potentielle Wettbewerber geschaffen werden.

Risiken bestehen für Molkereiunternehmen bei diesem Strategietyp in einer meist geringen Kundenbindung aufgrund undifferenzierter Angebote (so etwa bei generischen Produkten und Handelsmarken), in der Gefahr des „Erlernens" niedriger Produktionskosten durch den Wettbewerb, dem Nichterkennen von notwendigen durch den Markt angezeigter Produkt- oder Marketingänderungen sowie einer unzureichenden Kapazitätsauslastung.

Schlussbemerkungen

Die Milchwirtschaft ist durch eine zunehmende nationale und internationale Integration der Märkte gekennzeichnet. Dieser Prozess führt zu einem sich intensivierenden Wettbewerb. Sich diesem Wettbewerb zu stellen, um ertragreiche Marktanteile nachhaltig zu sichern und auszubauen, ist die Aufgabe einer wettbewerbsfähigen Milchwirtschaft. Hierzu kann von den milchwirtschaftlichen Unternehmen zum einen die Kostenführerschaft angestrebt werden. Zum anderen ist es aufgrund einer ausreichenden Differenzierung und Positionierung am Markt möglich, Marktanteile zu sichern bzw. zu steigern und in der Folge wettbewerbsfähige Produzentenrenten zu erlangen. Für die Gruppe der großen deutschen Genossenschaftsmolkereien kann eine Doppelstrategie mit dem Schwerpunkt der Kostenführerschaft zukünftig erfolgreich sein. Für kleinere und mittlere Molkereien erscheint eine differenzierende Wettbewerbsstrategie, mit dem Fokus auf regionale bzw. nationale Märkte sinnvoll. Jedoch ist es in allen Fällen unabdingbar, getroffene Strategieentscheidungen auch konsequent im Unternehmen umzusetzen.

Literatur

GLOY, D.: Wettbewerbs- und Unternehmensentwicklungsstrategien in der europäischen Molkereiwirtschaft, Aachen 1995 (Shaker Verlag).

HEIN, K. A.: Wettbewerbsfähigkeit durch Innovation und Kooperation in der Landwirtschaft. In: Innovative Kraft organisierter Selbsthilfe, Hrsg.: Münkner, H.-H., Marburg Consult, Studien und Berichte Nr. 35, Marburg 2001, S. 27–51 (Selbstverlag).

HOLTORF, H.: Agenda 2000 – Strategien für Unternehmen: Mehr Risiken oder mehr Chancen? In: Milchmarkt 2000 – eine völlig neue Orientierung? Hrsg.: Zentrale Markt- und Preisberichtstelle für Erzeugnisse der Land-, Forst- und Ernährungswirtschaft, Materialien zur Marktberichterstattung, Bd. 27, Bonn 1999 (Selbstverlag).

ISERMEYER, F.: Die internationale Wettbewerbsfähigkeit der Milch- und Rindfleischproduktion in Deutschland – Fakten, Hintergründe, Schlussfolgerungen. Vortrag anlässlich des Deutschen Bauerntages in Braunschweig (Kurzfassung), Braunschweig 1997.

MENRAD, K.: Entwicklungstendenzen im Ernährungsgewerbe und im Lebensmitteleinzelhandel in Deutschland. In: Berichte über Landwirtschaft, Hrsg.: Bundesministerium für Verbraucherschutz, Ernährung und Landwirtschaft, Bd. 79, Heft 24, Münster 2001, S. 597-627 (Landwirtschaftsverlag Münster-Hiltrup).

MILCHINDUSTRIE-VERBAND: Geschäftsbericht, Bonn versch. Jgg. (Selbstverlag).

NEUMANN, G.; WITTKOPP, A.: Wettbewerbsmonitor: Die deutsche Ernährungsindustrie im Wandel, Kiel 2002 (Selbstverlag).

O. V.: Wettbewerbsstrategie. In: Gablers Wirtschaftslexikon, Wiesbaden 1998 (Gabler).

PORTER, M. E.: Wettbewerbsvorteile, Frankfurt 2000 (Campus-Verlag).

STOCKMEYER, B.: Ansatzpunkte und Methoden zur Effizienzsteigerung im Innovationsmanagement der Ernährungsindustrie, München/Weihenstephan 2001 (Selbstverlag).

TAG, M. W.: Entwicklungen im Welthandel mit Milcherzeugnissen. In: 19. Hülsenberger Gespräche 2002, Hrsg.: H. Wilhelm Schaumann Stiftung, Hamburg 2002 (Selbstverlag).

VERORDNUNG (EG) Nr. 1255/1999 des Rates vom 17.5.1999 über die gemeinsame Marktorganisation für Milch und Milcherzeugnisse ABl. L 160 vom 26.6.1999.

WEINDLMAIER, H.: Absatz- und Beschaffungsmarketing als Rahmenbedingungen für die Wettbewerbsfähigkeit des Molkereisektors in Deutschland. In: Zur Wettbewerbsfähigkeit der deutschen Milchwirtschaft Anhang 2, Hrsg.: Wissenschaftlicher Beirat beim Bundesministerium für Ernährung, Landwirtschaft und Forsten, Bonn 2000 (Selbstverlag).

WISSENSCHAFTLICHER BEIRAT BEIM BUNDESMINISTERIUM FÜR ERNÄHRUNG, LANDWIRTSCHAFT UND FORSTEN: Zur Wettbewerbsfähigkeit der deutschen Milchwirtschaft. In: Schriftenreihe des Bundesministeriums für Ernährung, Landwirtschaft und Forsten, Reihe A, Heft 486, Bonn 2000 (Selbstverlag).

ZENTRALE MARKT- UND PREISBERICHTSTELLE: Marktbilanz Milch, versch. Jgg., Bonn (Selbstverlag).

GV-Markt: Ende der Dynamik?

Dr. Hans-Joachim Leyrer

Der GV-Sektor war in den vergangenen Jahren durch geradezu euphorische Stimmung gekennzeichnet. Ein jährliches Wachstum war die Regel.

So stiegen die Ausgaben für Außer-Haus-Essen von 1991 bis 2000 von 54 Mrd. € auf rd. 79 Mrd. € (= rd. + 46 Prozent). Diese heile Welt scheint erst einmal vorbei zu sein. Zum ersten Mal wird für das Jahr 2001 von einem Rückgang der Außer-Haus-Verpflegung von 78,7 Mrd. € auf 74,6 Mrd. € (= ./. 5,2 Prozent) berichtet, der sich auch 2002 auf 70,5 Mrd € (= ./. 5,5 Prozent) fortgesetzt hat.

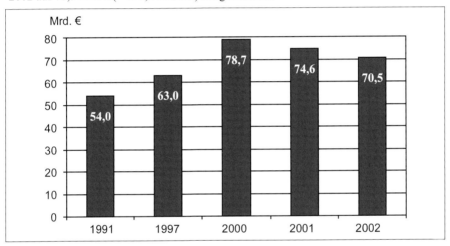

Abbildung 35: Marktvolumen des Außer-Haus-Verzehrs in Mrd. € in Deutschland (Essen und Getränke, ohne Care-Bereich) (Quelle: eigene Darstellung)

Der Außer-Haus-Markt setzt sich aus drei großen Bereichen zusammen:

a) Betriebs- und Sozialverpflegung (Kliniken, Heime, Mensen, Betriebskantinen),

b) Marken- und Systemgastronomie,

c) Hotel- und Gaststättengewerbe.

Die Marktanteile der einzelnen Bereiche sind dabei recht unterschiedlich (siehe folgende Abbildung).

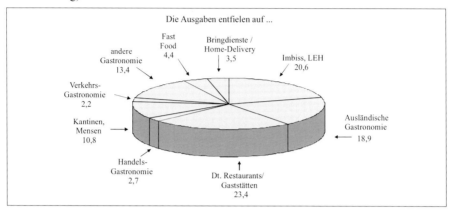

Abbildung 36: Essen außer Haus (außer Sozialverpflegung) – Ausgabenanteile nach Bezugsquellen (Quelle: KNY Klaus Noyen Research)

Die Entwicklung des wichtigsten Teilmarktes „Gastronomie" kann aus der folgenden Abbildung abgelesen werden.

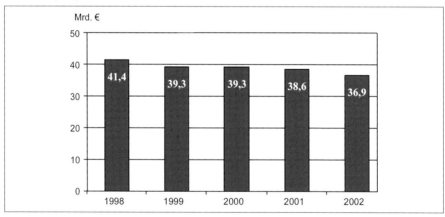

Abbildung 37: Marktentwicklung Gastronomie in Mrd. € (Quelle: eigene Darstellung)

Die starke Zunahme der Außer-Haus-Verpflegung in den 90er-Jahren war auf verschiedene Faktoren zurückzuführen:

- steigender Wohlstand,
- Zunahme der Ein- bzw. Zwei-Personen-Haushalte,
- nachlassende Neigung, selbst zu kochen.

Die großen Gewinner bei der Außer-Haus-Verpflegung waren dabei die Bereiche der preiswerten Gelegenheitsmahlzeiten (fast-food, Imbisse) sowie die home-delivery-Dienste, wogegen die traditionelle Gastronomie kaum ein Wachstum zu verzeichnen hatte.

Seit 2001 scheinen aber die rückläufige Konjunktur, die Auswirkungen des 11. September 2001 und die höheren Sozialabgaben, welche die Auswirkungen der Steuerreform kompensiert haben, sowie die allgemeine Unsicherheit bezüglich der wirtschaftlichen Situation ihre Spuren hinterlassen zu haben.

Auch wird das Jahr 2003 kaum Besserung bringen. Man geht zwar davon aus, dass die Konjunktur langsam wieder anspringt. Es ist inzwischen jedoch unverkennbar, dass der gesamte Bereich der Gastronomie die EURO-Umstellung dazu benutzt hat, um auf breiter Front die Preise z.T. kräftig zu erhöhen. Sicher war die Ertragslage in den letzten Jahren nicht allzu gut, hier scheint man jedoch die Rechnung ohne den Wirt – sprich den Verbraucher – gemacht zu haben, der sich in Zurückhaltung übt. Es wird interessant sein zu beobachten, ob diese überdurchschnittliche Preiserhöhung durchgehalten werden kann oder ob der zweifellos herrschende starke Wettbewerb zu einer Revision zwingt. Wenn die Gästezahlen rückläufig bleiben sollten, hilft man sich – um nicht zurückrudern zu müssen – wahrscheinlich damit, dass einige preiswerte Aktionsgerichte herausgestellt werden, im Übrigen aber die einmal nach oben gedrückten Preise beibehält. Eine Volumensteigerung wird dabei zunächst jedoch nicht realisiert werden.

Auch mittel- und langfristig dürften die hohen Zuwachsraten der letzten Dekade nicht zu wiederholen sein.

Dennoch wird es dabei bleiben, dass der GV-Sektor auch in Zukunft eine sehr bedeutende Rolle einnehmen wird. Insgesamt entfielen 1999 rund 37 Prozent der Gesamtausgaben der Haushalte für Lebensmittel auf den GV-Bereich (zu Preisen auf der Endverbraucherstufe). Macht man diese Ziffer vergleichbar und bezieht sie auf die Basis „GH-Einstandspreis", dürfte der Marktanteil des GV-Sektors auf der Ebene ab Hersteller bzw. Großhandel bei 25-30 Prozent liegen. Dabei sind die Verhältnisse von Produktgruppe zu Produktgruppe sehr unterschiedlich. Es gibt Produktgruppen, bei denen der Absatz in die GV-Schiene größer ist als der Absatz über den LEH. Beispiele dafür sind Fisch, geschälte Kartoffeln, Pommes-frites, Frischsalate, Feinkostsalate oder Hähnchen.

Der GV-Markt weist hinsichtlich seiner Distributionswege eine sehr heterogene Struktur auf, was mit der Vielschichtigkeit und mit der großen Anzahl der Abnehmer mit autonomen Einkaufsentscheidungen zusammenhängt.

Im GV-Markt findet man direktvermarktende Produktionsbetriebe, Frischdienste von Herstellern oder Händlern, den Zustellgroßhandel für das Trockensortiment, den Fachgroßhandel für Fleisch, Obst und Gemüse, Molkereiprodukte, Eier und Geflügel und Fisch sowie große Cash & Carry Betriebe mit Vollsortiment. Bei den größeren Handelsbetrieben sind Zustellgroßhandel und C&C des öfteren vereint.

Betrachtet man die beiden Segmente Cash & Carry und Zustellgroßhandel zeigen sich bemerkenswerte Unterschiede:

Zunächst einmal ist festzustellen, dass das Wachstum der vergangenen Jahre primär im Bereich des Zustell-GHs stattgefunden hat:

	1992	2001
Umsatz C&C	10,7 Mrd. €	12,3 Mrd. €
Umsatz Zustell-GH	2,2 Mrd. €	4,1 Mrd. €.

In struktureller Hinsicht ist der Cash & Carry-Bereich stärker konzentriert. Er ist gekennzeichnet durch die dominierende Stellung von Metro mit einem Marktanteil von 52 Prozent (M+M 2001). Es folgt das REWE-Otto-Joint Venture FEGRO-SELGROS mit 14,8 Prozent. Alle anderen C&C-Unternehmen (etwas über 30) haben wesentlich geringere Marktanteile und meist nur regionale Bedeutung.

Demgegenüber sind die GV-Zustelldienste nach wie vor durch mittelständische Strukturen geprägt. Die GV-Kunden verlangen kundenindividuelle Betreuung und im Bedarfsfall ein Höchstmaß an Flexibilität bei der Belieferung. Marktführer sind hier die GV-Partner (CITTI, Jomo, Ringel) mit einem GV-Umsatz von 1,520 Mrd. DM (davon 870 Mio DM C&C.), was einem Marktanteil von 19 Prozent entspricht. Größtes Einzelunternehmen ist der REWE-GV-Service (MA = 12,2 Prozent), gefolgt von der Kooperation Intergast mit knapp 10 Prozent MA. Die TOP 3 kommen auf einen MA von 41,2 Prozent.

Auch die mittelständischen Unternehmen des Zustell-GHs waren jedoch gezwungen, ihr Einkaufsvolumen zu bündeln, um bestmögliche Einkaufspreise und -konditionen zu erhalten. Diesen Anforderungen wurde jedoch nicht durch Konzernbildung, sondern durch Bildung von Einkaufskooperationen Rechnung getragen (Intergast, Service-Bund, GroGast, Gafateam oder Gastromaster).

In diesen Fällen sind die Marktgegebenheiten nicht viel anders als bei einem Verkauf an den LEH, wenn auch davon berichtet wird, dass es in jeder Kooperation Einkäufe an der Zentrale vorbei gibt, sei es, weil dies ganz offiziell gestattet ist, z.B. für regionalen Bedarf, sei es, dass man die Rolle als Einkäufer nicht ganz missen möchte.

Jedenfalls bietet die Vielfalt des GV-Marktes auch noch für kleine und mittlere Herstellungs- und Handelsbetriebe, die bei den Einkaufsabteilungen der Großen des LEH keine Chance haben, die Möglichkeit zu überleben. Aus unserer Beratungserfahrung wissen wir, dass es eine große Anzahl an Unternehmen der traditionell mittelständisch geprägten Ernährungswirtschaft gibt, die ihre Abnehmer ausschließlich im GV-Sektor haben und dabei dank ihrer Flexibilität und ihrer Servicebetontheit ganz gut zurecht kommen. Insofern kommt dem GV-Sektor eine wichtige Rolle zu, wenn es darum geht, die Vielfalt der Strukturen in der Ernährungswirtschaft, wenn nicht ganz, so doch zu einem gewissen Teil, zu erhalten.

Wachsende Anforderungen im Außer-Haus-Markt?
Dr. Michael Lendle

Für die Unternehmen der Ernährungswirtschaft ist der langfristig betrachtet wachsende Außer-Haus-Markt von zunehmender ökonomischer Bedeutung. Auch wenn dieser Markt kurzfristigen Schwankungen unterliegt, ist der GV-Sektor gerade für mittelständische Anbieter besonders wichtig. Viele Mittelstandsbetriebe der Ernährungsindustrie leiden massiv unter der starken Konzentration im LEH, die sie vor allem in ihrer Lieferfähigkeit und Abhängigkeit überfordert. Deshalb setzten viele Betriebe ihre Hoffnung in den GV-Bereich, der (noch) nicht so stark konzentriert ist und damit Absatzmöglichkeiten für mittelständische Lieferanten bietet.

Als traditionelle Lieferanten der Großverbraucher profitieren neben den C&C-Märkten in verstärktem Maße auch die GV-Zustelldienste von diesem Anstieg. Ähnlich wie bei der Ernährungsindustrie nutzen zunehmend auch Fachgroßhändler wie im Bereich Obst und Gemüse oder Fleisch ihre Handelsmöglichkeiten im GV-Sektor, weil sie bei der Belieferung des LEH mehr und mehr ausgeschaltet wurden.

Das Wachstum des Außer-Haus-Marktes bedeutet sowohl für die Unternehmen des Handels als auch der Ernährungswirtschaft Chance und Herausforderung zugleich. Um jedoch die Marktmöglichkeiten profitabel zu nutzen und den Ansprüchen des Marktes gerecht zu werden, gilt es für die Unternehmen, die strukturellen Veränderungen in der Food-Branche im Auge zu behalten. Zwar sind nicht alle Änderungen, die sich im LEH seit einigen Jahren abzeichnen, ohne weiteres auch im GV-Sektor denkbar, aber sicherlich sind bereits heute in einigen Bereichen vergleichbare Tendenzen erkennbar.

Als besondere Entwicklungen im Lebensmittelbereich der letzten Jahre sind vor allem

- die fortschreitende Verbreitung von GV-Handelsmarken versus Herstellermarken,
- das vermehrte Angebot regionaler und biologisch erzeugter Produkte sowie
- der zunehmende e-Commerce als elektronische Vertriebsalternative zu nennen.

Eine entsprechend dynamische Markt-Entwicklung im GV-Bereich wäre für die betroffenen Unternehmen mit weitreichenden Konsequenzen verbunden:

- Die Ausweitung von GV-Handelsmarken im Food-Bereich erschwert die wettbewerbsgerechte Positionierung von Markenprodukten der Hersteller.
- Das Interesse der Großverbraucher an regional und biologisch erzeugten Nahrungsmitteln erfordert ein entsprechendes Produktangebot der Anbieter.

- Die Zunahme von e-Commerce verlangt eine adäquate Vertriebsmöglichkeit, d.h. elektronische Einkaufsmöglichkeit bei Anbietern.

Damit die Unternehmen des Food-Sektors im GV-Bereich ihre Markt-Aktivitäten zielgerichtet einsetzen und auf Strukturveränderungen im Wettbewerb zeitnah reagieren können, benötigen sie einschlägige Marktinformationen. Deshalb hat die AFC Consultants International die Initiative ergriffen und eine Pilotstudie zum Einkaufs- und Verkaufsverhalten der Unternehmen in der GV-Branche durchgeführt.

Die konkrete Zielsetzung dieser Marktstudie war die Datenerhebung für eine Momentaufnahme im GV-Sektor, und zwar mit Fokus auf die Verbreitung von Handels- und Herstellermarken bei Lebensmitteln, das Angebot von regionalen Erzeugnissen und Bioprodukten sowie die Nutzung von e-Commerce als Vertriebsalternative im Food-Bereich.

Hierzu befragt wurden 30 Unternehmen des Zustell-GH und 90 Unternehmen des GV-Sektors, wobei sich letztere Gruppe zu gleichen Teilen in Betriebe des Gaststättengewerbes, der Hotellerie und der Kantinenwirtschaft von Großunternehmen aufgliedert.

Im Vorfeld dieser AFC-Marktstudie wurden qualitative Einzelgespräche mit Entscheidungsträgern im Bereich Lebensmitteleinkauf bei ausgewählten Unternehmen anhand strukturierter Leitfäden durchgeführt. Auf Basis dieser Experteninterviews wurden standardisierte Fragebögen für die eigentliche Marktstudie entwickelt. Die Datenerhebung mittels dieser Fragebögen fand in Form von telefonisch geführten Paper-Pencil-Interviews im Februar dieses Jahres statt.

Die Auswertung und Analyse der AFC-Studie ergab – mit dem Hauptaugenmerk auf die genannten Fragenbereiche – folgende Resultate:

Verbreitung von GV-Handels- und Herstellermarken

Nach Aussage der meisten befragten Zustell-GH ist die Verbreitung von Herstellermarken im Lebensmittelangebot der GV-Zustelldienste die letzten Jahre stabil bis rückläufig.

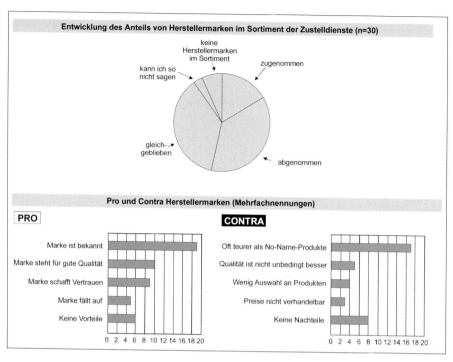

Abbildung 38: Verbreitung von GV-Handels- und Herstellermarken (Quelle: eigene Darstellung)

Begründet wird der Vertrieb von Herstellerware in erster Linie mit der Bekanntheit der Marken beim Kunden, gefolgt vom Vertrauen in die Qualität der Produkte. Dem stehen jedoch die oftmals relativ hohen Preise der Produkte entgegen, die einen vermehrten Absatz von Herstellermarken wenig lukrativ machen. Entsprechend der preissensitiven Nachfrage vieler Großverbraucher weichen immer mehr Zustell-GH auf das häufig günstigere Angebot von Handelsmarken aus. Dies betrifft gerade die Produkte wie Pflanzenöle oder Frischware, die direkt in die Zubereitung von Mahlzeiten gelangen und daher nicht unmittelbar für den Endverbraucher erkennbar sind.

Setzt sich diese Auffassung im GV-Bereich durch, dann wird der Anteil von GV-Handelsmarken bei Lebensmitteln langfristig weiter zunehmen. Sicherlich wird das Ausmaß der Verbreitung je nach Produktbereich recht unterschiedlich ausfallen, aber die Positionierung von Markenprodukten wird für die Hersteller angesichts des erhöhten Preisbewusstseins und der ausgeprägten Preissensibilität auch im GV-Food-Sektor deutlich schwieriger werden. Obgleich eine ebenso dynamische wie auch sortimentübergreifende Verbreitung von Handelsmarken, wie man diese in LEH-Betrieben seit Jahren verfolgen kann, nicht zu erwarten ist.

Handel regionaler und biologischer Erzeugnisse

Die Resultate der AFC-Markstudie zeigen, dass die Nachfrage der Großverbraucher nach regionalen Produkten derzeit das Angebot der GV-Zustelldienste deutlich übersteigt.

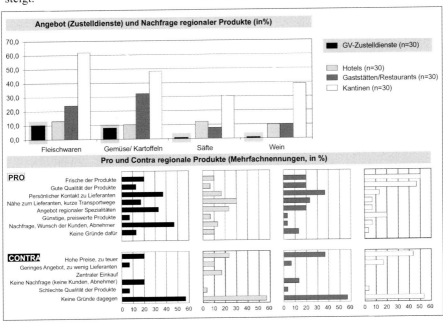

Abbildung 39: Handel regionaler Erzeugnisse (Quelle: eigene Darstellung)

Vor allem die befragten Betreiber von Kantinenbetrieben legen gesteigerten Wert darauf, ihren Besuchern zumindest ein regionales Gericht anzubieten, das aus Erzeugnissen der (un)mittelbaren Umgebung zubereitet wurde. Zwar seien diese Mahlzeiten häufig etwas teurer als das Standardangebot, aber die Nachfrage nach frischen und qualitativ hochwertigen Erzeugnissen aus der Region rechtfertigen dieses Angebot. Überdies spielen kurze Transportwege und Nähe zum Lieferanten eine Rolle, was sich nicht nur mit einem ausgeprägten Umweltbewusstsein auf Abnehmerseite, sondern vor allem mit der höheren Flexibilität bei der Belieferung erklären lässt.

Im Bereich der Bioprodukte zeichnet sich zurzeit (noch) ein ganz anderes Bild ab, denn die Nachfrage und das Angebot nach biologisch erzeugten Produkten fällt vergleichsweise gering aus.

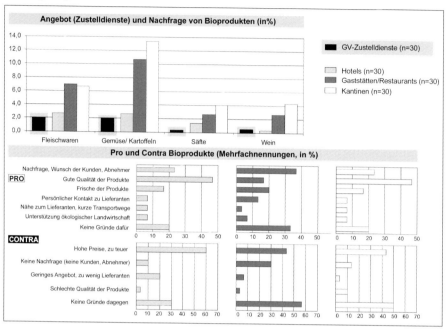

Abbildung 40: Handel biologischer Erzeugnisse (Quelle: eigene Darstellung)

Die Großverbraucher schätzen zwar die Qualitäten wie Frische, Gesundheits- und Nährwert der Öko-Produkte als relativ hoch ein. Nach wie vor schrecken aber die im Vergleich zu konventionell erzeugten Produkten hohen Preise vor einem vermehrten Konsum ab. Außerdem führen einige Befragte das Risiko an, nicht genug Bioerzeugnisse gleicher Qualitäten angeboten zu bekommen. Mit anderen Worten: auf Abnehmerseite spricht nicht viel gegen das Angebot von Bioprodukten im GV-Sektor, außer der Forderung nach ausreichender Menge mit gleichbleibend hoher Qualität zu akzeptablen Preisen.

E-Commerce als Vertriebsalternative

Die Nutzung von e-Commerce beim GV-Handel mit Lebensmitteln steckt nach Erkenntnissen der AFC-Studie noch in den Kinderschuhen. Sowohl auf Seiten der befragten Zustell-GH wie auch auf Abnehmerseite ist die elektronische Verkaufs- und Einkaufsmöglichkeit nur wenig bekannt, und genutzt wird dieser Weg nur in Ausnahmefällen.

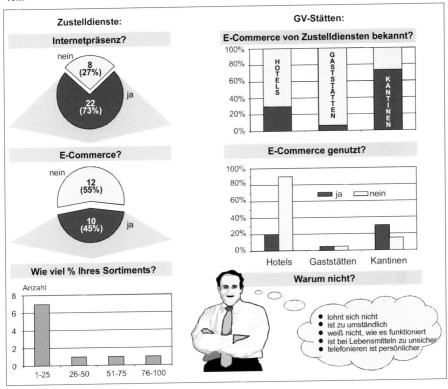

Abbildung 41: E-Commerce als Vertriebsalternative

Viele der befragten GV-Zustelldienste verfügen zwar mittlerweile über einen eigenen Internet-Auftritt, der in erster Linie das Unternehmen und auch das angebotene Sortiment vorstellt. Nach wie vor erfolgt der Absatz von Lebensmitteln jedoch zumeist telefonisch oder per Fax. Der GV-Handel begründet daher die eigene Ablehnung oder Vorbehalte hinsichtlich der Nutzung von e-Commerce mit der fehlenden Nachfrage auf Abnehmerseite und was ein solches Unterfangen als wenig lohnend erscheinen lässt.

Die Ergebnisse der AFC-Marktstudie verweisen deutlich auf das mangelnde Interesse der GV-Betriebe an e-Commerce, denn nur wenige Befragte der Gaststätten und Hotels kennen und noch weniger nutzen diese Möglichkeit. Lediglich bei Betreibern von Kantinenbetrieben ist e-Commerce mehrheitlich bekannt, was aber nicht unbedingt auch die Nutzung dieser Einkaufsmöglichkeit zur Folge hat. Als Gründe für die Zurückhaltung bei e-Commerce führen die befragten Großverbraucher vor allem die Umständlichkeit und ihr mangelndes Verständnis an. Überdies sei der Einkauf von Lebensmitteln eine Sache des persönlichen Kontaktes mit dem Anbieter und mittels eines Computers auch (noch) zu unsicher.

Diese geäußerten Vorbehalte auf Anbieter- wie auch Abnehmerseite hinsichtlich e-Commerce machen deutlich, dass der elektronische Verkauf und Einkauf im GV-Food-Bereich nur sehr schwer in die Gänge kommt. Und klar wird zudem, wenn man den Zustell-GH und die Großverbraucher für diese Vertriebsform begeistern will, muss eine intensive Aufklärungsarbeit geleistet, eine größere Transparenz und Sicherheit bei e-Commerce geschaffen werden.

Markteintritt und Vertriebsaufbau in der VR China
Ralf Marohn

Zum Aufbau von Vertriebsstrukturen in der VR China bestehen in der deutschen Nahrungsmittelindustrie bereits eine Vielzahl völlig unterschiedlicher Erfahrungen. Von völliger Enttäuschung bis zu Euphorie zu den gebotenen Marktchancen in China sind alle Emotionen zu finden. Beide Extreme werden dem chinesischen Markt nicht gerecht. Es stellt sich aber die Frage, weshalb wurden die einen enttäuscht und warum sind die anderen von den Marktchancen beeindruckt.

Die Zielgruppe

Ein Blick auf die Zielgruppe zeigt schon die erste Problematik. Neben der Bevölkerung von 1,3 Mrd. Menschen wird in verschiedenen Publikationen eine Zahl zwischen 100 und 300 Mio. Einwohnern genannt, die ein mittleres bis hohes Haushaltseinkommen haben, westlich orientiert sind und ausländische Produkte bevorzugen. Über diese Zahl lässt sich nur schlecht diskutieren. Sicher ist aber, dass nicht die Anzahl sondern die regionale Verteilung dieser – für ausländische Nahrungsmittelhersteller interessanten – Zielgruppe das Problem beim Markteintritt darstellt. Diese Zielgruppe ist in den urbanen, wirtschaftlichen Boomregionen zu finden, die sich auf einer Strecke von ca. 3.000 km, entlang der chinesischen Küste verteilen. Das größte Zentrum ist dabei Shanghai, sodass jedem Nahrungsmittelhersteller (Hersteller von Endprodukten) empfohlen werden kann, die ersten Export- und Vertriebsaktivitäten in Shanghai zu entwickeln. Es sei denn es gibt Vertriebsvorgaben (z.B. bei Lieferung von Vorprodukten), die einen anderen Standort (z.B. Standort des Hauptabnehmers) empfehlen oder es wird von Anfang an der Aufbau einer Produktion in China geplant.

Die erforderliche Konzentration auf einen einzigen Standort beim Markeintritt lässt die Zahl der mit Marketingmaßnahmen tatsächlich erreichbaren und wohlhabenden Konsumenten stark sinken.

Die sorgfältige Recherche zu den tatsächlich, erreichbaren Zielgruppen und die Standortauswahl sind deshalb entscheidende Erfolgsfaktoren.

Marktpräsenz

Nachdem ein Markteintritts-Standort für den Vertrieb/Export festgelegt wurde ist es wichtig, Vertrauen zu Kunden und Zwischenhändlern aufzubauen. Am besten gelingt dies durch den Aufbau einer Marktpräsenz mit eigenen Mitarbeitern. Unverständlicherweise schrecken viele Nahrungsmittelhersteller vor diesem Schritt zurück und versuchen durch Messebesuche und mehrere Reisen pro Jahr den Mangel an permanenter

Kundenakquisition und Kundenpflege vor Ort zu kompensieren. Aufgrund der kulturellen Unterschiede, der enormen Marktchancen und der Größe des Absatzgebietes muss die Kundenakquisition, die Kundenpflege und die Suche nach Händlern und Handelsvertretern als permanenter Prozess verstanden werden. Eine solche kontinuierliche Marktbearbeitung ist nur durch eine etablierte Marktpräsenz zu leisten.

Abbildung 42: Beispiel für einen schrittweisen Markteintritt (Eigene Marktpräsenz aufbauen)

Händlersuche

Von vielen Nahrungsmittelherstellern wird die Suche nach Händlern von Deutschland aus favorisiert. Über Messen und Reisen nach China erhält man sehr leicht Kontakt zu potenziellen Zwischenhändlern. Eine komplette Produkt- oder Markteinführung wird von diesen Zwischenhändlern aber eher selten übernommen – es sei denn, es handelt sich um international bekannte Markenprodukte, die Händler gerne in ihr Sortiment aufnehmen.

Aber all jene, die keine international bekannten Markenprodukte anbieten, werden häufig gebeten, sich an den Markteinführungskosten zu beteiligen bzw. sie komplett zu übernehmen, wozu deutsche Nahrungsmittelhersteller grundsätzlich auch bereit sind. Die geforderten Summen sind dann aber trotzdem eine Überraschung und eine Abschreckung für das weitere Marktengagement.

Im Falle einer Kooperation mit einem Händler entstehen Enttäuschungen unter anderem durch die mangelnde Weiterleitung von Marktinformationen durch den Händler, einem zu geringen Absatz und durch verhältnismäßig hohe Kosten. Zudem ist der Hersteller durch die Stellung des Händlers nicht in der Lage die Distribution, die Preise und das Marketing aktiv zu steuern.

Eine solche Entwicklung kann vermieden werden, wenn von Anfang an, mit der Marktpräsenz eine Eigensteuerung von Distribution, Marketing und Preis etabliert wird und die Suche, Auswahl und Bewertung von Händlern permanent erfolgt. Ziel muss es sein, mehrere Händler parallel zu kontaktieren und aufzubauen, die jeweils für ein bestimmtes Absatzgebiet zuständig sind. China muss diesbezüglich eher als Kontinent anstatt als ein einheitliches Land verstanden werden. Völlig zu vermeiden ist deshalb auch, die Vergabe von Exklusiv-Vertriebsrechten für den gesamten chinesischen Markt an *einen* Händler.

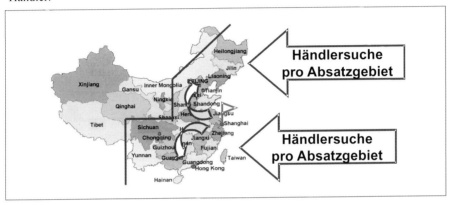

Abbildung 43: Beispiel für einen schrittweisen Markteintritt (Händlersuche pro Absatzgebiet)

Erweiterung des Vertriebs

Bei einer positiven Umsatzentwicklung in verschiedenen chinesischen Absatzgebieten ist eine Erweiterung des Vertriebs durch weitere Repräsentanten möglich. Die Zielstruktur des Vertriebs sollte nachher die Zusammenarbeit mit mehreren Händlern sein, die wiederum von mehreren festangestellten Repräsentanten betreut und kontrolliert werden. In der Praxis hat sich gezeigt, dass trotz Festlegung des Absatzgebietes pro Händler viele Händler aufgrund Ihrer Beziehungen und Kontakte auch in andere Absatzgebiete liefern. Der Hersteller wird in diesem Fall aufgefordert, dies zu unterbinden. Ein Gegenwirken ist aber fast nicht möglich und kann aus dem Interesse des Herstellers, den Absatz zu steigern, auch unterbleiben.

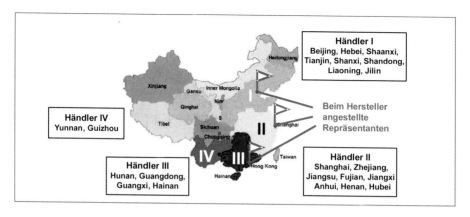

Abbildung 44: Beispiel für eine schrittweise Erweiterung des Marktengagements

Import, Lagerhaltung, Fakturierung in RMB

Erschwert wird der Vertrieb in China durch das Verbot für ausländische Unternehmen, eigene Vertriebsgesellschaften in China zu gründen und die Verpflichtung beim Import, Importgesellschaften mit der Abwicklung des Imports zu beauftragen. Es ist aber davon auszugehen, dass beide Handelshemmnisse durch die Mitgliedschaft der VR China in der Welthandelsorganisation (WHO) (seit November 2001) in den kommenden 3 Jahren (also bis 2006) abgebaut und beseitigt werden. Faktisch werden heute schon Vertriebsgesellschaften getarnt als Produktionsgesellschaften in China gegründet. Die Einbindung der Importgesellschaft ist aber noch unumgänglich. Dennoch ist es möglich, durch Kooperationen mit Importgesellschaften eine Lagerhaltung in China zu etablieren. Sofern die Verzollung nicht gleich, sondern nur entsprechend verkaufter Mengen erfolgen soll, empfiehlt sich eine Lagerhaltung in einer Zoll-Freihandelszone. Die Verzollung und somit die Zahlung der Zollkosten wird dann erst bei der Ausfuhr aus der Freihandelszone vorgenommen.

Ein noch bisher schwieriges Problem ist die Fakturierung der verkauften Waren in der chinesischen Währung RMB, wenn dies ausschließlich durch das deutsche Unternehmen erfolgen soll. Eine Auseinandersetzung mit dieser Problematik ist erforderlich, da immer mehr Kunden nach der Zahlung in RMB fragen und hierfür eine Lösung erwarten oder die Produkte nicht kaufen. Eine Marktpräsenz eröffnet heute noch nicht die Möglichkeit, Warengeschäfte und die Fakturierung in RMB abzuwickeln. Eine Lösung ist derzeit nur durch Gründung einer eigenen „Produktions"-Gesellschaft oder durch die Kooperation mit Händlern oder Importgesellschaften möglich.

Produktionsaufbau

Der Aufbau einer Produktion in der VR China wird von chinesischer Seite häufig am Anfang einer Marktbearbeitung gefordert bzw. in den meisten Publikationen favorisiert. Aus Sicht der mittelständischen, deutschen Nahrungsmittelhersteller ist der Aufbau einer eigenen Wertschöpfung in China aber erst nach umfangreichen Exporterfahrungen denkbar und umsetzbar. Eine Vielzahl von Problemen mittelständischer Unternehmen in China entstehen aus diesen unterschiedlichen Sichtweisen, da meist auf einer sehr geringen Informationsbasis die Entscheidung für eine hohe Investition getroffen werden soll.

Die von chinesischer Seite favorisierte Unternehmensgründung in Form eines Joint Venture hat abnehmende Bedeutung, da die Erfahrungen der letzten Jahre zeigten, dass die Abstimmung und Diskussionen mit dem chinesischen Partner oftmals die wirtschaftliche Entwicklung des Unternehmens behinderten. In einigen Branchen ist diese Form zwar immer noch unumgänglich. Im Nahrungsmittelbereich besteht aber die Wahlmöglichkeit zwischen der Gründung eines Joint Venture oder einer 100%-Tochtergesellschaft (wholly foreign owned enterprise, wfoe).

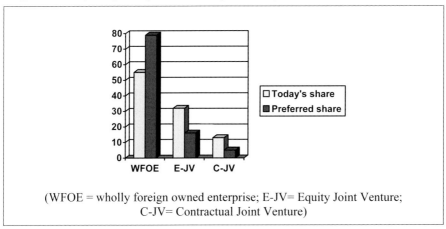

Abbildung 45: Mögliche Kooperationsformen eines Engagements in China

In einer Befragung von Joint Venture- und WFOE-Vertretern 2002 ist ersichtlich, dass die meisten, die vor wenigen Jahren ein Joint Venture gegründet haben, heute eher ein WFOE bevorzugen würden. Der Grund hierfür ist oftmals die Erkenntnis, dass die Abstimmung und Diskussion mit dem chinesischen Partner die wirtschaftliche Entwicklung des Unternehmens behindern.

Markenschutz

Ein Markenschutz ist aufgrund der rechtlichen Rahmenbedingungen ähnlich umsetzbar wie in Deutschland. Allerdings ist das Vorgehen gegenüber Schutzrechtsverletzungen schwieriger, sodass ausländische Markenhersteller permanent mit diesem Problem zu kämpfen haben. Eine Gegenwehr ist nur durch permanente Kontrolle und Einleitung von juristischen Gegenmaßnahmen machbar.

Voraussetzung für die Durchsetzung dieser Maßnahmen ist allerdings die Anmeldung der Marke und des Warenzeichens in den chinesischen Registern. Eine Anmeldung des Markennamens in Englisch oder Deutsch reicht nicht aus. Es ist dringend erforderlich die Marke in Chinesisch zu übersetzen und anzumelden.

Übersetzung von Marken

Trotz Widerstände vieler Marketingexperten ist in China die Anpassung und Übersetzung der Marke unumgänglich, wenn man damit die chinesische Zielgruppe erreichen möchte. Würden ausländische Markenhersteller in China keine einheitliche Übersetzung vorgeben, würde jeder chinesische Einwohner wohl andere Schriftzeichen für die Aussprache und Umschreibung einer Marke finden. Angesichts des erwarteten hohen Marktpotentials in China passen sich die Unternehmen entsprechend an und setzen das Markenkonzept in China mit der Vorgabe einer **einheitlichen** Übersetzung in Chinesisch durch. Das international bekannte Erscheinungsbild bleibt aber trotzdem erhalten, sodass die meisten Marken mit dem international bekannten Logo (visuelle Erkennung) und der chinesischen Übersetzung beworben werden. So wurde aus Siemens – XI-MEN-SI aus Mercedes-Benz – BEN-CHI und aus Aspirin – A-SI-PI-LIN.

Die beste Form der Übersetzung ist die Kombination aus phonetischer und sinngemäßer Übersetzung. Einerseits wird durch die ähnliche Aussprache (phonetische Übersetzung) eine Verbindung zu der bereits bekannten internationalen Marke geschaffen und die Wiedererkennung erleichtert und andererseits wird durch die Auswahl der Schriftzeichen eine leicht einprägsame Bedeutung (sinngemäße Übersetzung) verwendet. Die Bedeutung der ausgewählten Schriftzeichen schafft meist eine Verbindung zu dem Unternehmen, zu dem Produkt oder zu der Dienstleistung und enthält somit schon eine Werbebotschaft oder einen Slogan. Gelungenes Beispiel hierfür ist die Firma Coca Cola, die in Chinesisch „Ke-Kou-Ke-Le" genannt wird. Die vier verwendeten Schriftzeichen bedeuten „schmeckt gut und erfreut" und schaffen somit eine optimale Verbindung zu dem internationalen Konzern. Oder BMW – BAO-MA bedeutet „wertvolles Pferd". An BMW ist auch zu erkennen, dass Übersetzungen von Buchstabenfolgen in einprägsame Schriftzeichen möglich sind.

Trotz aller Besonderheiten des chinesischen Absatzmarktes ist klar zu erkennen, dass dieser Markt durch seine enorme Entwicklung für deutsche Nahrungsmittelhersteller interessant ist und ein Engagement in diesem Markt dringend geraten wird. Heute bestehen bereits eine Vielzahl von Informationsmöglichkeiten und Erfahrungen über den chinesischen Lebensmittelmarkt, die bei den ersten Überlegungen und beim Vertriebsaufbau leicht genutzt werden können. Viel Erfolg!

Kühlläger für die Zukunftsmärkte Russland und China
Ingolf Meyer

Vorbemerkung

Die Firma Plattenhardt + Wirth wurde 1965 gegründet. Wir begannen in Meckenbeuren am Bodensee mit anfänglich einem Mitarbeiter Kühlräume und Langzeitläger für Obst und Gemüse zu bauen. Im Laufe der Jahre wuchs das Aufgabenprofil und die Produktpalette erweiterte sich auf den Industrie- und schlüsselfertigen Komplettbau. Die Nachfrage nach unseren Systemen stieg stetig und so wurden in ganz Deutschland Niederlassungen gegründet. Auch der Export in die Länder Europas und Asien entwickelte sich zu einem Schwerpunkt, in dessen Verlauf Repräsentanzen in Ungarn, Polen, Russland, Kroatien, China und Südkorea eingerichtet wurden. Unsere Kunden stammen aus den Bereichen Produktion, Im- und Export sowie Groß- und Einzelhandel. Die Projekte werden von uns unter wirtschaftlichen und ökologischen Aspekten optimal geplant und gebaut. Stark am Markt orientiert werden moderne Trends und Gestaltung, Logistik und Technologie berücksichtigt. Unsere modernen CAD-Arbeitsplätze tragen dazu bei, dass innovative Lösungen individuell auf den Kunden abgestimmt werden können. Um die Realisierung der Bauvorhaben zu optimieren und zu beschleunigen, treten wir im Bereich des Komplettbaus überwiegend als Generalplaner und Generalunternehmer in enger Zusammenarbeit mit örtlichen Firmen auf.

Unsere schlüsselfertigen Leistungen sind

- Langzeit-CA- und ULO-Läger für die Einlagerung von Obst und Gemüse (CA = Controlled Atmosphere, ULO = Ultra Low Oxigene).
  - Großmärkte
  - Sortier- und Verpackungszentren
  - Normalkühlräume, klimatisierte Lagerräume für alle Lebensmittel-, Obst- und Gemüseprodukte in allen Temperaturbereichen
  - Lager- und Umschlaghallen für Obst und Gemüse
  - ein- und doppelstöckige Bananenreifekammern im Normal- und Druckreifungssystem und Lagerräume für tropische und exotische Früchte
  - Tiefkühlhäuser für die Lagerung von Lebensmitteln, wie z.B. Geflügel, Fleisch, Fisch, Molkereiprodukte usw.
  - Autohäuser, Werkstätten und Verkaufseinrichtungen
  - Industriehallen.

Da der Markt in Deutschland immer enger wird und der Bedarf an unserer Technik in Osteuropa und Asien immens ist, haben wir uns entschlossen, sowohl Russland als auch China intensiver zu bearbeiten und unsere Positionen dort auszubauen.

Russland

Ausgangssituation

Russland verfügt über riesige, ausgezeichnete landwirtschaftliche Flächen. Die Apfelproduktion in Russland betrug 1998 1,6 Mio. t, ging danach, 1999, auf 900.000 t zurück und erreichte im Jahr 2001 1,8 Mio. t. Diese statistischen Angaben aus russischen Quellen schließen zum großen Teil die Produktion aus Haus- und Hofwirtschaften mit ein. Schätzungsweise 40 Prozent dieser Mengen werden in derartigen Haus- und Hofwirtschaften, die zwischen 500 m² und 5.000 m² groß sein können, erwirtschaftet und dienen der Eigenversorgung der russischen Familien. Nur die Ketten kaufen aus anderen Quellen.

Die Produktion erfolgt – bedingt durch die Zeit der so genannten „Kollektivierung" der landwirtschaftlichen Produktion – in großen landwirtschaftlichen Betrieben. Die uns bekannten ehemaligen Sowchosen (staatseigene Großbetriebe) und Kolchosen (genossenschaftliche Großbetriebe) sind mehr oder weniger in Aktiengesellschaften nach russischem Recht umgewandelt worden. Diese Entwicklung erfolgte seit dem Zusammenbruch der Sowjetunion in den 90er-Jahren und ist nahezu abgeschlossen. Die fachlich gut ausgebildete alte Führungsschicht stellt auch die neuen Geschäftsführer und Hauptgesellschafter der Firmen. Unsere Kunden kommen dabei hauptsächlich aus der Obst- und Gemüseproduktion. Die Situation in der Getreideproduktion etc. stellt sich jedoch analog dar. Die Privatisierung im Handel und in den Großhandelsunternehmen nahm eine gleiche Entwicklung, wobei zusätzlich viele neue, völlig private, oft auch von Seiteneinsteigern gegründete Firmen im Handel und Großhandel entstanden.

Die Obstbaubetriebe bewirtschaften häufig ca. 700-1.500 Hektar Obstplantagen pro Betrieb. Bei der Apfelproduktion heißt das bei ca. 15-30 t pro Hektar durchschnittlichem Ertrag (klimazonenabhängig) ein Erntevolumen von 10.000 bis 45.000 t. Die Qualitäten entsprechen dabei nicht unseren westeuropäischen Normen. Oft werden auch noch die russischen, uns nur teilweise bekannten, aber hier in Westeuropa nicht gebräuchlichen Sorten angebaut. Die Produktion ist auf den russischen Binnenmarkt und die GUS-Staaten ausgerichtet. Die Vermarktung erfolgt durch die Betriebe meist selbst, die ihre Produkte über die russischen Großhändler und Vermittlungsagenturen an den Kunden bringen. Durch das steigende Qualitätsbewusstsein der Großstädter und die Exportbemühungen chinesischer und europäischer, meist holländischer Händler – viele russische Großhändler haben eigene Niederlassungen in Holland – kommen die russischen Betriebe unter starken Preis- und Qualitätsdruck. So drücken die roten Fuji aus China z.Z. in Sibirien sehr stark auf den Markt, während in Moskau und St. Petersburg hauptsächlich von Holland kommende Ware nach Russland strömt. Der Großhandel orientiert sich nur an Preis, Sorte und Qualität, sodass die russischen Betriebe in den letzten Jahren sowohl Sorten wie auch Qualitäten durch Neupflanzungen kontinuierlich verbessert haben.

Die wichtigsten Gebiete der Apfelproduktion in Russland sind der Nordkaukasus um die Region Krasnodar, das Gebiet Rostov am Don und die Region Lipezk und Mitchurinsk.

Wie in den meisten anderen osteuropäischen Ländern, erfordert der Aufbau von funktionierenden Vertriebsstrukturen einige Mühe. Entscheidend ist es, die richtige Person mit den richtigen Beziehungen und dem Fachwissen des Marktes zu finden. Unsere Erfahrungen reichen in die Jahre 1995-1997 zurück, als es einen Boom in Russland gab bei der Sanierung von Etagenkühlhäusern für Großhändler, zur Errichtung von Bananenreiferäumen und der Installation für Kälteanlagen für Obst und Gemüse. In dieser Zeit haben wir Erfahrungen im Projektmanagement mit russischen Projekten gesammelt. Nach der Wirtschaftskrise, die 1998 begann, ging unsere Geschäftstätigkeit zurück. In solchen Zeiten ist es notwendig, präsent zu bleiben mit russischen Prospekten, russischer Internetseite und aktiven Vertretern. Auch Messeteilnahmen sind sinnvoll und notwendig, um Kontinuität zu zeigen sowie Kontakte zu pflegen. Unsere russischen Partner machen ihre geschäftliche Entscheidung in hohem Maß von dem persönlichen Verhältnis zum Anbieter abhängig. Ende 2001/Anfang 2002 gelang es uns dann, den Auftrag für die Generalplanung und den Neubau eines 2.000 t ULO-Obstkühllagers im Lipezker Gebiet zu bekommen. In kürzester Zeit erstellten wir für unsere russischen Partner die komplette Planung und die Projektierung für die Beton- und Stahlbauarbeiten mit Ausschreibungsunterlagen in russisch. Beton- und Stahlbauarbeiten ließen unsere Partner von örtlichen Firmen nach unserer Planung ausführen. Das komplette technische Equipment wurde von uns im Sommer 2002 geliefert und montiert, sodass im Oktober 2002 das ULO-Obstkühllager in Betrieb genommen werden konnte. Die Medien und der Gouverneur der Provinz Lipezk würdigten dieses Projekt als das modernste seiner Art in Russland. Wir rechnen damit, dass – von den ca. 20-30 Betrieben, die sowohl willens wie auch finanziell in der Lage sind, eine derartige Investition zu tätigen – wir durch unsere Erfahrung einen Großteil für unsere russischen Kunden ausführen dürfen. Dazu haben wir eine Repräsentanz in Krasnodar errichtet, die unsere Aktivitäten in Russland koordinieren wird sowie verschiedene Agenturen in den Regionen installiert.

China

Ausgangssituation

Bei einer Bevölkerungszahl von ca. 1,3 Mrd. (davon ca. 800 Mio. in der Landwirtschaft tätig) ist in China die Sicherstellung der täglichen Versorgung mit Nahrungsmitteln von größter Bedeutung. Die ganzjährige Versorgung der Bevölkerung in den Ballungsgebieten Chinas mit frischem und qualitativ einwandfreiem Obst und Gemüse stellt dabei ein großes Problem dar. Die Versorgung aus einheimischer Produktion – vor allem bei Äpfeln und Birnen – ist trotz ausreichend vorhandenen Mengen und Qualitäten nicht ganzjährig aus eigener Produktion gewährleistet, weil die entsprechenden Langzeitkühlläger fehlen. Effiziente Organisationsformen im Anbau und Vertriebsstrukturen, die an die Marktentwicklung angepasst sind, fehlen ebenfalls. Die Verluste bei Lagerung und Vertrieb der Ware (zum Teil noch Erdmietenlagerung bei Äpfeln) betragen durchschnittlich 50 Prozent der geernteten Ware (in Deutschland betragen diese Verluste 5-10 Prozent).

Die ländliche Bevölkerung in der Provinz Shandong und im Großraum Peking generiert den Großteil ihrer Einnahmen aus der Erzeugung und dem Verkauf von selbstproduziertem Obst und Gemüse auf von den Kommunen gepachteten Kleinflächen. Die Produktionsflächen pro Familie betragen zwischen 0,3 Mu (1 ha entspricht 1 t Mu) und 10 bis 15 Mu (je nach Produkt und Lage). Die Verpachtung der Flächen der Volkskommunen an eigenverantwortliche Familienbetriebe wird von staatlicher Seite forciert betrieben. Die Familienbetriebe sind i.d.R. jedoch nicht in Genossenschaften (nach europäischen Modellen) organisiert und müssen deshalb ihre Produktion und Vermarktung selbst organisieren. Gegenwärtig erfolgt die Vermarktung über mehrere Stufen über Klein- und Zwischenhändler (Verkauf an die fahrenden Landhändler, Wochenmärkte [nicht überdacht], Erfassungshandel, Belieferung der Großstädte, lokale Großmärkte mit etwas Kühlraumangebot, Endverbraucher). Die Folge dieser atomistischen Produktions- und Vermarktungsstrukturen sind relativ hohe Produktionskosten und für die Endverbraucher hohe Einkaufspreise. Das Frischobst für den Endverbraucher ist z.T. teurer als in Deutschland. Ein Großteil des Bedarfs an Obst wird jedoch mit Importware abgedeckt (Devisenbedarf!). Aus volkswirtschaftlichen Überlegungen heraus hat die chinesische Regierung (auch auf Gemeindeebene!) großes Interesse daran, die lokalen Produktions-, Lagerungs- und Vermarktungsstrukturen zu verbessern (Einsparung von Devisen, Nutzung der heimischen Ressourcen, Verhinderung der Landflucht, soziale und wirtschaftliche Entwicklung in den ländlichen Gebieten).

Einige Zahlen sollen die Bedeutung des Obstsektors in China verdeutlichen:

In den letzten zwei Jahrzehnten ist das chinesische Produktionsvolumen bei Obst und Gemüse von 215 Mio. t (1980) auf über 460 Mio. t (1999) gestiegen, davon ist ein

Großteil selbst verkonsumiert worden, bedingt durch die sich ständig verbessernden Einkommensverhältnisse. China verfügt über ein durchschnittlich 7%iges jährliches Wachstum. Dabei exportiert China momentan nicht einmal 1 Prozent seiner Obst- und Gemüseproduktion (auf rund 22 Mio. Hektar wird Obst und Gemüse angebaut). Die Anbaufläche wurde in den 90er-Jahren ständig erweitert. Dazu gibt es in China noch ein großes Arbeitskräftepotential, um arbeitsintensive Produkte wie Obst und Gemüse zu erzeugen und weiterzuverarbeiten. Die Betriebe haben nach unseren Erfahrungen nie Schwierigkeiten, ihren Bedarf an Arbeitskräften zur Saison zu decken und das bei einem durchschnittlichen Tageslohn von ca. 15-16 Yuan (ca. € 2,-). Zusätzlich zu den verfügbaren Arbeitskräften wird ein ständiges Kultivierungsprogramm in China vollzogen. Für die möglichen Anbauflächen, z.B. in der Shandonger Provinz, auf denen keine Getreide- oder andere Agrarprodukte wirtschaftlich angebaut werden können, wird der arbeitsintensive Obstanbau betrieben. Damit kontrolliert man außerdem die Bodenerosion besser und kann den Wasservorrat effizienter einsetzen. Die Obstproduktion belief sich 1999 auf insgesamt 62 Mio. t. Die wichtigsten Obstsorten sind Äpfel (ca. 21 Mio. t), Zitrusfrüchte (ca. 11 Mio. t), Birnen (ca. 8 Mio. t), Bananen (ca. 4 Mio. t), Weintrauben (ca. 3 Mio. t). Die wichtigsten Provinzen sind Shandong für Äpfel, Birnen und Weintrauben und Shanxi-Provinz für Äpfel und Birnen sowie Kanton im Süden für Zitrusfrüchte und tropische Früchte.

China hat seine Apfelproduktion in den letzen 10 Jahren um rund 4,4 Mio. Tonnen auf ca. 22 Mio. Tonnen gesteigert. Allein die Provinz Shandong produziert jährlich ca. 7 Mio. Tonnen Äpfel. Eine weitere Steigerung der Erntemengen in China auf ca. 24 Mio. Tonnen bis zum Jahre 2005 ist geplant. (Zum Vergleich: Die Apfelproduktion der EU beträgt insgesamt ca. 7,5 Mio. Tonnen).

1999 wurde die Apfelernte offiziell auf 21 Mio. t geschätzt. Ca. 1,7 Mio. t sind der Verarbeitung zugeführt worden, d.h. es wurde daraus überwiegend Konzentrat hergestellt, ca. 200.000 t. Exportiert wurden im Jahre 2000 153.000 t, davon ca. 67.000 t in die EU sowie 29.000 t in die USA, 19.000 t nach Japan und 11.000 t nach Australien. Bei den in China angebauten Apfelsorten handelt es sich vorwiegend um die Sorten Golden Delicious, Fuji, Gala und Jona Gold. Bei Lagerung in einem normalen Kühllager beginnt die Überlagerung bereits im Januar (4 Monate nach der Ernte).

Neben der Organisation von Produktion, Ernte und Transport qualitativ hochwertiger Ware spielen die Lagerung (Minimierung der Lagerungsverluste und Qualitätssicherung), Verpackung und Vermarktung (Absatz in Off-season, bei Äpfeln März bis Juli!) eine ausschlaggebende Rolle.

In China hat der Ausbau der Lagerkapazität nicht mit der Erntemengensteigerung Schritt gehalten. Ein großes Problem stellt die begrenzte Haltbarkeitsdauer und die hohe Verderblichkeit der Frischware dar. Deshalb ist es besonders wichtig, neben der Produktion auch eine entsprechende Infrastruktur von modernen CA- und ULO-Lägern sowie Sortierungs- und Verpackungszentren in den Produktionsgebieten bzw. im Einzugsgebiet der Ballungszentren aufzubauen und somit die Nachhaltigkeit der Produktionsausdehnung zu gewährleisten.

Zudem ist der Zeitraum zwischen Ernte und Vermarktung stark begrenzt. Dies führt durch den hohen Angebotsdruck – große Mengen müssen in kurzer Zeit vermarktet werden – zu niedrigen Marktpreisen. Für die Bauern bedeutet dies ein deutlich geringeres Einkommen.

Die jährliche Niederschlagsmenge in China ist abhängig vom Monsun, der im Frühjahr und Sommer Richtung Norden zieht. Sie beträgt in der südlichen Hälfte ca. 600 mm, im Norden ist der Niederschlag geringer. Wo Bewässerung fehlt, wird von den Obst- und Gemüsebauern mit Pumpen oder auch Kanälen und Dämmen bewässert, dabei wird häufig das Land zu sehr überschwemmt, da eine Dosierung fehlt.

Seit 1978 entfernt sich China mehr und mehr von der zentralistischen Planwirtschaft und entwickelt die so genannte sozialistische Marktwirtschaft unter staatlicher Kontrolle. Seitdem ist es den Bauern möglich, ihre Produkte für den freien Markt anzubauen und auf dem freien Markt auch selbst zu verkaufen und die Produktivität in der Landwirtschaft steigt ständig. Seit 1984 werden die Kommunen aufgelöst. Kleine Familienbetriebe und ländliche Kooperativen produzieren Obst und Gemüse für den Eigenverbrauch wie auch für die Direktvermarktung an die städtischen Verbraucher. Es gibt mehr und mehr freie Märkte für die städtischen Verbraucher. Auch die Treibhausfläche ist immens gestiegen. Man schätzt sie auf ca. 350.000 Hektar. Dabei dominieren sehr einfache Konstruktionen – überwiegend drei gemauerte Wände, mit einer Plastikfolie abgedeckt. Mittlerweile entwickelt sich ein Netz von über 4.000 Großmärkten in China. Dies ermutigt die Erzeuger zum Obst- und Gemüseanbau. Dadurch kann sich das Einkommen in ländlichen Gebieten erhöhen, das ist insofern auch wichtig, da ca. 900 Mio. Menschen in China in den ländlichen Gebieten wohnen und die meisten von Ihnen weder eine Kranken- noch eine Rentenversicherung besitzen. Die Regierung unterstützt die Entwicklung durch den Ausbau der Infrastruktur, vor allem des Straßen- und Schienennetzes. Es ist beeindruckend, wie schnell derartige neue Infrastrukturen entstehen. Dadurch ist es immer besser möglich, Obst und Gemüse von den Produktionszentren zum Verbraucher schneller zu befördern, sodass der nationale Obst- und Gemüsemarkt derzeit zunehmend an Bedeutung gewinnt. Auch die Nachfrage nach hochwertigen Agrarerzeugnissen wächst, sodass auch mehr Obst und Gemüse eingeführt wird. China ist ein starker Wettbewerbsmarkt. Auch in den nächsten 5 Jahren werden nach dem nunmehr erfolgten Beitritt Chinas in die WTO die Preise der chinesischen Erzeuger durch Importe weiter unter Druck geraten. Trotzdem ist Chinas Zukunft im Bereich der Obst- und Gemüseproduktion mit einem riesigen Plus versehen: den niedrigen Arbeitskosten. Der Export wird weiter steigen. 1999 belief sich das Gesamtexportvolumen an frischem Gemüse auf ca. 1,1 Mio. t und bei Frisch- und Trockenobst auf ca. 0,7 Mio. t. Dabei sind die wichtigsten Zielgebiete Russland (sibirischer Teil), Hongkong, Japan, Singapur und Südkorea. Allerdings gibt es in China noch kein einheitliches Qualitätsmanagementsystem. Es wird nicht nach Handels- oder Güteklassen sortiert, die Verpackung entspricht nicht den Erfordernissen und somit entspricht die Qualität der meisten landwirtschaftlichen Erzeugnisse nicht den Anforderungen, die an den Export gestellt werden. Die Weiterentwicklung im Bereich des Nacherntehandlings, d.h. Sortierung, Verpackung, Lagerung werden von entscheidender Bedeutung für die künftige Wettbewerbsfähigkeit Chinas am weltweiten Obst- und Gemüsemarkt sein.

Zusammenarbeit mit der Entwicklungshilfe

Aufgrund der schnellwachsenden Produktionsmenge von Obst und Gemüse und den fehlenden Kühl- und CA-Lägern sowie vieler konkreter Anfragen hat sich Plattenhardt + Wirth entschieden, über seine Beteiligungsgesellschaft Henzler & Co. speziell im chinesischen Markt tätig zu werden, um eine umfassende, fundierte fachliche Bearbeitung der Anfragen zu gewährleisten. Dabei gibt es konkrete Pläne für ein wirtschaftliches Engagement. Diese beziehen sich auf die Einführung moderner Lagerungstechnologie für Obst, qualitätssichernde Obstproduktion und effiziente Vermarktungsformen. Da die Errichtung moderner Lagerungs- und Vermarktungseinrichtungen für Obst und Gemüse in China gut in das von der Gesellschaft für technische Zusammenarbeit in Eschborn betriebene PPP-(Public Private Partnership)-Programm passte, gelang es uns, im Jahr 2000 einen Vertrag mit der GTZ abzuschließen. Das Projekt Aufbau moderner Lagerungs- und Vermarktungseinrichtungen für Obst und Gemüse in der Provinz Shandong hat als Zielgruppe die Kleinbauern und Fachorganisationen. Es soll als Pilotanlage ein CA-/ULO-Lager für Äpfel aufgebaut werden und es soll die Entstehung von Erzeugergemeinschaften gefördert werden. Dabei werden die entwicklungspolitisch sinnvollen Ausbildungsmaßnahmen von der GTZ getragen und das wirtschaftliche Engagement von Henzler & Co.

Im Rahmen dieses Projekts sollten folgende Ergebnisse erreicht werden:

1. Das Know-how zur umfassenden Qualitätssicherung von Obst auf dem Weg vom Anbau bis zur Vermarktung soll über chinesische Multiplikatoren den Produzenten

vermittelt werden, sodass eine Vielzahl chinesischer Familienbetriebe künftig über verbesserte Produktions- und Absatzbedingungen verfügen und damit höhere Einkommen erzielen können. Als Multiplikatoren wurden ausgebildete Agraringenieure aus den Partnerbetrieben, aus den beteiligten Fachorganisationen und Vertreter des Landwirtschaftssektors der Regierung identifiziert.

2. Fachspezifische Schulungen: Es wurden zwei Demonstrationsgärten mit je einem halben Hektar europäischer Obstsorten an zwei Standorten angelegt und beispielhaft die moderne Obstproduktion nach internationalem Stand der Technik (integrierte Produktion) aufgezeigt.

3. In Zusammenarbeit mit dem chinesischen Partner wollen ca. 200 Familienbetriebe Neuanpflanzungen mit Äpfeln nach europäischem Standard vornehmen. Die Betriebe sollten danach in die Lage versetzt werden, Qualitätsware zu liefern, die insbesondere nach der Lagerung im Kühl- oder CA-Lager in der Nebensaison höhere Einnahmen bringt.

Die gesamten Beratungs- und Schulungsleistungen können unter dem Begriff „integrierte Qualitätssicherung" zusammengefasst werden.

Folgende Themen wurden bearbeitet:

- Sortenverbesserung und Sortenauslese
  (dabei werden die Demonstrationsgärten als Versuchsfelder genutzt),
- umweltschonende Anbaumethoden,
- umweltschonende Schädlingsbekämpfung/integrierter Pflanzenschutz,
- sparsame Bewässerungsmethoden,
- Produktions- und Vermarktungsplanung,
- Logistik,
- Frischhaltung, Schnellabkühlung, Lagerhaltung im Kühl- und CA-Lager,
- Sortierung und Verpackung,
- Vermarktung,
- Diversifikation (Marmelade, Schnaps, etc.).

Die Sicherung der Qualität bezieht sich auf die Aufrechterhaltung der Qualität über die gesamte logistische Kette von der Produktion bis zum Markt.

Dieses Projekt hat eine große entwicklungspolitische Wirkung:

Die chinesischen Farmer können frisches Obst und Gemüse zu konkurrenzfähigen Marktpreisen anbieten und können diese durch die Schaffung der modernen Lagerungsmöglichkeiten über einen langen Zeitraum vermarkten

Durch den gelernten professionelleren Umgang mit dem Produkt Apfel wird gewährleistet, dass die Produktionsmengen pro Flächeneinheit erhöht und weniger Minderqualitäten produziert werden, was zur Sicherung der Einkommen der Familienbetriebe beiträgt.

Der Verbraucher kann mit qualitativ hochwertiger Ware zu erschwinglicheren Preisen versorgt werden.

Durch sparsame Bewässerungs- und integrierte Pflanzenschutzverfahren wird die Umwelt geschützt. Es kann insgesamt durch die Förderung dieser effizienten Produktions- und Vertriebsstrukturen ein Betrag zur wirtschaftlichen und zur sozialen Entwicklung des ländlichen Raumes geleistet werden. Das Projekt läuft erfolgreich. Sehr viel Wert und Zeit musste auf das interkulturelle Management gesetzt werden.

Vertrieb in China

Als mittelständisches Wirtschaftsunternehmen haben wir neben unserem Interesse, uns in derartigen Entwicklungsprojekten einzubringen, ein klares ergebnisorientiertes Ziel in China. Wir wollen unsere hochwertige Technik vertreiben. Das begann mit verschiedenen Agenten und gipfelte in der Gründung einer Repräsentanz in Jinan, der Hauptstadt der Provinz Shandong, dem Haupterzeugungsgebiet für Obst und Gemüse in China. Dann war es nötig, die richtige Person, englischsprachig, mit Fachwissen und Kontakt im Markt zu finden. Und sie musste aus der Regien sein – sonst fehlt die Akzeptanz beim Kunden. Außerdem mussten chinesische Prospekte gedruckt und eine chinesische Web-Seite erstellt werden. Aber auch Messeteilnahmen sind sinnvoll und notwendig. Unsere Repräsentanz haben wir im China Research and Technology Centre for Storage and Processing of Fruits and Vegetables installiert, einem zentralchinesischen Institut, weil wir uns von der Partnerschaft dort Synergieeffekte erwartet haben. Unser Konzept ist es, den Einstieg in den chinesischen Markt mit so geringen Investitionen wie möglich zu starten. Deshalb vertreten wir auch die Absicht, andere Unternehmen mitzuvertreten, die in die Branche passen und sich gegenseitig ergänzen. Wir Mittlerständler können uns aufwendige chinesische Akquisitionen auf Dauer allein nicht leisten. Hilfe gibt es in Bayern, z.B. durch ein mittelständisches Kooperationsförderungsprogramm, wo Studien etc. zur Absatzsituation teilweise gefördert werden können.

Der chinesische Markt ist schwierig. Man muss sehr viel Geduld haben. Die chinesische Mentalität ist nicht mit unserer zu vergleichen. China ist bürokratisch, alle Entscheidungen dauern länger, es wird sehr viel Wert auf Beziehungen und das Beziehungsgeflecht gelegt und ein zufriedenstellender wirtschaftlicher Erfolg stellt sich zuweilen erst nach ca. 4 Jahren ein. Wir sind optimistisch, dass dieser Markt für Plattenhardt + Wirth ein Erfolg werden wird.

4 E-Business: Voll im Trend trotz leerer Versprechungen?

Das Handy als Barcodescanner

Fritz Milosevic

Konvergierende Mobilfunk- und Strichcodetechnologie

Wie Mobiltelefone als mobile Barcodescanner funktionieren und so der Endkunde in Echtzeit direkt in Unternehmensprozesse von Lebensmittel- und Konsumgüterherstellern und des Handels integriert werden kann.

Metro hat kürzlich den „modernsten Supermarkt des Planeten" eröffnet. „Es fehlt an keiner technischen Innovation – inzwischen kann sogar die Gemüsewaage zwischen Äpfeln und Birnen unterscheiden". Ab 2004 sollen auch Prototypen der Selbstbedienungskasse „Beetle/iScan" vermarktet werden. Shopper müssen die Ware mit einem Barcode-Lesegerät selbst erfassen. Der Computer überprüft das Gewicht, um Betrug vorzubeugen[2].

In den vergangenen Jahren haben bereits einige Handelsketten Lösungen getestet, um Kunden zum Selbsteinscannen der Ware zu bewegen. Die eingesetzten Systeme sind meist proprietär, nicht kundenbezogen und erfordern hohe Investitionen, wenn der unternehmensweite Roll Out ansteht. Darüber hinaus bieten sie dem Kunden kaum Mehrwert, sondern vor allem Aufwand (durch das selbsteinscannen). Nach Aussage von Handelsexperten lohnt es sich erst dann in ein solches System zu investieren, wenn mehr als die Hälfte des Umsatzes über selbst scannende Kunden abgewickelt wird.

Eine Lösung könnte das Konzept der *„Mobile Scan Applications"* sein, das von der Managementberatung Detecon International entwickelt wurde.

Abbildung 46: Mobile Scan Applications

---

[2] Financial Times Deutschland vom 26.4.2003, „Metro macht seine Kunden zu Kassierern"

Mobile Scan Applications bedeuten, das Barcodes mit einem Mobiltelefon mit integrierter Digitalkamera (z.B. das Nokia 7650) und einem Symbian oder Microsoft Betriebssystem eingescannt werden können. Der eingescannte Barcode kann gespeichert oder von einem zentralen Computersystem direkt weiterverarbeitet werden. Nach dem Einscannen des Barcodes erscheint auf dem Display des Mobiltelefons ein benutzerfreundliches und kontextrelevantes Menü.

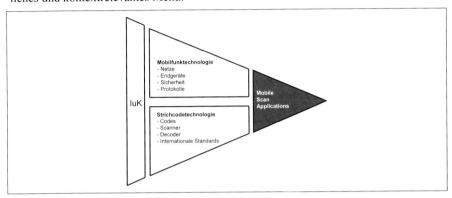

Abbildung 47: Konvergenzmodell

Mobile Scan Applications schaffen so eine Verbindung zwischen der realen, insbesondere der Warenwelt, und der virtuellen Welt. Als Konvergenztechnologie sind Mobile Scan Applications ein *„Consumer Enabler"* der insbesondere für die Entwicklung und das Wachstum von Mobile Commerce eine große Bedeutung haben kann.

Kunden, die sich in der Welt der realen, physisch existierenden Produkte bewegen, können in Echtzeit in digitale Geschäftsprozesse integriert werden und es besteht die Möglichkeit, ihnen neue, vorher nicht realisierbare Leistungsbündel anzubieten.

Die Attraktivität von Mobile Scan Applications für Kunden und Unternehmen kann u.a. darin begründet werden, dass vorhandene Technologien eingesetzt werden und daher keine vergleichbar hohen Investitionen zu tätigen sind (Mobiltelefone werden im Rahmen des normalen Replacement Lifecycles automatisch angeschafft, es ist z.B. für den Handel nicht notwendig, zusätzliche Anlagen aufzustellen). Konkrete Szenarien beschreiben den Kundennutzen:

Szenario „Beef Purchase"

Der Kunde scannt am PoS (Point of Sale) ein der Kühltheke entnommenes, eingeschweißtes Rinderfilet ein. Ein Auswahlmenü im Display ermöglicht ihm nun den Zugriff auf weitergehende, unter Verbraucherschutzgesichtspunkten interessante Informationen. Basisinformationen in diesem Zusammenhang können aus der Supply Chain stammen, z.B. woher das Rind stammt, wann es wo geschlachtet wurde und über welche Stationen das Fleisch bis in das Kühlregal gekommen ist. Diese Informationen liegen i.d.R. vor, da EAN International extra für diese Branche Verfahren definiert hat, wie und über welche Schnittstellen unter Verwendung welcher Codes die Partner dieser speziellen Value Chain kommunizieren, um das Fleisch von der Produktion über die Schlachtung bis an den PoS nachverfolgen zu können[3].

Weitergehende Möglichkeiten wären, dass sich der Kunde Informationen über den Erzeuger (Agrarbetrieb) einholen kann oder die Region, in der das Rind auf der Wiese gestanden hat. Unter Verwendung von Image- oder Videophones ist sogar denkbar, dass sich der Kunde selbst ein Bild vom Hof des Erzeugers macht. Der Erzeuger könnte z.B. kurze Trailer anbieten, um den Kunden davon zu überzeugen, dass er streng nach den Richtlinien der biologisch-ökologischen Landwirtschaft arbeitet und seine Produktion danach ausgerichtet hat. Erzeuger müssten möglicherweise, wenn solche Anwendungen von einer kritischen Masse Kunden genutzt werden und parallel Wettbewerbsdruck entsteht, nicht nur auf der Packung die Herkunft des Rindes vermerken, sondern auch den Beweis dazu antreten und ein paar Bilder ihres Gehöftes zeigen. Eine solche Entwicklung könnte zu intensiverem Wettbewerb unter kleineren Höfen führen. Anderseits hätten kleine Erzeuger, die nicht auf Masse und Mästung sondern Bio und Qualität setzen, die Chance sich dem Verbraucher gegenüber am PoS bestmöglich zu präsentieren und einen Wettbewerbsvorteil durch nachweisbar ökologischere und verbraucherfreundlichere (qualitativ hochwertigere) Produktion gegenüber dem Großerzeuger zu erzielen.

Vorteile für den Kunden/Nutzer:

- Höherer Informationsgrad des Kunden
- Mehr Transparenz
- Qualitätsvergleich auf der Basis bisher nicht verfügbarer Informationen möglich (Erzeuger-Betrieb, Region, Verfahren, multimedial aufbereitete Informationen…)
- Steigende Validität der Entscheidungsbasis
- Mehr Vertrauen in das Produkt und den Erzeuger
- Weniger Aufwand in der Phase der Produktanalyse und dem Vergleich.

---

[3] Vgl. EAN International, Traceability of Beef, Brüssel 2000: 4.

Szenario „Self Scanning and Billing at PoS"

1. Der Kunde betritt das Warenhaus. Er scannt am Eingang einen "Start-Einkauf-Barcode" ein und gibt so mit seinem Mobile Device den beginnenden Einkauf bekannt, sozusagen der „Log in" in das System des Marktes. „Start Einkauf" Barcodes sind optimal über den Markt verteilt und für Kunden immer im Umkreis von wenigen Metern zu finden.

Erläuterung

In Verbindung mit Location Based Services (LBS = automatische Standortbestimmung des Handybenutzers) oder voreingestellten Locations (als Favoriten) im Browser des Mobiltelefons könnte dieser Schritt der Anmeldung auch entfallen. Aus psychologischer Sicht ist jedoch eine manuelle Bestätigung zu empfehlen, um den Kauf auch physisch am PoS durch eine für den Kunden wahrnehmbare, selbstbestimmte manuelle Handlung beginnen zu lassen und dadurch mögliche Ängste vor vom System selbst ausgelösten Käufen im Vorfeld auszuschließen und damit die Akzeptanz zu erhöhen.

2. Der Kunde erhält eine persönliche Begrüßung des Warenhauses auf seinem Display.

3. Der Kunde schiebt wie gewohnt seinen Einkaufswagen durch das Warenhaus und entnimmt den Regalen die gewünschten Produkte. Er scannt die Produkte, die er kaufen möchte oder zu denen er weitere Informationen wünscht, mit seinem Mobiltelefon ein.

4. Folgende Menüabfrage erscheint bei jedem Scan im Display (Beispiel Nudeln):

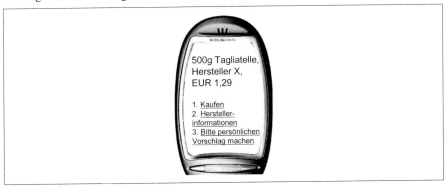

Abbildung 48: Menüauswahl und Benutzeroberfläche im Szenario „Shopping"

Erläuterung

Zu „1. Kaufen": Die wahrscheinlich am häufigsten genutzte Menüauswahl, da der Kunde primär zum Einkaufen nicht erklärungsbedürftiger Produkte des täglichen Bedarfs den Markt aufsucht. Daher sollte „1. Kaufen" auch priorisiert werden und immer als erster Auswahlpunkt erscheinen. Wenn der Kunde den Menüpunkt „1. Kaufen" wählt, erscheint eine Abfrage nach der Anzahl. Voreingestellt ist „1".

Zu „2. Herstellerinformationen": Der Kunde kann hier die direkte Verbindung zum Hersteller der Ware und seinem Informationsangebot aufnehmen.

Zu „3. Persönlichen Vorschlag machen": Kunde erhält einen „bundling" Vorschlag, basierend auf seinen Präferenzen und seinem bisherigen analysierten Konsumverhalten.

5. Wenn der Kunde seine Warenauswahl beendet hat, kann er über eine Menüauswahl den Bezahlvorgang auslösen. Dieser Vorgang ist auch zugleich der „Log out" aus dem System des Marktes.

6. Der Kunde verlässt den Markt ohne eine Kasse passiert zu haben.

Vorteile für den Kunden/Nutzer

- Zeitvorteil: Keine Wartezeiten an der Kasse.

- Weniger Aufwand, bequemer: Die Ware muss nicht doppelt ein- und ausgepackt werden (vom Einkaufswagen auf das Band und in die Tüte – Kunde kann direkt in die Einkaufstasche einpacken).

- Mehr Information: Die Option „Herstellerinformation" verbindet den Kunden am PoS direkt mit dem elektronischen Informationsangebot des Herstellers. Neben statischen Produktinformationen können auch individuelle Informationen in Abhängigkeit von Standort, Zeit und den persönlichen Daten des Kunden, sofern verfügbar, dynamisch generiert werden.

- Mehr Service: Über die Option „Herstellerinformation" (oder einen zusätzlichen Auswahlpunkt) kann sich der Kunde direkt mit dem Kundenservice des Herstellers verbinden lassen. Das kann in schriftlicher Form geschehen (Online Support – diskret) oder telefonisch. Vorteil dieser Variante: Der Kunde wird mit nur zwei Klicks mit dem Support verbunden, dem im Moment der Annahme alle relevanten Kunden- und Produktdaten vorliegen und somit direkt und zielgerichtet beraten kann.

- Mehrwertdienste: Kauft der Kunde Nudeln, kann er sich direkt passende Rezepte dazu anzeigen lassen. Wenn er eins davon auswählt, ergänzt die Anwendung automatisch seine Shopping List. Denkbar ist, dass an der Stelle eine Synchronisation mit der Shopping List und dem „Private Inventory Management" (home shopping) des Kunden stattfindet. Dann werden nur die Zutaten der Liste hinzugefügt, die sich zu Hause nicht im Kühlschrank befinden.

- Keine Produktsuche: Der Kunde kann, wenn er mit einer Shopping List in den Markt kommt (oder seine Spontankäufe durch Mehrwertdienste wie zuvor beschrieben vom System ergänzt werden) vom lokalen Navigationssystem des Marktes direkt zum Warenstandort (Regal, Auslage, Theke) geführt werden. Beispiel: Creme Fraiche, Hersteller XY, EUR xy, Gang 3, Kühltheke 1 links, Abschnitt 3, Fach 4). → Navigationsunterstütztes Einkaufen.

- Bundling-Angebote: Basierend auf den Präferenzen des Kunden kann der Hersteller oder Retailer dem Kunden zu einem gewählten Produkt ein besonderes Angebot machen (Kunde wählt Rasierschaum, ihm wird direkt ein Komplementärprodukt dazu angeboten, z.B. Rasierklingen der von ihm bevorzugten Marke).

- Mehr Transparenz: Angebote und Preise werden überprüfbar, der Kunde kann im Rahmen seiner Kosten-/Nutzenanalyse Preis und Leistung im Vergleich am PoS bewerten.

- Anbindung an Communities und Netzwerke: Kunde kann sich am PoS die Meinung von anderen Verbrauchern und Nutzern des gewählten Produktes einholen (Verbraucher-Communities wie z.B. DooYoo oder unabhängige Infotainment-Communities wie Kurzefrage.de).

Mit Mobile Scan Applications können kontinuierlich die Einkäufe privater Haushalte und Personen erfasst werden, und zwar auf der Basis individueller Einkäufe. Damit wären Hersteller und der Handel in der Lage, direkte Reaktionen auf unterschiedliche Stimuli (am POS, Launches, Relaunches) zu erkennen. Weitere Maßnahmen und Erkenntnisse können sein:

- Zielgruppenanalysen

- Käuferstrukturen

- Wanderungsanalysen

- Loyalitätsanalysen (Einkaufsstätten-/Marken-Treue)

- Einkaufsstätten-/Markenwechsel

- Einführungsanalyse neuer Produkte/Varianten.

Auf Unternehmensseite können Mobile Scan Applications entlang der gesamten Wertschöpfungskette zur Erreichung wirtschaftlicher Vorteile eingesetzt werden, von der Beschaffung über die Produktion bis zum Absatz. Die Strichcodetechnologie wird in Industrie und Handel schon seit langem zur Optimierung der Wertschöpfungskette, insbesondere der Supply Chain, eingesetzt.

Das Verständnis von Mobile Scan Applications als *„Consumer Enabling Service"* legt den Schwerpunkt auf das Absatzmanagement, wovon einige Aspekte im Folgenden grob skizziert werden. Der Fokus auf das Absatzmanagement soll jedoch nicht außer Acht lassen, dass der Einsatz von Mobile Scan Applications Implikationen für die gesamte Wertschöpfungskette haben kann, insbesondere durch die Aspekte:

- Prozessintegration von Kunden,
- Leistungsbündelung,
- neue B2C-Mehrwertdienste, die im Ergebnis zu einem steigenden Informationsgrad führen können (durch Auswertung aller im Kontext der Nutzung entstehenden Daten).

Mobile Scan Applications im Distributionsmanagement

Im Rahmen der Distributionsaufgaben eines Unternehmens – Wahl der Absatzwege, Festlegung der Absatzorganisation und der Absatzlogistik – lassen sich für Mobile Scan Applications ein Einsatzschwerpunkt in der Erfüllung der Verkaufsaufgabe, nämlich betriebliche Leistungen, möglichst effizient an Kunden heranzutragen und den Verkauf zu initiieren, erkennen. Unternehmen können Mobile Scan Applications in der Distribution einsetzen, um E-Business Prozesse zu optimieren und auszudehnen.

Die Bündelung von Leistungen und Services aus anderen Bereichen der Value Chain führt zur Generierung von Kundenmehrwert, woraus sich positive Auswirkungen für die Distribution ergeben können.

Die Auswirkungen von Mobile Scan Applications auf das Distributionsmanagement im Überblick:

- Wirkungsvolle Verbindung der Absatzkanäle „Online" und „traditioneller Offline Verkauf",
- Generierung von Kundenmehrwert,
- Unterstützung von Multi-Channel-Management, bessere Verzahnung der Absatzkanäle,
- Verminderung von Absatzkanalkonflikten,
- Stärkere Berücksichtigung der Spezifika einzelner Produkte im Rahmen der Distribution,
- Integration des Kunden in die Distribution Chain.

Das im allgemeinen Verkehr weitgehend vom konventionellen (stationären) Electronic Business-Begriff geprägte und beeinflusste E-Distributionsmanagement könnte sich mit Unterstützung von Mobile Scan Applications zu einer integrierten, friktions- und konfliktfreien „Customer Connected Distribution Chain" entwickeln.

Mobile Scan Applications im Produkt- und Servicemanagement

Zur Verdeutlichung, wie Mobile Scan Applications im Produktmanagement-Prozess nutzbringend integriert werden kann, soll an dieser Stelle das vorherige Szenario „Selfscanning and billing at PoS" dienen.

Das vorliegende Beispiel hat Auswirkungen insbesondere auf das CRM von Herstellern und Handel sowie deren Demand Flow Management[4] und Supply Flow Management[5]. Als relevant für das Produktmanagement lassen sich folgende Aspekte herausstellen:

- Mobile Scan Applications ermöglichen, die Kauf- und Auswahlentscheidungen der Kunden am PoS in Echtzeit abzubilden. Daraus ergeben sich
  - verkürzte Lieferzeiten,
  - eine flexible, an Kundenwünschen und den Kundenbedarf angepasste Produktion.
- Integration des Kunden in den Leistungsprozess des Produktmanagements, insbesondere den Prozess der Ideenfindung und Produktbewertung. Diese Beteiligung des Kunden an den Prozessen kann für den Kunden sowohl unbewusst als auch bewusst wahrgenommen stattfinden. Die unbewusste Teilnahme wird durch eine zielgerichtete Auswertung der Nutzungsdaten erreicht (Kundenbewegung, Standorte [Wahl des PoS, innerhalb des PoS], Häufigkeit mit der ein Kunde ein Produkt einscannt, gewählte Aktionen [Kauf/Nicht-Kauf, Informationsanfrage, Kontaktaufnahme Hersteller, uvm.], Nutzungshäufigkeit, Verbrauch, Zeiten, Erklärungs- und Beratungsbedarf, Dauer der individuellen Auswahl- und Kaufprozesse). Durch die Kombination mit vorhandenen bzw. aus anderen Quellen stammenden Kundendaten des Marketings und CRM (Profile, Präferenzen, etc.) ließe sich ein zunehmend am tatsächlichen Bedarf des Kunden ausgerichtetes Produktmanagement realisieren. Die bewusste Teilnahme des Kunden am Prozess der Ideenfindung kann über verschiedene Mechanismen angeregt werden. Denkbar sind kombinierte Incentive-

---

[4] Demand Flow Management beschreibt die Kommunikation der Nachfrage (Kunden) vom PoS zu den Quellen der Produkte, zur Produktion des Herstellers, aus Kundensicht die Supply Chain rückwärts. Vgl. EAN International (2000): 14.

[5] Supply Flow Management bezeichnet die Aufgabe, die Zeit zu verkürzen, in der ein Produkt hergestellt und an Kunden geliefert werden kann, vom Zeitpunkt der Kenntnis der konkreten Kundennachfrage (die aus dem Demand Flow Management kommt). Vgl. EAN International (2000): 14.

und Rabattprogramme, die den Aufwand der Kunden für eine Teilnahme an besonderen Mobile Scan Applications-PoS-Programmen, die ein Involvement erfordern, entlohnen.

Es ist zu erwarten, dass die spätere Akzeptanz von Produkten am Markt erhöht werden kann, wenn Kunden in die Bewertung und Analyse von Neuproduktideen eingebunden werden. So können Kundenwünsche und Anforderungen zu einem frühen Zeitpunkt und kontinuierlich in der Entwicklung berücksichtigt werden. Retrograd ist denkbar, dass das Produktmanagement Fragestellungen bei der Entwicklung über ausdifferenzierte Verfahren via Mobile Scan Applications an den Kunden heranträgt und einen direkten, individuellen Response erhält, den die klassische, moderne Markt- und Marketingforschung so nicht zu leisten vermag.

Im Ergebnis kann der Einsatz von Mobile Scan Applications im Produktmanagement zu

- einer Steigerung der Innovationskraft von Unternehmen,
- stärker an den tatsächlichen Kundenanforderungen orientierten Produktentwicklungen,
- einer zeitnahen Anpassung an wandelnde Konsumentenbedürfnisse,
- einer Verlängerung von Produktlebenszyklen,
- einer stärkeren Abgrenzung von Konkurrenzprodukten

führen.

Dieser Ansatz kann bis hin zur individuellen Produktentwicklung für einzelne Kunden verfolgt werden (als Weiterentwicklung des Gedankens vom One-to-One Marketing und der Mass Customization).

Mobile Scan Applications im Preismanagement

Anhand der Preisdifferenzierung wird der Nutzen von Mobile Scan Applications im Preismanagement dargestellt. Die Preisdifferenzierung sollte im optimalen Fall dazu führen, dass Kunden ein individueller Preis der ihrer jeweiligen Zahlungsbereitschaft entspricht, offeriert werden kann, um eine maximale Konsumentenrente zu erzielen. Eine Aufgabe, die sich bisher nur über die grobe Clusterung von Kundengruppen mit ähnlichen Zahlungsbereitschaften lösen ließ, was eine Individualisierung ausschließt. Eine Individualisierung der Preise ist bisher in der Unternehmenspraxis in „Offline"-

Konsumgüter- und Massenmärkten i.d.R. aufgrund fehlender technischer Möglichkeiten und/oder wegen des hohen administrativen Aufwandes nicht möglich gewesen[6].

Ein sehr häufig angewandtes Verfahren ist die mengenbezogene Preisdifferenzierung, bei der der Preis in Abhängigkeit der gekauften Menge variiert, bzw. es vergünstigt sich das Produkt je Stück, je höher die Abnahmemenge ist.

Beispiel Mobile Scan Applications: Hersteller können Kunden am PoS individuelle Preise in Abhängigkeit der gekauften Menge eines Gutes unabhängig von der Einkaufsstätte machen. Dabei bezieht sich Menge nicht nur auf die aktuelle Transaktion, sondern kann Kaufdaten aus der Vergangenheit einschließen. Der Hersteller z.B. einer Weinmarke kann so seinen Kunden Rabatte und Boni unabhängig vom Händler einräumen, egal ob der Kunde in München oder in Berlin einkauft. Dieses Beispiel unterstellt, dass es Produktbereiche gibt, in denen die Markentreue gegenüber einer eventuellen Einkaufsstättentreue überwiegt. Zielkonflikte mit dem Handel könnten umgangen werden, indem der Hersteller seinen Kunden „Reward Programme" anbietet, die eine Rückvergütung für den Fall der Zahlung des allgemein geltenden Handelspreises gewährleisten.

Der Einsatz von Mobile Scan Applications kann für das Preismanagement durch die Möglichkeit zur individuellen Preissetzung am PoS folgende Auswirkungen haben:

- Unterstützung beim Aufbau von Wechselbarrieren (Rabatte, Boni, etc.),
- Koordinierung unterschiedlicher Zahlungsbereitschaften und Leistungsansprüche,
- Verringerung des administrativen Aufwands,
- Maximale Ausschöpfung der Konsumentenrente.

Der größte Vorteil von Mobile Scan Applications im Preismanagement kann in der Kombination der verschiedenen Differenzierungsarten gesehen werden. Im Idealfall stehen einem Anbieter im Moment der Inanspruchnahme einer Leistung durch den Kunden sein Aufenthaltsort, die Zeit, der Leistungsumfang (z.B. Menge) und kundenspezifische Daten (Präferenzen, sozio-demografische Daten, Historie, etc.) zur Verfügung. Diese Informationen zu bündeln und als kombinierte Preisdifferenzierung für einen einzelnen Kunden nutzen zu können gibt Raum für Phantasie in der Preisgestaltung.

---

6 Wenn die Kosten der Preisdifferenzierung den Gewinn durch sie kompensieren, ist es wirtschaftlich nicht sinnvoll.

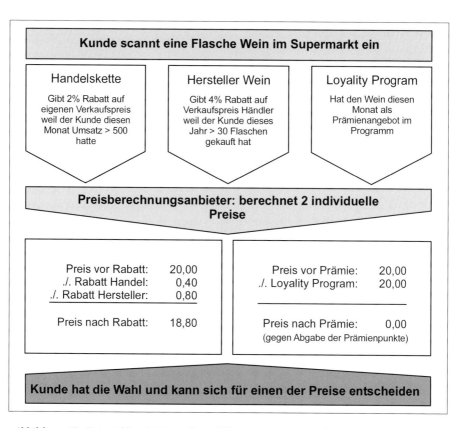

Abbildung 49: Beispiel kombinierte Preisdifferenzierung am PoS

Fazit

Mobile Scan Applications im Absatzmanagement bieten umfangreiche Optimierungspotentiale. Sie ermöglichen die weitgehende Individualisierung von Marktforschungsdaten, neue Kenntnisse über Einzelpersonen stehen für die betriebliche Wertschöpfung bereit und können in allen Absatzbereichen genutzt und instrumentalisiert werden.

Sie bieten als Technologie und Anwendung die Basis für neue, phantasiereiche Marketingaktionen und unterstützten die Weiterentwicklung des One-to-One Marketing. Unter kommunikationspolitischen Gesichtspunkten kann konstatiert werden, das Mobile Scan Applications am PoS und davor (in der Werbung, z.B. Printanzeige) zur Überwindung der Brüche zwischen den Schritten „Interesse", „Verlangen" und – entscheidend – „Aktion" führen kann. Eine werblich-kommunikative Optimierung der AIDA-Formel[7] ist denkbar.

Für Nutzer/Kunden bedeuten Mobile Scan Applications – wenn sie bereit sind persönliche Daten preiszugeben – dass sie erhebliche Vorteile z.B. beim Einkauf erzielen können. Darüber hinaus dürfen Sie ein erheblich höheres Service Level und eine individuellere Ansprache der Unternehmen erwarten.

Mobile Scan Applications sind ihrem Wesen nach ein Dienst, der Kunden zeitnah und persönlich mit Unternehmen verbinden kann, unauffällig eingebettet in alltägliche Situationen.

Im Falle einer erfolgsorientierten Weiterentwicklung von Mobile Scan Applications müssen insbesondere die Wettbewerbssituation und Verbrauchererwartungen genau geklärt werden. Wichtige Markttreiber sind neben den Mobilfunkbetreibern Hersteller und der Handel, durch ihre unzähligen täglichen Kundenkontakte mit Strichcodenutzung und ihre strichcodeoptimierte Value Chain. Neue Technologien wie RFID[8] werden möglicherweise in Zukunft die Übertragung der codierten Informationen ändern, nicht aber die Möglichkeiten und Herausforderungen. Heute auf der Basis von Mobile Scan Applications eingeführte Anwendungen und Systeme hätten auch in Zukunft bestand.

Mobile Scan Applications sind innovativ und neu. Eingängig und einfach zu verstehen auf dem Level der Nutzenargumentation (weil so naheliegend), anspruchsvoll und fordernd bezogen auf die Lösungskonzepte und erforderlichen Systeme, grundlegend und wegweisend für die künftige Marktentwicklung mobiler Dienste.

---

7 AIDA: **A**ttention, **I**nterest, **D**esire, **A**ction.

8 RFID: **R**adio **F**requency **Id**entification (Identifikation mit Hilfe von Radiowellen).

Strategie ersetzt Euphorie: E-Commerce – Herausforderungen für die Ernährungswirtschaft

Dr. Otto A. Strecker

Selten klaffen Wunsch und Wirklichkeit beim Thema e-Commerce so weit auseinander wie beim Einkauf von Lebensmitteln. Internet-Umfragen stellen bei Verbrauchern seit Jahren ein stark wachsendes Interesse fest, Lebensmittel via e-Commerce zu beziehen. Der Anteil der Interessenten unter den Internet-Nutzern verdoppelte sich seit 1996 von acht Prozent auf 16 Prozent (laut W3B). Der Anteil derer, die tatsächlich schon einmal Lebensmittel online bestellt haben liegt im gleichen Zeitraum jedoch unverändert bei rund vier Prozent. Auch die Marktforscher von A.C. Nielsen machen in ihren Studien für das Segment Lebensmittel keine besseren Werte aus. Warum also gelingt es Handel und Herstellern bisher nicht, den offensichtlichen Bedarf zu decken?

Studien der AFC Consultants International zeigen, wo die Ursachen für den ausbleibenden Erfolg liegen.

E-Commerce mit Endkunden ist für die meisten Lebensmittelhersteller ungeeignet

Lebensmittel werden immer als Warenkorb bezogen. Außer abends an der Tankstelle hat kaum jemand Bedarf für ein einzelnes Produkt aus diesem Segment. Dies unterscheidet Lebensmittel von hochwertigen Produkten wie Autos oder Reisen, aber auch von Artikeln wie Büchern oder Spielzeug. Derartige Produktbeschaffungen werden anders als Nahrungsmittel oft als Einzelkauf getätigt. Für den Hersteller von Lebensmitteln kann sich aus diesem Grund die Hoffnung nicht erfüllen, den Handel mittels Internet zu überspringen.

Auch im Jahr 2000 auf dem Höhepunkt der Euphorie bot nur jeder vierte, der im Rahmen der AFC-Studie berücksichtigten Hersteller, Waren im Internet an. Die Mehrzahl der Angebote beinhaltete ohnehin lediglich Merchandising-Artikel. Das strategische Ziel der Hersteller ist dabei vor allem die Kundenbindung. Leider ist der Servicegrad der Angebote so niedrig, dass sich bei vielen Verbrauchern wohl eher Verärgerung über die Abwicklungsmodalitäten breit macht. In 48 Prozent aller Fälle wird nur gegen Nachnahme oder Vorkasse geliefert. In immerhin 10 Prozent der Fälle gibt es zur Vorkasse gar keine Alternative. Dies entspricht weder dem technischen Standard des Online-Handels noch den Konsumentengewohnheiten aus dem Versandhandel. Dort gehört die Lieferung gegen Rechnung seit Jahrzehnten erfolgreich zum Repertoire der Zahlungsmodalitäten. E-Commerce muss die Grundzüge des Versandhandels nicht neu erfinden, sondern muss sie auf das neue Kommunikationsmedium übertragen.

Logistik für Lebensmittel ist aufwendiger als für Bücher

Die Logistik stellt für den Hersteller aber auch für den Handel eine weitere große Barriere dar. Lebensmittel brauchen eine Logistik, die erhöhten Anforderungen gerecht wird. Dazu gehören vor allem für Frischware, Fleisch-, Molkerei- und Tiefkühlprodukte unterschiedliche Kühlstufen und geschlossene Kühlketten. So ist die Frage zu klären, was mit nicht abgenommener Ware bei Annahmeverweigerung oder nicht angetroffenen Kunden zu geschehen hat. Eine solche Logistik ist teuer und kollidiert mit dem wichtigsten Verkaufsargument im stationären Lebensmittelhandel: dem Preis. Noch aufwendiger wird es, die Lieferung kundenorientiert zu gestalten. Ein Lieferservice sollte in der Lage sein, ein Zeitfenster von zwei Stunden einzuhalten, um den Kunden nicht tagelang ans Haus zu fesseln, nur weil er den besonders bequemen Weg des Online-Shoppings gewählt hat.

Einerseits hat der Handel also den Vorteil, dass nur er vollständige Sortimente und Warenkörbe anbieten kann, gleichzeitig muss er logistische Probleme in der Kommissionierung und Auslieferung lösen, die zum Teil erhebliche Investitionen erfordern.

Inzwischen hat sich die Erkenntnis durchgesetzt, dass e-Commerce nicht mit der Eröffnung einer zusätzlichen virtuellen Filiale gleichzusetzen ist. Die Abwicklung von e-Commerce erfordert von der Bestellannahme über Auftragsbearbeitung, Fakturierung, Kommissionierung und Auslieferung durchgehend automatisierte Prozesse und spezielle Logistik-Einrichtungen, deren Realisierung nur bei entsprechenden Umsatzerwartungen erfolgen kann.

Das Liefern aus bestehenden Filialen war für viele Handelsunternehmen der Versuch, auch bei geringen Umsätzen den Anschluss an das Thema e-Commerce nicht zu verlieren. Dabei zeigen bereits einfache Berechnungen, dass die Kosten für das Kommissionieren und Ausliefern durch Aushilfskräfte nicht durch die fakturierten Liefergebühren gedeckt werden können. Erfolgreiche Beispiele aus England lassen sich dabei eben nicht auf Deutschland übertragen. Die Produktmargen sind dort im Lebensmitteleinzelhandel so groß, dass aus ihnen die Lieferung teilsubventioniert werden kann. Viele regionale Anbieter mit dem Konzept des so genannten „store picking" konnten die Subvention der Auslieferung daher nicht dauerhaft durchhalten.

Unternehmen	Start	Ende	Dauer Mon.
Tengelmann Frankfurt	Dez 98	Jun 01	30
Tengelmann / Kaisers	Dez 98		
Ihr-Home-Service	Jan 99	Mrz 01	26
Markant Easy Shopping	Jan 99	Mrz 01	26
Karstadt	Jan 99	Dez 01	36
Kaufhof	Jan 99	Nov 01	35
Uniriese	Aug 00	Mai 01	9
LeShop	Okt 00	Mai 01	7

Übersicht 8: Lebensdauer regionaler Lieferdienste

Der Online-Einkauf muss den Besuch im Supermarkt ersetzen können

Klassische Versandhändler trauen sich mehr zu als der stationäre Einzelhandel. Der Hamburger Otto Versand hat einen bundesweiten Lieferservice seit langem angekündigt, bisher jedoch nur ohne ein Angebot von Frischwaren realisieren können. Die Internet-Firma Direktkauf AG hatte mit dem ersten bundesweiten Lebensmittel-Bringdienst zwar für viel Aufsehen gesorgt, erfüllte aber die Kundenerwartungen an ein solches System nur sehr eingeschränkt. Aus den genannten Gründen verfügte das Angebot über keinerlei Frischwaren. Die Logistik wurde über die Post abgewickelt. Anders als bei regionalen Bringdiensten konnte nur ein taggenauer Liefertermin vereinbart werden, zu den postüblichen Paketzustellzeiten. Wer den Zustellservice der Post kennt, weiß, dass er die Ware also statt aus dem Supermarkt im Zweifel selber bei der Post abzuholen hatte. Für den Verbraucher ist dieser Nutzen nur schwer vermittelbar. Ein Einkauf ohne Frischwaren und gekühlte Produkte kann zudem einen Besuch im stationären Handel nicht ersetzen. Dies wäre jedoch das entscheidende Vorteilsargument für jede Form des e-Commerce. Es war naheliegend, dass derartige Konzepte scheitern mussten. Unverständlich bleibt, warum solche Konzepte weiterhin kopiert werden. Längst haben etliche bundesweite Lieferdienste aus den genannten Gründen aufgeben müssen. Mit der Einführung von Abholstationen an Tankstellen wird sich an diesem grundsätzlichen Dilemma nichts ändern können, der Convenience-Grad bleibt einfach zu gering. Auch Pioniere in den USA wie das Vorbild-Unternehmen Peapod scheiterten mit allen Versuchen die Auslieferungskosten durch Logistikinnovationen (wie z.B. Kühlboxen an Garagenwänden) in den Griff zu bekommen. Abholeinrichtungen an Tankstellen sind eher für andere Produkte des Versandhandels geeignet. Was passiert in der Tankstelle eigentlich mit nicht abgeholter Frischware?

Unternehmen	Start	Ende	Dauer Mon.	Frischware
Direktkauf	Jan 99	Jun 00	17	nein
Schlecker	Mai 00			nein
Tegut	Aug 00	Feb 02	18	regional
Otto Supermarkt	Okt 00			nein
Unitednature	Okt 00	Aug 01	10	ja
Edeka	Mrz 01			regional

Warum wird aus den Erfahrungen anderer Unternehmen nicht gelernt?

Übersicht 9: Lebensdauer bundesweiter Lieferdienste

Netzwerke statt Banner und Button

Die Zukunft des Handels kann dennoch im Netz liegen. Nicht zuletzt weil nach Überwindung aller Schwierigkeiten sich das Internet als ein Medium zur Kundenbindung und Neukundengewinnung bisher ungeahnten Ausmaßes eignet. Die Möglichkeiten des Marketing sind erheblich vielfältiger als die bisherigen Formen von Banner und Button.

Partnerschaften sind das Instrument und das vernetzte Medium Internet eignet sich dafür ideal. Wer etwa in einer Online-Zeitschrift ein Rezept liest, kann gleichzeitig per Knopfdruck die Zutaten in den Warenkorb des Online-Händlers befördern und später um den restlichen Einkaufsbedarf ergänzen. Hersteller, Medien, Händler und generell Unternehmen mit komplementären Leistungen und Produkten aber ähnlichen Zielgruppen werden im Netz zusammenfinden. Kooperationen, Allianzen und Beteiligungen über die heutigen Branchengrenzen hinweg werden die Folge sein, um die günstigsten Cross-Selling-Potenziale via Internet zu erschließen. Die AFC-Studie zeigt, dass 90 Prozent der Unternehmen die Vernetzungsmöglichkeiten des Mediums für derartige Allianzen bisher nicht nutzen.

Diese unausgeschöpften Potenziale werden letztlich jedoch die Triebfeder für die Lebensmittelindustrie sein, ihre Internet-Konzepte in neue und vernetzte Marketing- und Kundenbindungsinstrumente zu verwandeln.

Content zählt: Im Netz ist jeder ein Verleger

E-Commerce wird herstellerseitig eben in derartigen Allianzen münden. Für große Unternehmen bieten sich Allianzen mit entsprechenden Portalen an. Die Verknüpfung von produktunabhängiger Information mit Produktvermarktung ist die zwangsläufige Konsequenz.

Abbildung 50: Der Otto-Supermarkt als Beispiel eines ersten Ansatzes

Im Internet wird jedes Unternehmen zu einem Verleger. Für klassische Zeitschriften ebenso wie die neu entstandenen Portale im Special-Interest-Bereich (Gesundheit, Wellness, Ernährung) brechen Zeiten an, in denen sie ohne solche Kooperationen in die Gefahr geraten, dass aus bisherigen Werbekunden eigenständige Anbieter von Special-Interest-Angeboten werden.

Nischen mit Erfolgspotenzialen entdecken

Ebenso richtig wie es ist, dass sich der klassische Supermarkteinkauf nicht über das Internet realisieren lässt, gilt auch, dass es bisher kaum erschlossene Nischen mit erheblichen Erfolgspotenzialen gibt. Diese liegen in den Bereichen, in denen die genannten Restriktionen keine oder nur eine untergeordnete Rolle spielen. Dazu gehört beispielsweise der Vertrieb von Non-Food-Artikeln durch den Handel oder auch durch Hersteller. Tchibo hat es vorgemacht. Tiefkühlkost-Bringdienste haben sich die Chancen des Internet bereits zunutze gemacht. Aber auch im Getränkebereich gibt es eine vorhandene Logistik regionaler Bringdienste, hingegen wurde bisher kein Versuch unternommen, daraus eine bundesweite Vermarktungsplattform über das Internet zu organisieren. Spezialitäten verfügen über die erforderlichen Margen für einen erfolgreichen Versandhandel und bieten damit gute Voraussetzungen für Hersteller oder Händler für eine erfolgreiche Internet-Marketingstrategie.

Auch das Office-Shopping hat Zukunftspotenzial. Bisher gab es einige Versuche, in großen Bürohäusern Abholfächer für die Anlieferung zu installieren. Die größeren Potenziale liegen dabei jedoch im Bereich der Kantinenbetreiber. Die Struktur der Gemeinschaftsverpflegung in größeren Unternehmen unterliegt einem dramatischen Wandel. Betreiber der Einrichtungen suchen intensiv nach Produkten und Dienstleistungen, um ihre Kunden auch außerhalb klassischer Essenszeiten anzuziehen. Serviceleistungen werden dabei einen besonderen Stellenwert einnehmen, z.B. Reinigungsannahme und -Ausgabe oder eben auch die Annahme und Ausgabe von Paketen oder Lebensmitteln. Hier liegen Chancen, für regionale Händler, da die Lieferkosten bei den dann deutlich größeren Stoppgrößen relativ gering sind.

Beschaffung: ein e-Commerce-Thema für Hersteller

Die andere Chance für Hersteller (wie den Handel) liegt in der Business to Business-Kommunikation. Beschaffung und Lieferantenmanagement erhalten durch das Internet neue Dimensionen. Was es im Konsumentenbereich kaum gibt ist unter Geschäftskunden schon Alltag. Extranetze verbinden Abnehmer und Lieferanten. Dabei haben die großen Handelsunternehmen wesentliche Trends gesetzt. Mit der Etablierung von gemeinsamen Beschaffungsplattformen verbindet sich die Erwartung, über die Höhe der abgewickelten Transaktionen die Beschaffungskosten noch weiter zu reduzieren.

Name / Partners	Collaborative Retail Procurement Platforms	
	Global NetXchange (GNX)	**World Wide Retail Exchange (WWRE)**
	Sears Roebuck (USA)	Tesco (GB)
	Carrefour (F)	Safeway (GB)
	Metro (D)	Kingfisher (GB)
	Sainsbury (GB)	Marks & Spencer (GB)
	Krogers (USA)	K-Mart (USA)
	Markant (D)	Albertsons (USA)
	Hornbach (D)	Walgreens (USA)
	Spar (A)	Target (USA)
	Manor (CH)	Ahold (NL)
	Karstadt-Quelle (D)	Casino (F)
		Auchan (F)
		EDEKA (D)
		OTTO (D)
		REWE (D)
	u.a.m.	u.a.m.

Abbildung 51: Steigende Konzentration durch gemeinsame Beschaffungsplattformen

Es verwundert nicht, dass größere Food- und Konsumgüterhersteller den Druck auf gleiche Art und Weise an ihre eigenen Vorlieferanten weitergeben.

Die Teilnahme als Abnehmer an solchen Plattformen ist aufgrund der Investitionskosten vor allem größeren, meist international agierenden Unternehmen möglich. Mittelständische Hersteller hingegen sehen sich mit einer Situation konfrontiert, die ihnen zunächst wenig Vorteile verspricht. Um als Anbieter z.B. bei einer Beschaffungsplattform des Handels teilnehmen zu können werden hohe Gebühren fällig. Dadurch erschließt sich der Hersteller aber keinen neuen Kunden. Er zahlt vielmehr dafür, dass er eine bereits bestehende Kundenbeziehung auf dem elektronischen System abbildet.

Vorteile werden erst dann entstehen können, wenn die Teilnahme an solchen Systemen die Listung auch bei weiteren Handelsketten erleichtert.

Collaborative Consumer Goods Procurement Platforms	
Transora (Name)	**CPG Market**
(Partners)	
BAT	Bahlsen
Coca Cola	Coca Cola
Cadbury Schweppes	Danisco
Danone	Danone
Diageo	Ferrero
General Mills	Henkel
Heinz	Nestlé
Kellog	Nutreco
Kraft	Pernod-Ricard
Mars	Südzucker
McCain	
Nestlé	
PepsCo	
Ralston Purina	
Unilever	
u.a.m.	u.a.m.

Abbildung 52: Beschaffungsplattformen großer Food- und Konsumgüterhersteller

Damit wird das Erschließen des e-Commerce zumindest im Bereich der Beziehungen zwischen Hersteller und Handel tatsächlich zu einem strategischen Wettbewerbsvorteil für die partizipierenden Unternehmen.

E-Procurement: Rationalisierungspotenziale in der Hotellerie und Gastronomie

Stefan Dinnendahl, Dr. Otto A. Strecker

Macht es in meinem Betrieb Sinn, elektronischen Handel über das Internet zu betreiben? Wie funktioniert das überhaupt? Welche Möglichkeiten erschließen sich dadurch? Wo sind realistisch Vorteile zu erwarten? Wie gehe ich sinnvoll vor? Mit diesen und anderen Fragen rund um das Thema e-Commerce setzen sich immer mehr Gastronomen und Hoteliers auseinander.

Der von vielen „Experten" vorausgesagte Siegeszug des Electronic Business, also der Beschaffung und Vermarktung von Gütern, Dienstleistungen und Informationen über das Internet, ist in einigen Bereichen spürbar ins Stocken geraten. Zwar bedienen sich Branchen wie etwa die Automobilwirtschaft bei ihrer Beschaffung inzwischen sehr weitgehend der Internet-Technologie. Doch im Gegensatz dazu hat zum Beispiel der Lebensmitteleinzelhandel in Sachen e-Commerce mit dem Endkunden geradezu resigniert. Und im so genannten B2B-Geschäft unter kommerziellen Handelspartnern gehört die Nahrungsmittelbranche ebenfalls nicht unbedingt zu den Treibern des e-Business-Booms.

Auch in Hotels und in der Gastronomie wird e-Commerce noch unterschiedlich intensiv genutzt. So gehören Anfragen und Buchungen über Online-Reservierungssysteme zwar noch nicht durchgängig zum „normalen" Geschäft. Die Tendenz in Richtung e-Sales, also Marketing und Vertrieb über das Internet, ist jedoch nicht zu übersehen. Dagegen steckt der andere Bestandteil des e-Commerce, die elektronische Beschaffung mit Unterstützung durch Internet-Technologie, in dieser Branche noch in den Kinderschuhen. Dabei bietet das so genannte e-Procurement gerade Gastronomen und Hoteliers bemerkenswertes Rationalisierungs- und Kostensenkungspotenzial. Denn die Beschaffung über das Internet schlägt sich in einer Beschleunigung des Einkaufsprozesses, besserer Markttransparenz sowie geringerem Zeit- und Kapitaleinsatz beim Lieferanten-Management nieder. Konkrete Vorteile des e-Procurements im Hotel- oder gastronomischen Betrieb sind:

- deutlich weniger Zeiteinsatz für Bestellungen (in großen Unternehmen zum Teil 2 statt bisher 30 Tage);
- geringerer Aufwand für Korrespondenz, Anrufe, Faxe;
- weniger Fehlerquellen, Falschlieferungen, Reklamationen;

- größeres Produktangebot, breitere Lieferantenbasis;
- bessere Konditionen unter Einbindung der bestehenden Konditionen;
- Bestellen vieler Warengruppen in einem Vorgang;
- bessere Einkaufsstatistik und Transparenz;
- leichtere Lieferantenbewertung;
- keine Katalogpflege mehr erforderlich;
- aktueller Zugriff auf sämtliche Angebote und Aktionspreise und
- weniger Buchhaltungs- und Controlling-Aufwand durch die zentrale Abrechnung aller Vorfälle.

Bevor sich dieses Potenzial im Einzelfall jedoch bestimmen oder gar nutzen lässt, muss sich die jeweilige Betriebsführung zunächst über ihre wahren Einkaufskosten klar werden. Dazu gilt es unter anderem herauszufinden:

- wie viele Menschen wie lange mit einer Bestellung beschäftigt sind?
- wie viele Briefe, Faxe, E-Mails, Anrufe etc. diese Personen beim Einkauf pro Jahr erzeugen?
- wie hoch der zeitliche und der finanzielle Aufwand für Falschlieferungen ist?
- wie gut die Lieferantenbewertung ist?
- wie viel Aufwand die Katalogpflege erfordert?
- welchen Aufwand Buchhaltung und Controlling in Sachen Beschaffung betreiben?

Nur wer diese Kosten im Einzelnen kennt, kann auch bestimmen, wie hoch das wirkliche Optimierungspotenzial im Betrieb durch Online-Beschaffung ist.

Grundsätzlich eignen sich alle für einen Gastronomie- oder Hotel-Betrieb relevanten Produkte für den Online-Einkauf, seien es Backwaren, Obst und Gemüse, Molkereiprodukte, Non-Food-Artikel, Fleisch, Spirituosen, TK- und Convenience-Produkte oder Wein. Ausschlaggebend ist lediglich die gastronomische Ausrichtung des Hauses. Selbst Küchenchefs, denen es ein Anliegen ist, persönlich zum Großmarkt zu fahren oder Walderdbeeren mit der Belegschaft zu suchen, kommen heutzutage um E-Procurement nicht mehr herum. Denn nur so sparen sie an anderer Stelle im Beschaffungsprozess die Zeit ein, die sie für ihre „Extravaganzen" benötigen.

Wie groß der betriebliche Nutzen der elektronischen Beschaffung in der Praxis tatsächlich ist, hat AFC Consultants gemeinsam mit dem Hotelverband Deutschland (IHA) in einer Marktstudie untersucht. Dabei wurden 108 Großverbraucher aus der Hotellerie befragt. In der Auswertung ihrer Antworten stellte sich heraus, dass das durchschnittliche Einkaufsvolumen dieser Betriebe rund 1,33 Mio € beträgt. Davon werden 57 Prozent für Food-Produkte, 43 Prozent für Non-Food-Waren ausgegeben. Etwas mehr als die Hälfte (53 Prozent) der Betriebe gaben an, einer Einkaufsgesellschaft angeschlossen zu sein, die übrigen 47 Prozent nicht. Doch auch über die Einkaufsgesellschaften werden demnach nur sieben Prozent der gesamten 1,33 Mio € abgewickelt.

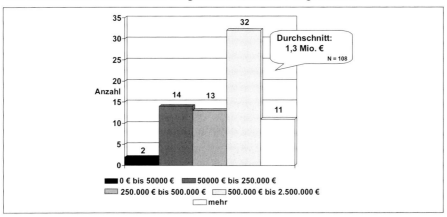

Abbildung 53: Online-Einkaufsvolumen

Des Weiteren zeigte sich, dass mehr als 60 Prozent der befragten Betriebe ihre Ware bei bis zu 30 verschiedenen Lieferanten beziehen. Weitere 16 Prozent haben bis zu 50 Bezugsadressen, 17 Prozent sogar noch mehr. In knapp einem Drittel der Unternehmen wird der Einkauf zentral gesteuert, in 54 Prozent geschieht dies nur zum Teil. Zuständig für den Einkauf ist bei 63 Prozent der Betriebe ein Abteilungsleiter. Bei 44 Prozent kümmert sich die Direktion bzw. der Inhaber um die Beschaffung. Nicht ganz ein Drittel verfügt über einen speziellen Einkäufer. (Bei dieser Frage waren Mehrfachnennungen möglich). Der bei weitem überwiegende Teil der Bestellungen erfolgt zudem weiterhin per Telefon oder Fax.

Immerhin 53 Prozent der befragten Unternehmen gaben an, bereits online bestellt zu haben. Knapp die Hälfte von diesen will dies in Zukunft auch noch öfter tun. Wie sich dies auszahlen kann, haben AFC Consultants und IHA an Beispielen errechnet: Demnach wendet ein Hotel- oder Gastronomiebetrieb im Jahr 91 Stunden für die Pflege der Kataloge seiner rund 30 Lieferanten auf. Diese Tätigkeit führen überwiegend Abteilungsleiter oder Direktoren aus. Bei einem angenommenen (moderaten) Stundensatz von 35,80 € ergeben sich daraus Gesamtkosten von 3.258,00 € pro Betrieb für die Katalogpflege. Wird in diesen Unternehmen e-Procurement eingeführt, bleiben nur noch zehn Lieferantenkataloge übrig. Das bedeutet eine Ersparnis von rund 67 Prozent bzw. 2.172,00 €.

Noch deutlicher wird das mögliche Einspar-Volumen, wenn man den Aufwand für das Bestellwesen betrachtet. Wie die Studie ausweist, sind in einem durchschnittlichen Betrieb der Hotellerie oder Gastronomie für die Bestellungen pro Jahr 3.123 einzelne Vorgänge – wie etwa Anrufe, Telefonate, Faxe und Mails – erforderlich. Dafür gehen 2.591 Rechnungen ein. Legt man für deren Bearbeitung eine Zeit von jeweils etwa 17 Minuten zugrunde, ergeben sich bei einem Stundensatz von 25,60 € Kosten von 18.793,48 €. Erfolgt die Bestellung jedoch aus einem Zentralkatalog im Internet in einem Arbeitsgang, sollte sich der Aufwand um mindestens 50 Prozent reduzieren lassen. Das bedeutet umgerechnet Einsparungen von 9.396,74 €.

Für die Buchhaltung und das Controlling in einem derartigen Betrieb weisen die Berechnungen in der Untersuchung ein weiteres durchschnittliches Kostensenkungspotenzial von 18.414,18 € pro Jahr aus. Zudem kann der Musterbetrieb bei der Bearbeitung von Falschlieferungen etwa 1.116,66 € einsparen. Unter dem Strich verhilft das e-Procurement unserem Durchschnittsbetrieb also zu jährlichen Kostensenkungen von 31.099,58 €.

Ob der Musterhotelier oder -gastronom dieses theoretische Potenzial auch tatsächlich erschließen kann, wird jedoch unter anderem davon abhängen,

- ob sich die Arbeitsprozesse in seinem Betrieb entsprechend verändern lassen;
- ob möglicherweise an einzelnen Stellen unvorhergesehener Mehraufwand entsteht, der zuvor nicht berücksichtigt wurde;
- ob die Arbeit bei den einzelnen Mitarbeitern so aufgeteilt werden kann, dass zum Beispiel eine Verwaltungskraft eingespart wird und
- ob der Betrieb auch faktisch/rechtlich eine Kraft (oder mehr) einsparen kann.

Denn Kosten werden nicht durch eine rechnerische Potenzialanalyse eingespart!

Die genannten Beispiele sollten eigentlich jeden Betriebsleiter dazu motivieren, die Möglichkeiten der elektronischen Beschaffung in seinem Betrieb vorbehaltlos zu prüfen. Dazu gehört vor allem eine Analyse der bisherigen Einkaufsprozesse. Dabei wird häufig bereits individuelles e-Procurement-Potenzial offenbar. Zudem sollte geprüft werden, wie sich bestehende Systeme wie etwa die Warenwirtschaft in die neuen Beschaffungsprozesse einbinden lassen. Ganz wichtig ist auch ein sorgfältiger Kosten/Nutzen-Vergleich.

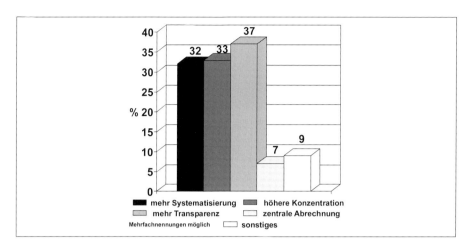

Abbildung 54: Verbesserungswünsche im Zusammenhang mit dem Einkauf

Um zu vermeiden, dass die Möglichkeiten des e-Procurements im betrieblichen Einzelfall nicht optimal ausgeschöpft werden, ist es vielfach ratsam, die Sachkenntnis von Spezialisten hinzuzuziehen.

Vorstellung der Autoren

Dr. Richard Balling hat Agrarwissenschaften studiert und 1989 zum Thema Marketing-Konzeption für einen Markenartikel Rindfleisch promoviert. Seit seiner Habilitation an der TU München/Weihenstephan 1995 bearbeitet er im Bayerischen Staatsministerium für Landwirtschaft und Forsten das Aufgabengebiet strategische Planung und Umsetzung von Marketingmaßnahmen im Bereich der Agrar- und Ernährungswirtschaft. Als Privatdozent nimmt er einen Lehrauftrag an der TU München in Weihenstephan zum Marketing für Lebensmittel wahr.

Hans-Georg Burger ist Geschäftsführer des Servicebereichs Information bei der Deutschen Landwirtschafts-Gesellschaft (DLG). Nach einem Publizistikstudium an der Freien Universität Berlin und einer Tätigkeit als Pressereferent an der Universität Gießen ist er seit 1979 bei der DLG beschäftigt, zuerst als Pressereferent und seit 1984 als Geschäftsführer. Schwerpunkte sind Kommunikations-Strategien, Informationsverhalten von Landwirten und Verbrauchern, Trendanalysen und Imagemanagement. Lehraufträge an den Universitäten Hohenheim (1981-89) und Gießen (1989-95).

Philipp Freiherr von dem Bussche ist gelernter Landwirt und hat das Studium der Betriebswirtschaftslehre 1975 in Köln als Diplomkaufmann abgeschlossen. Im Jahre 1976 übernahm er den elterlichen Landwirtschaftsbetrieb Gut Ippenburg bei Bad Essen. Seit 1991 ist er Mitpächter eines Ackerbaubetriebes in Sachsen. Seit Januar 1997 ist Philip Freiherr von dem Bussche Präsident der Deutschen-Landwirtschafts-Gesellschaft e.V.

Stefan Dinnendahl ist Geschäftsführer der IHA-Service GmbH mit Sitz in Bonn. Nach dem Studium der Rechtswissenschaften in Bonn und der Deutschen Hochschule für Verwaltungswissenschaft in Speyer wurde er 1996 als Rechtsanwalt zugelassen. Gleichzeitig trat er 1996 als Assistent der Geschäftsführung in den Hotelverband Deutschland (IHA) ein. 1999 wurde Stefan Dinnendahl Geschäftsführer des Verbandes. Seit September 2001 ist er darüber hinaus operativer Geschäftsführer der IHA-Service GmbH.

Anselm Elles, geschäftsführender Gesellschafter der AFC, ist seit über 15 Jahren als internationaler Berater in der Agrar- und Ernährungsindustrie in den Bereichen Aufbau und Management von Qualitätssicherungssystemen, Marketing, Unternehmens- und Organisationsberatung sowie Marktforschung tätig.

Alena Fuchs hat an der Lustus Liebig Universität in Gießen Ökotrophologie studiert. Seit August 2003 arbeitet sie als Produktmanagerin bei der Gubor Schokoladenfabrik GmbH.

Alexandra Gempel studierte Betriebswirtschaft mit Schwerpunkt Tourismus an der Fachhochschule in Kempten. Im Rahmen Ihrer Tätigkeit bei der DLG-Agriservice GmbH ist Sie für den Bereich Messestandbau verantwortlich und betreut auf den Messen EuroTier und AGRITECHNICA jährlich über 200 Kunden.

Klaus Hein war nach seinem Studium als wissenschaftlicher Mitarbeiter an der Universität Hohenheim tätig. Sein Spezialwissen des Mopro-Sektors führte Herrn Hein im Jahr 2002 zur Zentrale der Nordmilch e.G. nach Bremen.

Dr. Christoph Kliebisch hat nach einer landwirtschaftlichen Berufsausbildung und dem Studium der Agrarwissenschaften an der Universität Hohenheim promoviert. Seit 2002 ist Herr Dr. Kliebisch Berater bei AFC Consultants International GmbH. Sein Aufgabengebiet sind die Bereiche Agrarmärkte und Agrarmarketing.

Prof. Dr. Rainer Kühl ist Inhaber des Lehrstuhls für Betriebslehre der Ernährungswirtschaft an der Universität Gießen. Nach einem Studium der Agrarwissenschaften in Kiel, von 1993 bis 1999, war er Lehrstuhlinhaber für Betriebslehre der Ernährungswirtschaft an der Universität Bonn und ist seit 1999 an der Universität Gießen. Mehrjährige außeruniversitäre Erfahrungen sammelte Prof. Kühl durch seine Tätigkeit beim Deutschen Raiffeisenverband in Bonn, Gastprofessuren und Forschungstätigkeiten u.a. an Universitäten in den USA, Australien, Brasilien und Dänemark. Forschungsfelder sind u.a. Unternehmensführung und Wettbewerbsstrategien, Strategisches Marketing sowie Innovationsprozesse.

Dr. Udo Lackner wurde mit Diplom zum Dipl. Volkswirt an der Universität Freiburg im Bereich Volkswirtschaftslehre zum Dr.rer.pol. promoviert. Nach seiner Ausbildung im Marketing in NYC ist Dr. Lackner seit vielen Jahren in der CMA tätig, gegenwärtig als Bereichsleiter/Prokurist im Entwicklungsmarketing/Qualitätssicherung. U.a. ist er auch Geschäftsführer der Orgainvent GmbH sowie der Agrizert GmbH.

Dr. Michael Lendle studierte Allgemeine Agrarwissenschaften, Fachrichtung Wirtschafts- und Sozialwissenschaften an der Universität Hohenheim. Nach seiner Promotion an der Universität Hohenheim war er im Bereich Qualitätssicherung im Auftrag des Ministeriums Ländlicher Raum, Baden-Württemberg tätig. Im Anschluss war er Projektleiter im Bereich Agrarmarktforschung bei Produkt + Markt. Im Rahmen seiner Beratertätigkeit bei der AFC Consultants International ist er primär in den Bereichen Markt- und Sozialforschung, Agrarmarketing, Qualitätsmanagement, Organisations- und Umsetzungsberatung tätig.

Dr. Hans-Joachim Leyrer hat im Bereich des Agrarmarketing promoviert. Danach war er rund 10 Jahre in leitender Stellung bei verschiedenen Unternehmen des Agribusiness tätig. Seit 1984 ist er geschäftsführender Gesellschafter der AFC und hat seit dieser Zeit eine Vielzahl von Beratungsprojekten geleitet. Der Universität Bonn ist er durch einen Lehrauftrag verbunden.

Rainer Löser gehört der Beratergruppe „Die Ökoberater" an. Zuvor war Herr Löser u.a. als Geschäftsführer des Bioland Landesverbandes Hessen tätig.

Ralf Marohn ist Gründer und Inhaber der Fernost- Beratungs- und Handelsgesellschaft mbH (Far Eastern Limited) in Ludwigshafen am Rhein. Er studierte am Ostasieninstitut in Ludwigshafen, an der Universität Xiamen (China) und an der Lincolnshire and Humberside University in Hull (United Kingdom). 1992 gründete er die Far Eastern Limited, die auf die Marktbearbeitung in China spezialisiert ist.

Ingolf Mayer beschäftigt sich seit 1980 mit der Planung, Weiterentwicklung und Errichtung von Kühllägern für Obst, Gemüse etc. in leitender Position sowohl in der Forschung als auch in der Industrie. Als Prokurist der Plattenhardt + Wirth GmbH und Geschäftsführer der Henzler & Co GmbH hat er eine Vielzahl von Projekten geleitet. Vortragsreisen führten ihn u.a. nach China, Russland, Polen und Bulgarien.

Fritz Milosevic ist als Consultant bei Detecon International in der Competence Practice Systems & Infrastructure in Bonn tätig. Zu seinen Schwerpunkten zählen Innovation und Trendscouting in mobilen Märkten, Marketing, Produktentwicklung, Geschäftsmodelle und Business Developement im e- und m-Business. Fritz Milosevic berät Mobilfunkbetreiber, Medien- und Industrieunternehmen in vielen Ländern der Welt.

Dr. Peter Moog promovierte in landwirtschaftlicher Betriebslehre. Seit 1984 ist er bei der Deutschen Landwirtschafts-Gesellschaft e.V. (DLG) tätig. Seit 1992 leitet er als Geschäftsführer den DLG-Fachbereich Markt & Ernährung und die 1995 geschaffene DLG-Zertifizierungsstelle (DLG-Zert). Fachliche Schwerpunkte sind Entwicklung und Angebot innovativer, absatzorientierter Qualitätskonzepte und Zertifizierungen für die Ernährungswirtschaft.

Veronika Mödinger studierte Agrarwissenschaften mit Schwerpunkt im Marketing und Ökologischen Landbau an der Technischen Universität München/Weihenstephan. Im Rahmen Ihrer Tätigkeiten bei der AFC Consultants International ist sie hauptsächlich für Marketing- und Messeprojekte sowie für Seminarveranstaltungen verantwortlich.

Dr. Rudolf Nickenig, 1953 in Boppard geboren, studierte Ernährungswissenschaften in Bonn. Durch den elterlichen Betrieb und seine Forschungstätigkeit dem Wein sehr verbunden, übernahm er 1986 die Position des Generalsekretär des Deutschen Weinbauverbandes in Bonn und 1991 die Geschäftsführung des Verbandes der Deutschen Weinexporteure. In diesen Funktionen vertritt er die Interessen der deutschen Weinwirtschaft in nationalen, europäischen und internationalen Gremien.

Prof. Dr. Brigitte Petersen leitet die Arbeitsgruppe Präventives Gesundheitsmanagement am Institut für Physiologie, Biochemie und Hygiene der Tiere an der Rheinischen Friedrich-Wilhelms-Universität Bonn. Sie koordiniert als Vereinsvorsitzende das hier vorgestellte GIQS Projekt (Grenzüberschreitende Integrierte Qualitätssicherung).

Dr. Vince Shiers ist Direktor Business Operations bei RQA Europe Limited und als solcher verantwortlich für alle RQA-Services (einschließlich Produkt-Rückrufe und Krisenmanagement) für Untnerhmen der Ernährungsbranche in Europa, Afrika und dem Mittleren Osten. Vince Shiers ist seit über zehn Jahren als Berater in der Ernährungs- und Konsumgüterindustrie tätig und hat in dieser Zeit in leitenden Positionen in Organisationen aus den Bereichen Auditierung, Prüfung und Beratung gearbeitet.

Josef Stollenwerk (Jahrgang 1930) und ***Willi Stollenwerk*** (Jahrgang 1935) sind seit 50 Jahren Unternehmer in der Konservenindustrie. Der Aufbau des Konserven-Unternehmens J. & W. Stollenwerk oHG zu einem der führenden europäischen Hersteller ist ihr Lebenswerk.

Dr. Otto A. Strecker hat nach dem Studium der Wirtschaftswissenschaften in Bamberg und Bremen mit anschließender Promotion mehrere Jahre als Unternehmensberater zuerst bei Gruber, Titze & Partner und danach bei Gemini Consulting gearbeitet. Anschließend war er als Leiter der Strategieentwicklung in einer internationalen Mediengruppe und als Geschäftsführer eines Fachverlags tätig. Seit 2000 ist er geschäftsführender Gesellschafter der AFC in Bonn.

Dr. Michael Volkmann hat nach seinem Abschluss des Studiums als Diplom-Kaufmann an der Universität zu Köln mit einem Studienaufenthalt an der Pennsylvania State University als wissenschaftlicher Mitarbeiter am Seminar für Allgemeine Betriebswirtschaftslehre, Beschaffung und Produktpolitik von Herrn Prof. Dr. Koppelmann gearbeitet, wo er über das Thema „Produktpflege" promoviert hat. Seit 2003 ist er als Assistent der Geschäftsführung bei der Henkel KGaA tätig.

Ministerialrat Hermann Wanner arbeitet als Referent für Absatzförderung im Ministerium für Ernährung und Ländlichen Raum Baden-Württemberg (MLR). Er gilt als ausgewiesener Experte des Regionalmarketings.

Matthias Wilken hat an der Universität zu Köln und an der Pennsylvania State University Diplom-Betriebswirtschaftslehre studiert. Neben seiner Tätigkeit als Berater bei der AFC Consultants International GmbH mit den Schwerpunkten Marketing, Strategie und Organisation promoviert Herr Wilken am Seminar für Allgemeine Betriebswirtschaftslehre, Beschaffung und Produktpolitik im Bereich „strategische Markenführung".

Sybille Zorn hat nach der Lehre zur Hotelfachfrau an der Bonner Universität das Studium der Ernährungs- und Haushaltswissenschaften mit Diplom abgeschlossen. Seit drei Jahren ist sie bei der AFC Consultants International GmbH hauptsächlich für Projekte in den Bereichen Marketing, Messe und Qualitätsmanagement zuständig.